グリッドロック経済

多すぎる所有権が市場をつぶす

マイケル・ヘラー 著
山形浩生・森本正史 訳
亜紀書房

THE GRIDLOCK ECONOMY

MICHAEL HELLER

デボラとエリーに捧ぐ

目次

第5章 ブロックパーティー、シェアチョッパー、バナナリパブリック 187

第6章 モスクワの空っぽの店頭 239

序章

数年前、ある製薬会社の重役から不穏な問題を聞かされた。彼の会社の科学者たちは、アルツハイマー病の治療薬を発見したが、同社が何十という特許使用権を買い取らないとその薬を市場に出せないというのだ。どれか一つの特許権保有者でも莫大な報酬を要求できる。幾人かは取引そのものを妨害した。この物語の結末はハッピーエンドではない。この薬によって多くの命が救われ、大金を稼ぐことができたのに、薬は棚ざらしにされたままなのだ。

もう一つ大金の絡んだ問題がある。アメリカで最も過少利用（underuse）されている天然資源は何か？　答えを聞いたら驚くかもしれない。それは電波なのだ。その九〇パーセントが、放送周波数帯の所有権の断片化により死んでいる。結果として私たちの情報経済は足かせをはめられている。アメリカにおける無線ブロードバンドのサービスエリアは、日本や韓国に比べ大きな後れをとっている。周波数帯のグリッドロック（渋滞、八方ふさがり）によるコストは何兆ドルにものぼると言われている。

もう一つの例。なぜ私たちは人生のうちの何週間もの時間を、空港に足止めされて過ごさなければならないのか？　この問題の答えは不動産グリッドロックだ。三〇年前[※1]に空の旅が規制緩和されて以来、乗客数は三倍に増加した。でも一九七五年以降、アメリカで建設された空港はいくつあるだろうか？　たった一つ、デンバー空港のみだ。現在、複数の地主によっていかなる計画でも阻止できるため、新しい空港はどこにも作れない。最も混雑するいくつかの空港に二五本の新滑走路を増設すれば、アメリカにおける恒常的な空の旅の遅れは解消できるのに。

一九世紀半ばのアイルランドで一〇〇万人もの人々を餓死に追いやったジャガイモ飢饉の原因は

何か？　なぜアフリカ系アメリカ人の農場主は、一〇〇年前に比べて現在では九八パーセント――そう、九八パーセントだ！――も減ったのか？　なぜ風の強いテキサスのクリーンな風力発電を、環境にやさしい電力を必要としている沿岸部で使えないのか？

これらの問題すべてには、ある共通の原因がある。私有権は通常は富を生む。しかし、あまりに多い所有権は逆効果をもたらす。グリッドロックを生むのだ。グリッドロックは自由市場のパラドックスだ。あまりに多くの人が、ある一つのものの断片を所有している場合、協力関係は決裂し、富は消え去り、みんなが損失を蒙る。

私たちが富を生み出す方法について、静かな革命が起きていたのだ。一〇年、二〇年前の古い経済では、製品を発明したら特許を取り、歌を作ったら著作権を取得し、土地を分譲して家を建てた。現在では、富を生み出す最先端ではまとめなくてはならない。薬から通信、ソフトウェアから半導体にいたるまで、ハイテクと名のつくものは無数の特許を集めることが必要となる。変化があったのはハイテク関連だけではない。最先端のアートや音楽は、多くのばらばらに所有される文化の断片をマッシュアップしたり、リミックスしたりすることで成り立っている。土地についても、新滑走路のような最も社会的に重要なプロジェクトでは、多くの土地区画をまとめる必要がある。イノベーションは進歩を遂げてきたが、所有権は相変わらず古いままで、相変わらず断片化しやすく、一つにまとめることが難しい。

※1　本書執筆当時（二〇〇八年）。一九七八年の民間航空規制緩和法のこと。

グリッドロックを何とかするのが現代における重要な課題となる。いくつかの解決策には新規事業のタネとなるものもある。例えば所有権をまとめる創造的な方法を見つければ儲かる。慈善家ならば病気の治療のために特許をまとめることも可能だ。政治的な支援も必要となる。しかし、グリッドロック解決のための最初の重要なステップは、それに名前を与えて可視化することだ。正しい言葉があれば、だれでもグリッドロックというパズルに関連した様々な側面を見極められ、みんなで力を合わせてそれを修正することもできる。

＊

私が多すぎる所有者によるパラドックスをはじめて実感したのは、モスクワの店舗のウィンドウにおでこを押しつけて、ロシアの経済改革担当副首相エゴール・ガイダルへの報告内容として、多少なりとも賢そうなことが思いつかないかと必死に探しているときのことだった。

ソビエト連邦が崩壊に瀕したとき、私は世界銀行の仕事でモスクワに赴いた。はためく赤旗と巨大なレーニン像の前の演壇に立って、私はモスクワの最高ソビエト会議で、土地と住宅の市場をいかにして作るかというテーマで講演をした。私有財を無効化するのは簡単だが、一からそれを作り直すには細心の注意が必要だ。アメリカの有名なジョークにあるように、「水族館を魚スープにするのはだれにもできるが、大変なのはスープを水族館に戻すことだ」。まずは私有権を規定して、次に所有者を作り出し、そして……。

マルクス主義から市場への移行は迅速に進んだが、すべてがうまくいったわけではない。あるとき、ガイダルは私のチームに課題を出した。政府が店舗の私有化を進めて一年がたったが、店の棚はいまだに空っぽだった。ところがその一方で、凍りついた歩道の上では薄い金属の板作りの屋台がたくさん出店していて、ありとあらゆるものを売っていた。ガイダルは訊ねた「なぜ屋台商人たちは寒いところからこちらの店にやってこないんだ？」

その冬、モスクワは寒かった。気温は零下四〇度まで下がった。それは華氏と摂氏の数値が一致する唯一の温度だ。それでもモスクワ市民は、パンや花を求めて屋台に列を作っていた。その横で、私は空っぽの店舗をのぞきこんで商人たちと話した。そしてわかったのは、屋台を構えるのがとても簡単だということだ。数人の役人に賄賂を贈り、マフィアのギャングの一人にみかじめ料を払うだけでよい。ところが店舗を開くのはとても難しい。ロシア政府が商業企業を民営化した際に、所有権をあまりに多くの団体に分割しすぎたため、そのうちのどの団体でもその使用を妨害できたし、実際に妨害した。ある新たな所有者は店舗の販売権を与えられ、二人目の所有者は同じ店舗の賃貸権を、そして三人目にはその占有権が与えられていた。この空っぽの店をのぞいたときに、私ははじめてグリッドロック経済を文字通り目の当たりにしたのだ。

私がこの市場力学を発見して以来数年間で、多くの学者がこの概念を考査検証し、発展させてきた。グリッドロックのパラドックスはシンプルだが、多くのことを説明できる。モスクワの空っぽの店舗は遠い国の出来事かもしれないが、失われた治療薬、低速ワイヤレス通信網、空の旅の遅れ、そして日常の無数の問題にも、モスクワの店舗と同じ原因があるのだ。そしてそれを解決できれば、イノベーションは一気に活性化し、生産性に関する無数の問題が解決され、低迷する経済を復興させる助けとなるだろう。

例えば二〇〇八年春、本書の脱稿時点では、サブプライムローン問題がニュースになっている。大手投資銀行ベア・スターンズが破綻。暴落する不動産価格が経済を景気後退へと追いやるかもしれない。[※2]でも、これについてグリッドロックの視点からの報告はいまだになされていない。

つい最近までは、担保融資の担当者は融資の前に借り手をちゃんと把握していた。住宅所有者がローン返済に遅れが出そうだと思ったときにも、貸し手には電話一本で連絡がとれた。いまは違う。投資銀行が、信用力の低い人々に、リスクが大きい条件で、巨額の融資をする新しい住宅ローン商品を作った。銀行はこれらの新しい債権をひとまとめにプールして、そのプールを様々なリスク水準の債券に切り刻んだ。詳細は複雑だが、結果は魔法の如し。金融工学によって危なっかしい住宅債権が安全な債券に早変わりした。金利が低く抑えられていて、住宅の価値が高いあいだは、みんなが儲かった。

しかし長続きしなかった。債権所有権の断片化は借り手と貸し手の結びつきを断ち切ってしまった。金利が上昇し物件価格が下落したとき、新しい金融商品の持つグリッドロック的特性が浮かび上がった。プールされた債権の部分的所有者があまりに多すぎて、昔気質の銀行の住宅ローン担当者のような、入念な引受業務と融資処理をこなそうとする人はだれもいなかった。つい最近まで、抵当物件の差し押さえは貸し手も含め、万人にとってコストが大きいため、銀行家にとっては最後の手段だった。しかし、あまりに多くの所有者が存在する新しい世界においては、物件の差し押さえがどうしても大量に発生してしまう。プールされた債権の所有者はあまりに散在していて、融資を再編する際にも、合意に達するのは容易ではない。今日では、借り手が電話で相談しようにも相手が向こうにいない状態だ。

また規制側にもグリッドロックの問題がある。住宅ローンに関する規制は、いまだに昔ながらの一抵当権一銀行型モデルを基本にしている（これはハイテク・イノベーションを困難にしている、一製品一特許型モデルの不動産版とも言える）。新しい金融商品はいくつかの連邦政府と州の規制の隙間に落ちこんだ。それぞれの個別機関は、どれも金融制度全体の整合性を守ることはできないが、それでもそれぞれの機関は他の機関が自分の官僚制の縄張りのなかに介入してくるのを阻止する程度の力は持っている。規制側のグリッドロックとは、巨額の危険な担保権つき債券が無数に作り出され売り出されているにもかかわらず、だれもそれをチェックしないということだ。

みなさんがこれを読んでいる頃には、サブプライム危機は沈静化しているだろう。私の意図は、過去の物語に焦点をあてることではなく、現在ニュースになっている問題にも、多くの場合に予想外のグリッドロック的要素があると指摘することだ。過大な所有者は、過小な繁栄を意味するのだ。

以下の章で、私はみなさんをグリッドロックの戦場をめぐるツアーにお連れする。中世の泥棒男爵から現代における放送電波周波数帯の不法占拠まで、アフリカ系アメリカ人の家族農場を売るミシシッピの法廷からニューヨークにおける困った土地接収まで、そしてチェサピーク湾の牡蠣海賊

※2　この直後、この問題はリーマンショックとなり、世界金融危機へと発展した。

から現代の遺伝子特許、音楽のマッシュアップにおける無法者にいたるまで様々な例をあげていく。どの物語も、進行中のグリッドロックをどうやって特定し、克服するかについての洞察を与えてくれることだろう。

この本は、よい変化のために資源をまとめようとする人、次世代のイノベーションに手をつけようという人、あるいはただ日常生活における隠されたメカニズムを理解したいと願う人、すべてのために書いた。グリッドロックは、決して避けがたいものではない。どんな結果であれ、それは最も大切な資源をどのように管理するかという私たちの選択がもたらしたものなのだし、それを変えていくことは可能だ。どこから手をつければいいかわかれば、グリッドロックを解消することはできるのだ。

第1章
アンチコモンズの悲劇

大企業が奇妙なことをしている。最近、ＩＢＭは特許権を持つ五〇〇のソフトウェアコードを自由に使用できるよう一般に公開した。この贈り物についてある幹部は「まあ、軍縮みたいなものです。だれも最初の第一歩でミサイル全部を差し出したりはしないでしょう」と説明した。[1] しかし、そもそもなぜＩＢＭは自発的に軍縮するのだろうか？

セレラ・ジェノミクス社も、ヒトゲノムを解読するために何億ドルも投資したあげく、大規模なＤＮＡデータベースを無料で公開した。「最終的には、科学のために最善のことをしたと思ってます」と、セレラ社のスポークスマンは言う。[2] まったくその通り。しかし、科学は役員会議で投票してくれないし、株価を上げてもくれない。セレラの株主は、会社が投資したものをただでばらまくよりも、投資から利益を得ることを望んでいるのではないだろうか？

ここにもう一つ謎がある。製薬会社ブリストル・マイヤーズ＝スクイブ社は、「癌に関係する可能性のある五〇種以上のタンパク質」についてこれ以上研究を進めないつもりだと発表した。これらのタンパク質に関連する特許権保有者は「研究を許可しないか、法外な特許権使用料を要求するかのどちらかだった」とある幹部は言う。[3] 特許権保有者は、なぜいまブリストル・マイヤーズ＝スクイブ社と協力して癌を根絶し、後で利益を山分けするということで同意しないのだろう？

こういった不可解な企業行動は互いに関連がある。これらはそれぞれ私が「アンチコモンズの悲劇」と呼ぶ原則から生じている。それは何か？　身近なことから考えてみよう。例えば海の魚。魚は私たちみんなが共有する「コモンズ」だ。資源を利用できる人が多すぎる場合、私たちは資源を酷使する傾向にあり、その結果魚を獲り尽くしてしまう。この浪費による使いすぎが、「コモンズ

（共有地）の悲劇」だ。ではこのような悲劇はどうやって解決すべきか？　たいていの場合、この問題は個人所有権を設定することで解決できる。個人所有者は、自分の支配下にある資源を保護し節約することで直接利益を受けるので、使いすぎを避けたがるからだ。

残念ながら、私有化のいきすぎが起こることもある。ときにはただ一つの財にあまりに多くの所有者を設定してしまうこともある。そうなるとそれぞれが他のみんなの使用を邪魔することが可能になり、協力関係が壊れたら、だれもその資源を使えない。これはみんなにとって損失だ。家屋を相続した兄と妹を想像してみよう。「親としての我々は、自分たちがこの世を去っても子供たちが仲良くしてくれると信じたいものです」とある遺産計画の専門家は語るが、家を子供たち全員に遺すのは「まちがいなく大惨事のもとです」[4]。一人はそれを人に貸したいのだが、もう一人は取り壊しを主張している。両者が取引に応じない場合、どちらも先に進めない[5]。家はあき家のまま。これがグリッドロックだ。

今度は二〇人、いや二〇〇人の所有者を想像してみよう。もしそれぞれが他の所有者を妨げることができるなら、だれも財を利用できなくなってしまう。これが大きなグリッドロックであり、隠れアンチコモンズの悲劇だ。

「隠れ」と言ったのは、過少利用が目につきにくいからだ。煤煙に汚れた空気はだれの目にも見える。コモンズにおける使いすぎの典型だ。しかし、たくさんの特許権保有者が、薬物研究の有望な道筋を妨げていることをいったいだれが見分けられるだろう？　イノベーターたちは、自分があきらめてしまったプロジェクトを宣伝したりしない。命を救える療法が、目に見えないアンチコモンズのなかで、十分活用されることなく消えていく。

グリッドロックは一種の逆説だ。通常私有化は富を増大させるが、あまりに多くの所有権は逆効果となる。それは、市場を停滞させ、改革を足止めし、活気を奪ってしまう。

ＩＢＭや、セレラ社や、ブリストル・マイヤーズ＝スクイブ社といった抜け目のない会社は、すでにグリッドロックの隠れコストをよく理解している。世界有数の強力な企業は、断片化している所有権を一つにまとめようと無駄な努力をするよりは、むしろ単純に企業資産を放棄して、よりリスクの少ない領域に投資を向け直している。こうしてイノベーションの機会は静かに去っていく。

しかし、この崩壊には別の側面もある。断片化した所有権の整理統合は、私たちの時代において企業と政治にとって大きな可能性の一つと言える。それによって、アンチコモンズの所有権のなかで失われた富を回収することも可能だからだ。

グリッドロックの見つけ方がわかれば、私同様に、ビジネスの世界だけでなく政治的、社会的にも、あるいは日常生活においてでさえ、それに伴ううんざりするようなコストを削減し、さらにはゼロにできると確信するだろう。散らかした人には掃除をしてもらおう。所有権をまとめることから利益を得る方法を見つける可能性だってある。ただし、グリッドを開けるには道具が必要だ。

元祖泥棒男爵たち

中世を通じて、ライン川は神聖ローマ皇帝により保護されヨーロッパの一大交易航路として機能していた。[6] 商船は輸送の安全保障と引き換えに少しばかりの通行税を払っていた。しかしローマ帝国が一三世紀に弱体化すると、ドイツの男爵たちがライン川沿いにそれぞれ勝手に城を建設して不法な通行税を徴収し始めた。軍隊式鞭打ち刑の列さながらに林立する「泥棒男爵」の通行税徴収所の増加により、船の通行は途絶えてしまう。川は変わることなく流れていたが、船頭たちがそこを航行することはなかった。[7]

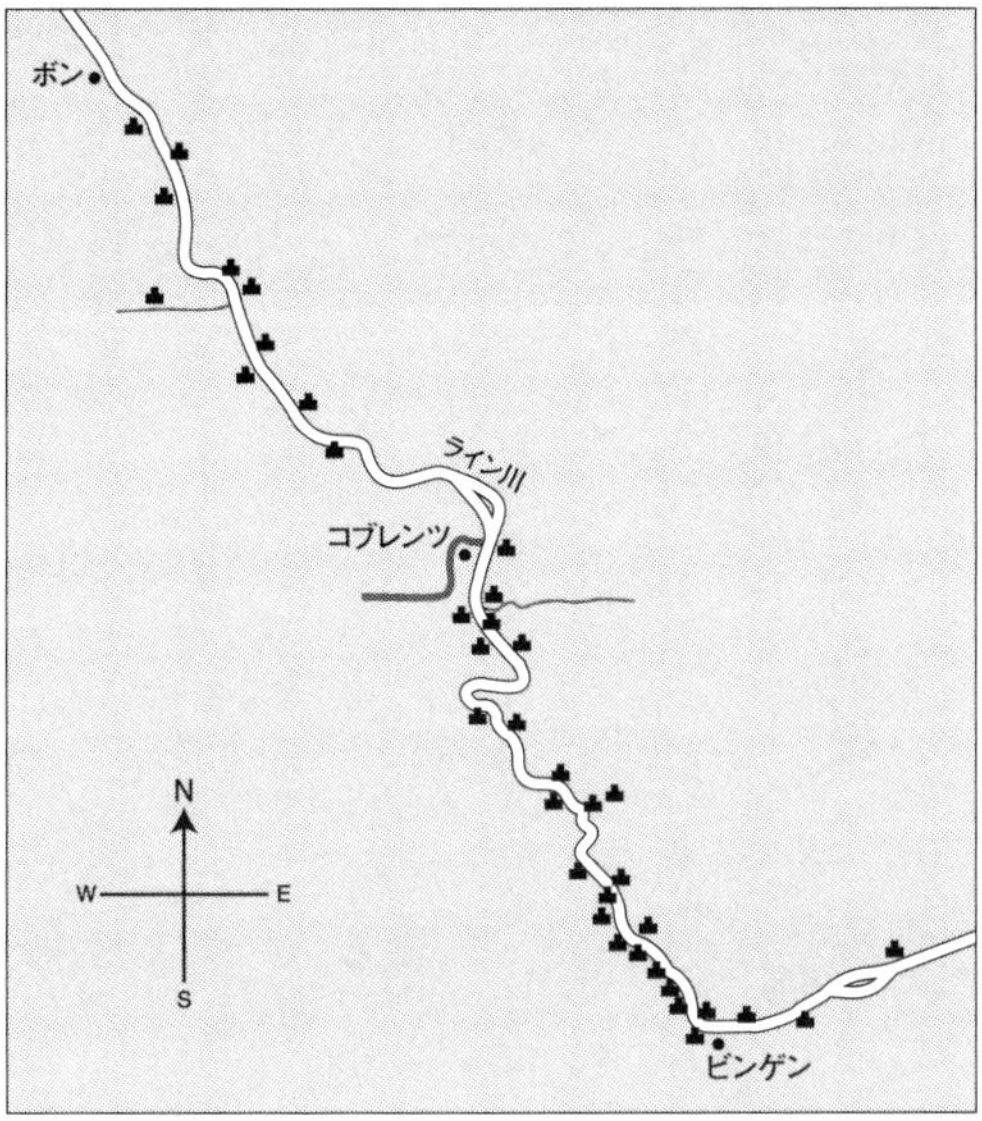

図1-1　ボンからビンゲンまでのライン川沿い150㎞に建つ古城

現代では、何百もの廃墟と化した城が観光客たちにとって魅力的な目的地となっている（図1-1は川のごく短い流域にこれらの城が林立する様を示している）[8]。それらの城は近接していて、自転車で次から次へと移動できる。しかし何百年にもわたり、当の男爵たち自身を含めたみんなが損害を蒙ってきた。ヨーロッパ経済のパイは小さくなってしまった。富は消え去った。あまりに多くの通行税が貿易の縮小を招いたのだ。

グリッドロックを理解するには、ただこのイメージを更新すればよい。所有権が生じるたびに、幻の料金所が現れかねない。

そして、所有権は常に気づかないうちに生じている。現代の泥棒男爵は公務員や普通の企業であり、ときには個人であったりもする。現代における消えた河川交易は、富を生み出すはずの未開の領域であえなくつぶされた事業家の熱意であり、見送られた投資でもある。多すぎる公的監督機関、あるいは個人所有者によって共有財へのアクセスが妨げられたり、使用条件が勝手に規定される場合には、私たち全員が損害を蒙ることになるのだ。

現代の料金所の例を一つあげておこう。一九八〇年代、携帯電話サービスのライセンス許諾に際し、連邦通信委員会は国を七三四の地域に分割した。ある記者によると、「あまりに多くの断片に国が分割されたため、(当時は)国全体をカバーするサービスを打ち立てることは困難で、まるで私利を追求するたくさんの公国が何百もできたような状態だった」という。[9] 今日、アメリカでは多くの先進国に比べて携帯ブロードバンドサービスが広域に行き渡っているとは言いがたい。

アメリカにおける幻の料金所は、モトローラ社の最高技術責任者デニス・ロバーソンの「電波周波数帯のほとんどはだいたいいつでも空いている。まったくばかばかしい」という言葉に表れている。電波周波数のグリッドロックの隠れコストとは、いったい何だろう?『フォーブス』誌の記者スコット・ウーリィはこう答えている。

アメリカの最も貴重な天然資源の一つが、時代と技術にとっくの昔に取り残された用途で無駄遣いされている。古いテクノロジーは、使いもしない余った電波のなかに埋もれてしまっている。もっと新しいテクノロジーは、喉から手が出るほど欲しい電波帯の不足に喘ぎ、未来の有望産業はいまや窒息状態である。[10]

アメリカ人は、周波数帯の料金所のもたらす、のろい接続速度と途切れがちな通話によって、ハイテク版中世の暮らしを強いられている。失われた経済成長は何兆ドルとも言われている。イノベーションが見送られた弊害は計算できないほど。この「通信コモンズの悲劇」[11]をもたらしたのは、周波数帯の力学ではなく、グリッドロック力学なのだ。

命を救う薬のグリッドロック

アンチコモンズの悲劇が生死を左右する場合もある。例えば、アルツハイマー病に有効な治療薬が試験できない。ある「大」製薬会社の主任研究員から聞いたところによると、彼の研究所の研究員が、数年前に治癒の可能性を持つ薬（仮に化合薬Xとしよう）を発見したが、競合相手のバイオテクノロジー企業により開発が妨害されたという。もしも情報提供者の会社とそのバイオテクノロジー企業が協力していれば、両者とも一財産築けただろうし、アルツハイマー病の容赦ない病害の犠牲者を減らすこともできただろう。しかし、主任研究員は当時まだ名を持たなかったある問題によって挫折した。後に彼は、私が同僚と共に『サイエンス』誌に共同執筆した、生物医学の私有化と薬物発見の逆説的関係を説明した記事で、その答えを目にすることになる。[12]

一九八〇年頃、アメリカは医薬開発の基礎となる医療研究ツールや分析法についての特許取得を広範囲にわたって許可し始めた。よい面として、特許権保有の範囲が広がったことによってバイオテクノロジー革命が起きた。利益を見込んで、基礎科学に民間資金が投入された。バイオテクノロジー企業は、化合薬Xのような薬が作用しそうな脳内経路を発見すると、その発見についての特許権を取得した。多くの場合それらの特許により、もっと優れた薬物検査とより安全な薬が生まれた。

しかし、この改正には予期せぬ副作用もあった。特許が蓄積されるにつれ、それらの特許は新薬開発のペースを遅らせる目に見えない料金所として機能し始めた。ちょうどライン川の船頭がそれぞれの男爵に通行税を払ったのと同じように、化合薬Xを開発した会社は、分析に関連するすべての特許権保有者にお金を支払って所有権を一つにまとめる必要があった。たとえそのうちの一つでも無視した場合には、お金がかかり開発の妨げとなる訴訟が待っていた。特許権保有者は、それぞれ自分の発見こそが重要だと考え、それに相応する料金を要求し、最終的には彼らの要求額の総額は薬のもたらすであろう利益予想額を上まわった。特許権保有者のだれも、自主的に譲歩しようとはしなかった。バイオテクノロジー企業は自分たちの利益にだけ目を向けたが、個別には合理的な決定の総和が、化合薬Xのような次世代の薬品市場をつぶしてしまった。

話はハッピーエンドでは終わらない。必要な研究ツールの特許をまとめようという果敢な特許整理屋はいなかった。主任研究員は、すべての特許権保有者を買収したうえでさらに利益を上げる方法を見つけられなかったため、あまり野心的とは言えない他の選択肢にプライオリティを移した。資金は、彼の会社がすでに開発の基礎となる特許を支配している、既存の薬の二次開発にまわされた。彼にはその化合薬Xが科学的にもしっかりしたもので、市場も巨大で、人間の苦痛軽減効果は計り知れないことがわかっていたが、彼の研究所は不本意ながら、化合薬Xの開発を中止せざるを得なかった。

この情報提供者は、所属企業名や化合薬Xの詳細を明らかにしないよう私に求めた。彼はいまでも必要な知的所有権をまとめたいと望んでいて、競争相手や監督機関に手の内を見られたくないのだ。しかしここでの議論においては、彼が何者なのかということは重要ではない。これは彼だけの話ではないからだ。あらゆる製薬会社が同じような競争環境のなかで活動している。だれも自分たちが足をとられている特許の複雑な絡み合い（「特許の藪」）を進んで公にしようとはしないし、これまで開発をあきらめた有望な薬のことを公言する者もいない。[13]

バイオ技術研究者たちに悪意はない。彼らは特許制度が求めることをそのまま実践しているイノベーターたちだ。個々の所有権保有者としては、彼らは合理的に行動している。しかし全体としての社会的厚生の見地から見れば、彼らは泥棒男爵だ。バイオテクノロジー革命を生み出す過程で、連邦政府は意図せず共同作業を妨げ、命を救う薬の開発を妨げる可能性のある、基礎医学研究のための所有権環境を作り上げてしまったのだ。

グリッドロックの犠牲は化合薬Xにとどまらない。受けるはずの利益を失うのは研究所だけではない。家族は愛する者を失い、共同体は友人や隣人を失うことになる。また科学研究者たちは、その他の様々な効果的治療法が、特許権の複合複雑化により開発を阻まれていると言う。これらの消えた薬は無言の悲劇だ。数百万人もの人が、治療や予防によって避けることのできた病気に罹ったり、死亡したりしているかもしれないのに、だれも異議を唱えようとしない。存在したかもしれない、いや存在したはずなのに、現実には存在しない命を救う薬について、いったいどこのだれに訴えればよいのだろう？　新薬開発におけるグリッドロックに対する、民衆の怒りをどのようにして動員していくべきだろうか？

クエーカー・オーツのおまけ、ビッグインチ

幻の料金所はアンチコモンズの悲劇の一面を捉えている。バイオテクノロジー特許権保有者が、次から次へと現れては自分の分け前を要求する。しかしグリッドロックの別の考え方もある。多数の所有者が目の前に突然現れる場合がある。それぞれがジグソーパズルのピースを一つずつ持って。その場合すべてのピースを買い集めない限り、だれも絵の全体を見ることはできない。[14]

世界一小さな公園？

ここに一つの小さな例がある。ある年齢の読者は「クエーカー・オーツのビッグインチ」を覚えているかもしれない。[15]　一九五〇年代後半、クエーカー・オーツ社はクロンダイクの八ヘクタールほどの雑木林を購入し、それを二一〇〇万個の一インチ四方の大きさに小分けした。そして、彼らはこれらのビッグインチの土地権利書をおまけ入りと書かれたシリアルの箱のなかに入れた。会社がでっちあげたラジオ出演者、ユーコン準州のプレストン軍曹が週に一度、自身の番組でクロンダイクの土地のことを喧伝すると、この大きな一インチは国家的な現象となった。子供たちは、喧嘩し

てでも権利書を手に入れようとした。私はいまでも#Q578898の一インチ四方の土地権利書を所有している（図1－2）。いまではオークションサイト eBay で自分のビッグインチを買うこともできる。

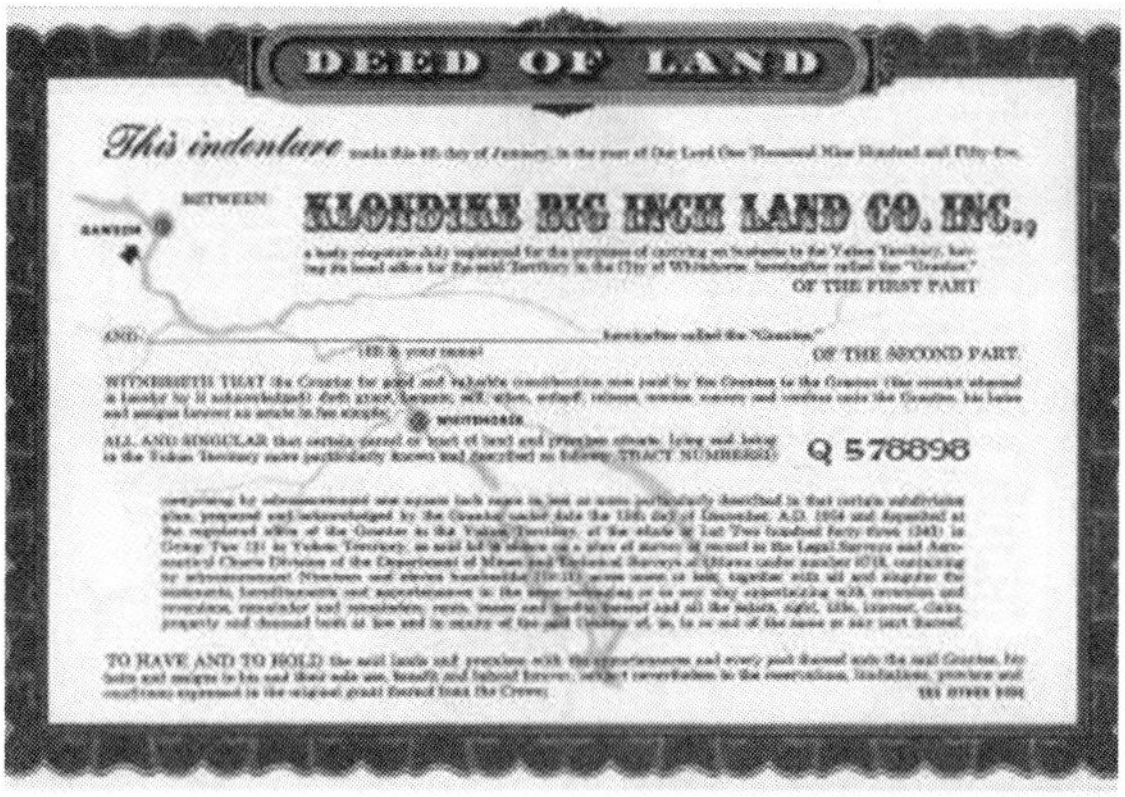
DEED OF LAND

This indenture

KLONDIKE BIG INCH LAND CO. INC.,

OF THE FIRST PART

OF THE SECOND PART

Q 578898

図1-2　私が私有するクエーカー・オーツのクロンダイク・ビッグインチ土地権利書

では、これの何が問題なのか？　問題は、クエーカー・オーツ社にとって都合のよいことは必ずしも私たちにとってもよいこととは限らないということだ。クエーカー・オーツ社が、販売促進のために土地を断片化したとき、将来の使用に気をくばる理由はほとんどなかった。例えば、石油と天然ガスがこれらのビッグインチの下で発見されたと仮定しよう。試錐機がすべてのビッグインチに入る必要がある場合は、たとえすべての所有者が採掘権について誠実に交渉に応じるとしても、原油は地下に取り残されたままになるだろう。すべての所有者を見つけて契約するのにかかる費用はまったく法外なものになるからだ。法的権利が効率的に利用できる大きさに比べてあまりに細分化されていて、所有権を組み立て直す簡単な手だてが存在しない場合には、権利者みんなが隠れコストを蒙ることになるのだ。

これらの隠れコストに対応して、法制度には、権利保有者が自身の資産を分割する自由を規制する一連の奇妙な規定がある。固定資産税といった日々の面倒や「永久拘束禁止則」（何世代にもわたり法科の学生に恐れられた、相続計画についての込み入った法律）といったわかりにくい法律は、グリッドロックを克服あるいは予防するという役割を担っているのだ。[17] これらの規定は個人の自由と契約の自由に対する私たちの直感に反するかもしれない。なぜ自分の所有地を好き勝手に使えないのか？ それをあまりに小さく細分化したからって、それでいったいだれが不利益を蒙るのか？ いまやあなたも、分割を規制する規定がある大きな理由について、多少は見当がつくだろう。それらはビッグインチをみんなが作り出す衝動を抑制するための、大雑把な手段として機能しているのだ。

クエーカー・オーツ社はビッグインチを一つの販売戦略としか考えていなかったので、将来の土地利用に配慮していなかったし、分割した土地を登記することもなく、固定資産税も払っていなかった。そのうち税の滞納額が溜まって、ビッグインチは没収されて州に所有権が戻った。そして、ユーコン準州政府はその土地を一つにまとめて競売にかけて一個人に売却した。これでほとんどみんなが満足した。クエーカー・オーツはたくさんのシリアルを売り、ユーコン準州政府は経済的な使用目的に土地を戻せて、そして私の土地権利書はコレクターズアイテムとなった。不満を抱いた者もいて、ある地権者は世界最小の国立公園を作ってもらおうとして、所有する三平方インチを国に寄贈しようとしたし、自分の一インチ四方の土地にフェンスを作ってもらおうと現地の土地登記所に四本の爪楊枝を送った少年もいた。[18] これらの人々の落胆を別にすれば、法は正義を貫いたと言ってよいだろう。固定資産税が隠れた手となって大きな一インチをかき集め、グリッドロックを未然に防いだのだ。

八〇キロメートルのコンクリート

シリアルの広告主の生み出したものより、重大なビッグインチの悲劇が存在する。滑走路に座って、遅れたり着陸待ちで上空を旋回したりしている飛行機を待たされているとき、その原因は監督機関版ビッグインチによるグリッドロックにある。航空会社に対する規制緩和があった一九七八年以来、航空乗客数は三倍に増えた。それに対してここ三〇年間に、アメリカに建設された新しい空港はいくつあるだろうか？　たった一つ、一九九五年にデンバーに作られただけだ。地域共同体がまるでビッグインチ所有者のように機能して、アメリカ中（国外でも）で新しい空港に必要な土地収用を妨害している。[19]近隣住民は空港建設計画を延期させ、狂わせるためにあらゆる手だてを講じている。近隣住民は、地域土地使用の決定プロセスを左右できるため、グリッドロックを生み出して必要とされている開発を妨げるためには、必ずしも土地を所有している必要さえない。

既存の空港の拡張計画も近隣住民によって妨害を受けている。何十年ものあいだ、シカゴのオヘア空港は走路の再編成と新しい走路を追加する必要に迫られてきた（新規の滑走路はそれぞれ一本三キロ強だ）。しかし、近隣のベンセンヴィルやエルクグローブ・ヴィレッジに家屋を所有する住民たちがこれを妨害してきた。ニューヨーク、シアトル、ダラス・フォートワース、ロサンゼルスでも状況は変わらない。新しい滑走路、誘導路、地上設備が必要などこに行っても、かわりにそこに存在するのはグリッドロックだ。航空管制協会によると「国内の最も多忙な二五の空港に八〇キロメートル分のコンクリートを打てば、飛行機の遅れの大部分は解消する」という[20]。

グリッドロックは足元のビッグインチにだけではなく、頭上にも同様に存在する。ニューヨークでは、出発経路と到着経路を効率化するだけで、離着陸の遅れを約二〇パーセント減らせる。既存の進入路のうちのいくつかは、パイロットがハドソン川沿いに飛行機を降下させて、窓から目視でかがり火と航路信号灯を見ながらニューヨークに入ってきた時代から続いているものだ。昨年、当局は二〇年強ぶりの再計画案を発表した。しかし、新規ルートでは地上の組織化されたマイホーム所有者の上空に飛行機を飛ばすことになっている。ロックランド郡、フェアフィールド、エリザベス、ベルゲン郡、そしてフィラデルフィア市郊外ではすぐに訴訟が起こされた。こうしているあいだも、ニューヨークの航空機関の遅れは全国いたるところに影響を及ぼし続けているのだ[21]。

空の旅のビッグインチに関する見出しで私の最高のお気に入りは、『クリスチャン・サイエンス・モニター』紙の最近の記事につけられた「航空グリッドロックをどう解決するかという議論がグリッドロックに陥る」という見出しだ[22]。根本的な問題として現在のアメリカには、空港の滑走路であろうがその他のいかなる大規模な土地利用だろうが、経済発展のために用地をまとめ上げる公正で効率的な方法が欠如している（本書の第5章で解決策を提案している）。

歴史と文化におけるグリッドロック

ビッグインチは、シリアルの箱に入った権利書や滑走路の土地収用にのみ関係しているわけではない。ビッグインチによって自分たちの文化と歴史から切り離されてしまう場合さえある。マーチン・ルーサー・キング牧師（図1－3）[23]の遺したものについて考えてみよう。読者のなかには、彼と一緒にセルマで行進したり、彼の「私には夢がある」という演説をリンカーン記念館の階段で聴いていた人がいるかもしれない。しかし今日では、私たちの大半は彼の文章、インタビュー、録音、およびビデオを通じて間接的に彼を知ることになる。

エミー賞を受賞したドキュメンタリーテレビ番組『Eyes on the Prize』は何百万人ものアメリカ人の目にキング牧師を蘇らせた。[24]スタンフォード大学史学教授で、キング牧師の自伝を編集し、『Eyes on the Prize』の総監修を務めたクレイボーン・カーソンはこのドキュメンタリーを「二〇世紀アメリカにおいて最も重要な社会正義運動を扱ったまたとない作品」と呼んでいる。[25]この一四時間にも及ぶ作品を作るために製作者ヘンリー・ハンプトンは、仲間の活動家、家族、ジャーナリストや友人といったキング牧師を知る何百人もの人々に取材し、様々なメディアから引用した。このドキュメンタリーには、八二のアーカイブからのビデオクリップ、九三のアーカイブから二七五枚

図1-3　キング牧師のパブリックドメインになっている写真

のスチル写真、そして約一二〇曲の歌が引用されている。[26]

これらの素材を作品で使うにあたり、ハンプトンは版権所有者から使用ライセンスを得た。そうしなければ訴訟を起こされる可能性があるからだ。このフィルムが最初に放映された後、一九八七年になって多くの使用ライセンスの期限が切れた。時とともにビデオクリップ、絵画、写真、および歌の権利所有者は変わった。最初の使用権にはテレビでの再放送やDVDなどの新しいメディアでの使用権が含まれていなかった。『Eyes on the Prize』の製作者たちは、作品を構成する素材について限られた使用権しか持っていなかったため、フィルムを公開できなかった。作品は何年もだれにも見られることなく放置されていた。

私が『Eyes～』についてカーソン教授と話した際、彼は今日では同じ映画を作ることは決してできないだろうと語った。知的財産のひとつひとつの使用許可を得るのは気の滅入る作業だ。フィルム製作に関わった仲間とともに、カーソンは保管庫から『Eyes～』を出すために、苛立たしい思いで何年かを費やした。フォード財団から使用権の買い取りを目的に六〇万ドルが寄付され、他からも何十万ドルもの寄付が集まった。交渉にはおおむね一世代ほどの時間が費やされた。

何がグリッドロックを引き起こしたのか？　オリジナルの『Eyes～』にあるインタビュー映像が使用されているとしよう。最初はドキュメンタリー作品に登場することを光栄に思っていた人々が、いまはDVDに入れるならお金を払えと要求することもありうる。キング牧師が行進するシーンのバックの曲の著作権保有者も、支払いを求めることができる。インタビュアーやナレーターについても同様。キング牧師の家族は、彼の肖像使用に対して補償を要求することもできる。

この映画をＤＶＤにするために、プロデューサーは無数の交渉をこなしてきた。業界でいうところの「権利をクリアする」という手続きだ。権利のクリアにはお金も時間もかかる。それはビジネスにもなっていて、稼業としている者によると、その仕事は「半分シャーロック・ホームズで半分当てずっぽう」といったところだそうだ[27]。中世のライン川の商人は通行税徴収所を簡単に見つけられたが、『Eyes～』のチームはビッグインチの所有者を探すために血眼にならなければならなかった。『Eyes～』をＤＶＤにするということは、それぞれの部分の所有権保有者あるいはその相続人を特定して探し出し、それら全員とそれぞれ使用料の支払い、あるいは支払い免除について交渉するということを意味する。税の滞納は断片化され見捨てられた土地の再集積を促進したが、著作権を取りまとめるための便利なメカニズムは存在しない。

　権利のクリアは音楽の場合、特に複雑だ。『Eyes～』チームは歌の使用権を獲得できなかったときは、「場面の持つ雰囲気を壊さない」ようにその歌を取り除き、別のものに差し替えなければならなかった。このプロジェクトの音楽監督であるレナ・コセルスキーは次のように語った。「デジタルフォーマットの素材ではなく、いま話題にしているのは現実にあるリールに巻かれたフィルムです。それは骨が折れ時間のかかる作業でした[28]」

　二〇〇六年、チームの努力が実を結び、映画のすべての部分について、権利をクリアする（か置き換える）作業が完了した。『Eyes～』は再公開された。

芸術におけるグリッドロック

ジェームズ・スロウィッキは『ニューヨーカー』誌の記事で、「文化という開かれた領域が徐々に鉄条網で包囲されてきている」と主張している。[29] 彼は正しい。『Eyes〜』のDVDは、茫洋とした視界の閉ざされた世界でのグリッドロックにより先送りにされ、あるいは失われてしまった何千もの新しいメディアを使った有望な創作物のうちのほんの一例にすぎない。

フィルムとDVD

多くのドキュメンタリーがマーケットから外れ、さらにもっとひどいことにまったく作られなくなり、その結果私たちの歴史は失われる。アメリカン大学社会メディアセンターが行った二〇〇四年の研究によれば、権利のクリアにかかるコストは激増しており、現在権利のクリアは、「映画、音楽関係では特に困難であり、苛立たしい場合が多い」という。[30]「マスメディア向けの作品を作るということは、著作権条件のなすがままにされるということだ」と研究報告の共同執筆者であるパット・オデルハイドは言う。[31] 著作権は単体ではそれぞれ妥当かもしれないが、積み重なったときにはビッグインチ同様にグリッドロックの原因となるのだ。

「ドキュメンタリーの隠れコスト」と題された最近の『ニューヨーク・タイムズ』紙の記事は、他のいくつかの例にも着目している。統合失調症の母との成長期を記録した活気あふれるドキュメンタリー映画『ターネーション』の製作費は、監督のノートパソコンで編集されたため、もともとは二一八ドルほどだった。[32] しかし配給できるよう音楽関係の著作権をクリアするためには、二三万ドルほど予算を追加する必要があった。情熱的な社交ダンサーとなったニューヨークの一一歳の子供たちを描いた魅力的な独立系ヒット作『ステップ！　ステップ！　ステップ！』は、もう少しで公開されないまま終わるところだった。たくさんの著作権保有者からの音楽使用権取得にてこずり、多くの場面をカットする必要があった。映画製作者を訴えた者もいた。『ステップ！　ステップ！　ステップ！』についた弁護士はプロデューサーのエイミー・スウェルに、「あなたの初作品のために音楽業界と戦うには、正直言って、お金が足りない」と助言した。[33]

グリッドロックが大衆文化でどう機能するのか見るために、一九七〇年代に放映された連続コメディドラマ『ゆかいなブレディー家』を例に考えてみよう。このドラマのスピンオフ、あるいは続編を製作するにはまず何よりも、ブレディー家の子供を演じた子役俳優（まだ未成年の場合はその保護者）、ブレディー家の両親、そして家政婦アリスを演じた俳優のそれぞれの同意を必要とする。彼らみんなから同時に同意を得るのは控えめに言っても至難の業だ。[34] しばしばグリッドロックはコメディのネタとして使われることがある。HBO[※1]の『ラリーのミッドライフ★クライシス』のあるエピソードで、俳優のラリー・デヴィッドは庭を横切る目障りな電線を地下に埋めることができると知るが、そのためにはすべての隣人の同意が必要となる。結局隣人の一人が反対して交渉は決裂する。[35] だれもが電線を嫌っているのに、なくならない。全体として見ると、これによりコメディ番

※1　アメリカのケーブルテレビ放送局

組のネタができたという社会的利得よりも、文化的な損失のほうが圧倒的に大きいだろう。
一九八〇年代後半のテレビ番組『China Beach』のファンは現在、DVDでオリジナル版を見ることができない。権利保有者のワーナー・ブラザーズが、番組のなかで使われているモータウンの音楽の高額の使用料を、すべてクリアできなかったからだ。同じことは一九七〇年代後半のテレビ番組『かっとび放送局WKRP』についても言える。そこでも、番組の権利保有者は、番組内の古典ロックの著作権を集めることができなかった。[36] ケイティー・ディーンは『Wired』誌に次のように書いている。「熱心なファンは大切な音楽が抜かれて台無しになってしまった場面ではなく、番組のすべてをそのまま見たいのです」。[37] ディーンは、DVDでリリースされるテレビ番組を扱うウェブサイトのニュースディレクター、デヴィッド・ランバートの言葉を引用した。「ファンは歌を差し替えて欲しくはない。最初に放送されたときに見た、楽しんで好きになったもともとの状態のままを見たいのだ。でもたいていの場合、いくつかの音楽が差し替えられている。主題歌がすべて差し替えになっていることさえある」[38]
『Married ... with Children』シーズン3のDVDでは、主題歌であるフランク・シナトラの「恋と結婚」を聴くことができない。『グッドフェローズ』のDVDでは、大切なシーンで流れるムーディー・ブルースの「サテンの夜」が消えている。お気に入りのテレビ番組のDVDを買うと、ケースに小さく「音楽はテレビ放送されたバージョンと異なる場合があります」とか、もっとあっけらかんと「製作総指揮がセレクトした新しい楽曲使用バージョン」などと免責事項が書かれていることがよくある。[39] このようなDVDの例はひとつひとつは小さな、おそらくどうでもよいことかもしれないが、ちりも積もれば山となる。ひどく小さな断片について、あまりにも多くの権利が存在するビッグインチ問題により、好みの映像と曲の組み合わせが断ち切られてしまうのだ。

音楽

ヒップホップ・ミュージックでさえグリッドロックの犠牲となっている。ここ数年のあいだでヒップホップのサウンドは根本的に変化した。パブリック・エネミーの一九八八年の古典的なアルバム『パブリック・エネミーⅡ- It Takes a Nation of Millions to Hold Us Back』は、何百もの借り物のネタからサンプリングしたサウンドを音楽的コラージュとして組み合わせて、ヒップホップの変革を促進した。そのウォール・オブ・サウンドにかぶせてチャックDはラップする。

> ビートを盗んだといって裁判にかけられちまった
> これはサンプリングというスポーツ
> おれが見つけたこの鉱石、ビートというんだ
> 金なんか払っちゃいない[40]

パブリック・エネミーのサウンドが世に出ると、メジャーなレコード会社はこれに対して権利を拡大主張し、ほんの短いサンプリングに対しても使用料を要求した。今日、一九八八年のこのアル

バムを作ることはもうできない。最近のインタビューでチャックDは次のように語っている。

俺たちは何千もの音ネタを使っていたので、パブリック・エネミーの音楽は他のだれよりも困ったことになった。サウンドをばらばらにしたって、意味がないし、だれの音楽かわからなくなるだけだ。ウォール・オブ・サウンドを作るためにすべてをコラージュして一つのサウンドを作ったんだ。賠償請求から身を守るにはあまりに高い金がかかり、パブリック・エネミーは困ったことになったわけだ。結局俺たちはやりかたを全部変えなきゃならなかった。[41]

もしもあなたが初期パブリック・エネミーの何百万人ものファンのうちの一人で、なぜ最近のヒップホップではたった一つのサンプリングにラップを乗せることが多いのか疑問に思っていたら、その答えはここにある。音楽の趣向が変化したのではない。曲の保有者がその著作権をビッグインチのように行使しているのが原因だ。ラップやその他最先端のアッサンブラージュにおけるサウンドコラージュは、メジャーな音楽レーベルからは消えてしまった（アンダーグラウンド・バージョンはいまだに作られ続けているが）。あるオンライン音楽活動家は書いている。

もうどんなプロデューサーにもコラージュでアルバムを作るのは不可能だ。最も金のあるプロデューサー、パフ・ダディにさえ（中略）ビースティ・ボーイズの『ポールズ・ブティック』のようなアルバムを作るのはいまや絶対に不可能だ（中略）もしもヒップホップの伝統について真剣に考えているなら、現在の状況はその芸術形式の一部を完全にだめにしてしまったことを認める必要がある。[42]

コラージュが消えて、次は「ミックステープ」が同じ道をたどるかもしれない。未公開ミックスや秘密プレビュー、決して公表されないボツテープは、この活発なジャンルにファンがついていく唯一の方法であることが多い。今日、ミックステープは「ヒップホップの不可欠な部分」だ。大レコード会社は、アーティストのプロモーションでミックステープにこっそり頼っているし、ときにはそれを金銭的に支援することさえある。だが最近、全米レコード協会はミックステープの先端的な実践者、DJドラマを逮捕させた。『ニューヨーク・タイムズ』紙によると、「いまやDJドラマは、音楽産業の混乱と混迷ぶりの新たな象徴となったのだった」[43]

音符一つに著作権？

要するに、著作権法行使がおかしなことになってきたのだ。最近、裁判所はそれと判別できないような一秒半のサウンドクリップでさえ著作権法で保護されており、サンプリングする際には許可を取る必要がある、という判決を下した。[44] あるコメンテーターは「まるで都市伝説のような話だが、事実だ（中略）次は、音符一つにも著作権か？」と言っている。[45]

幻の料金所が私たちから化合薬Xを奪ったのと同様に、ビッグインチが映画、音楽、アート、歴史に隠れ損失を課している。文化をあまりに組み立てにくくすることで、私たちはひっそりと自分たちの集合的な富を細らせているのだ。そして、最も大きな弊害が、芸術表現を含むイノベーションの最前線で起こっている。

私は、チャックDが短いサンプリングをリミックスしたとき、それらの多くは「フェアユース」であったはずだと信じている。「フェアユース」とはアメリカの法のなかの、許可を受けたり使用料を払ったりすることなく著作物の限定的使用を許可する古い原則事項である。それは著作権の除外事項ではないし、著作権を制限するものでもない。フェアユースは私たちと創作者との最初からある約束事なのだ。残念ながらメジャーな著作権保有者は、フェアユースの範囲を縮めるように議会と法廷に圧力をかけている。そしてそのコストは？[46] 一言で言って、フェアユースを広く設定することには隠れた価値がある。フェアユースは文化のグリッドロックを予防するのだ。

私たちが文化の細かい断片をリミックスすることで得る価値は、ほぼ確実に個々の創作者が蒙る害を超えている。しかし、チャックDのレコード会社はこの原則を擁護しないだろう。かわりに、他の者が自社のアルバムをサンプリングしたときに使用料を払わせればよいと考えている。メジャーなレコード会社は極端な著作権解釈による保護のほうが好きだ。私たちは創造的社会の一員として損害を蒙る。人はたとえサンプリングされたからといって、音楽を作るのをやめたりはしない。[47]

著作権訴訟への恐怖は、法の認める範囲、あるいは認めるべき範囲をはるかに超えて暗い影を落としている。この影に直面した多くの人は最初から抵抗をあきらめている。学生のための講義読本を編集しようとするとき、私はチャックD同様にサンプリングジレンマに陥る。アーティスト同様、学者には弁護士チームを抱えるための大きな予算などない場合が多い。一般には非公開の自身のゼミのウェブサイトに引用記事を載せるのは、学生が図書館で本を予約するのと同様に「教育的公正《フェア》利用《ユース》」と考えられるべきだ。過去の判例における裁判所の解釈次第では、ゼミのウェブサイトへの引用は、確かに現行法でもフェアユースとみなされるかもしれない。[48]しかし、大学は訴えられるようなリスクを冒そうとしない。フェアユースの範囲を拡大するため戦うかわりに、大学の弁護士たちは教授に権利をクリアさせ、講義読本の費用は学生に負担させようとしている。これ以上学生に借金を背負わせたくない私には、二つの選択肢がある。学生たちにとって必要と思われる引用でも抜かしてしまうか、そうでなければ著作権侵害者となるかのどちらかだ。

著作権法は日々変化を遂げる技術的な可能性に追従できていない。昔は（一世代も前の話ではない）音楽産業において価値の存在する場は、個々の曲かアルバムのどちらかだった。今日ではマルチメディアDVDやマッシュアップ、ミックステープやリミックスといった集合物からもっと多くの価値が生み出されている。たとえドキュメンタリー映画やヒップホップ・ミュージックが好きでなくとも、どんな映画、音楽、テレビ、ダンス、芝居が好きでも、あるいは法科大学院でどんなコースが好きだろうと、同様のグリッドロックにより、私たちが見るもの聴くものすべてが影響を受けているのだ。

ドキュメンタリー映画『Eyes〜』に戻って考えると、ある時点で次のような疑問を持つことになる。いったいだれがキング牧師の遺産を所有しているのか？　私たちみんなだろうか、それとも私たちの集団記憶を禁ずるばらばらの著作権所有者たちだろうか？　現在では、映画製作者は権利をクリアすることができない部分をカットしてしまう。背景の映像にデジタル処理でマスクをかける。著作権についてうるさい音楽はカットしてしまう。そして、手に負えない人々も削除してしまう。

コモンズとアンチコモンズ

立法者たちは、ヘンリー・ハンプトンがキング牧師の物語を語ることを阻止したり、チャックDがパブリック・エネミーのサウンドを作ることを邪魔しようとしたりしているわけではない。著作権は個々の現実の問題に対応しているのだ。もしも著作権を保護しなければ、芸術表現への投資に人々は魅力を感じなくなってしまうだろう。だが、所有権を保護しすぎると、これはグリッドロックをもたらしてしまう。

このジレンマを理解するには、コモンズの悲劇から出発するのがいい。共有制が過剰利用につながることを示した最初の人々の一人は、アリストテレスだった。「多くの人により共有されるものはほとんど手入れされない。（中略）みんな自分の利益のことばかり考えて、公共の利益にほとんど目もくれない。その人自身が個人として関った場合以外はだめだ[49]」

なぜ人々は価値を見出したものを使いすぎて破壊してしまうのか？　おそらく先見の明がなかったり頭が悪かったりすることにも原因はあるだろうが、それなら議論を重ねたり気長に説得したりすれば何とかなるかもしれない。しかし、頭脳明晰な者でさえ共有財を使いすぎる場合もあるし、それには立派な理由がある。最も手に負えない使いすぎの悲劇は、自分たちの決定の総和が資源を台無しにしてしまうことをみんなわかっていながら、乏しい資源を合理的に消費するときに起こる。そのような状況では理性はまちがった方向に人を導くので、いくら気長に説得しても無駄だ。例をあげておこう。

・私たちは抗生物質の使いすぎで生じる薬物耐性菌による疾患の集合的なコストを考慮しないまま、どうでもよい病気にも抗生物質を要求する。
・私たちはみんながやったら地球温暖化を加速させ、エアコンを増産しなければならないはめになることを知りながらも、蒸し暑い夜にはエアコンを強にしてしまう。
・私たちは個人としてはほんの数分を節約するために一人で車に乗っているが、集団としては交通渋滞を生み、それによりみんなが遅れてしまう。

言葉を換えれば、私は自分にとって最善のことを行い、あなたもあなたにとって最善のことを行い、そして資源の持続性を気に留める者はだれもいない、ということだ。生物地理学者ジャレド・ダイアモンドは、「イースター島の終焉」について論じたとき、現在不毛の地と化しているこの島の巨大石像は、かつてこの島には草木が生い茂り、繁栄する文明を支えていたことを物語っていると記している。彼は問う、「なぜ島民はまわりを見まわして、自分たちがしていることを認識し、手遅れになる前にやめなかったのだろう。最後のやしの木を切り倒したとき彼らは何を考えていただろう？[50]」

生態学者ギャレット・ハーディンは「コモンズ（共有地）の悲劇」という言葉を導入することで、この力学をうまく捉えた。一九六八年に彼は次のように書いている。「共有地の自由を信奉する社会においては、すべての人々がそれぞれ自分の最善の利益を追求することで、破滅という最終目的地に向かってまっしぐらに突き進む。共有地における自由はみんなに破滅をもたらす[51]」。ハーディンがそう書いて以来、多くの人が使いすぎとコモンズの悲劇に陥りやすい領域をいろいろ見つけてきた[52]。

これに加えて、ハーディンの考察は問題解決のための研究のきっかけにもなった。多くの場合、二つの主要なアプローチを繰り返すことになる。規制と私有化だ。共有地である湖で、魚が乱獲されていると仮定しよう。その場合、監督機関が乗り出してきて、だれに、いつ、どのくらい、どんな漁法で魚を獲ることを許可するか決めればいい。だが、いまではこのような直接的な「指揮統制型」の規制は支持を得られなくなってきた。それはそれがたいてい失敗に終わったことや、社会主義的な管理規制に対する幻滅が一因だ。

最近は、監督機関は湖へのアクセスを私有化する方策を探る傾向にある。所有権分配が、個々の保護維持への動機づけとなりうると知っているからだ。今日、自分の湖で魚を獲りすぎると、明日は飢えることになる。湖に賢く投資すれば、永久に収益を上げ続けられる。このような経験から監督機関も有権者も、もしもいくつかに分けて私有化すればよいのなら、もっとたくさんに細分化すればさらによい結果が得られると（実は誤っているのだが）推論した。この観点からだと、私有化は

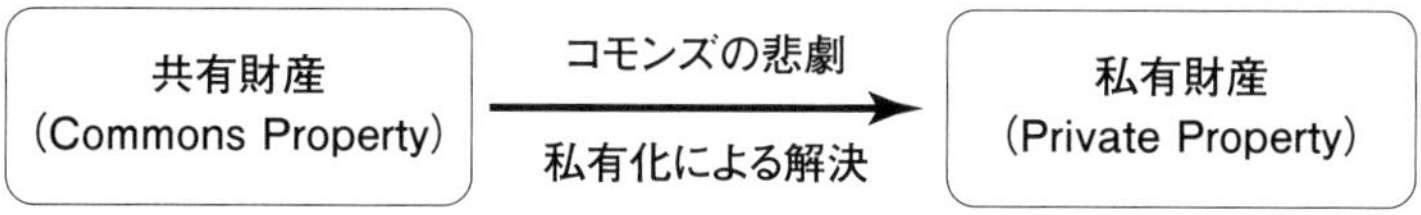

図1-4　コモンズの悲劇の標準的な解決策

いくら細分化してもいきすぎるということはない、ということになってしまう。

これまで、所有権、競争、市場という現代資本主義の重要要素は図1－4のような対立関係で理解されてきた。私有財がコモンズの悲劇を解決する。私有化は規制に勝る。市場競争は政府による市場コントロールより優れている。資本主義は社会主義を打ち負かす。しかしこれらの単純な二項対立は、私有権の目に見えている形態を全体の状況と取り違えている。仮定条件が致命的に不完全だ。

コモンズの私有化は無駄の多い使いすぎを矯正してくれるが、意図せずまったく逆の効果を生むこともある。英語には使用が不十分で不経済な状態を意味する言葉がない。このような細分化の類型を説明するために、「アンチコモンズの悲劇」という新語を私は作った[53]。この言葉は、多すぎる人が互いに希少な資源を生み出したり利用したりするのを妨げている状態すべてを指す。コモンズにおける使いすぎの対極は、正しくはアンチコモンズにおける不十分な使用だ。

このコンセプトは所有権の範囲のうちの隠された半分を可視化する。その半分は、これまで私たちが知っていた部分と同じくらい複雑で大規模な社会関係の世界だ（図1－5）。ごく普通の私有財産を超えたところにアンチコモンズのグリッドロックは存在する。ある法理論家は「少し単純化すると、コモンズの

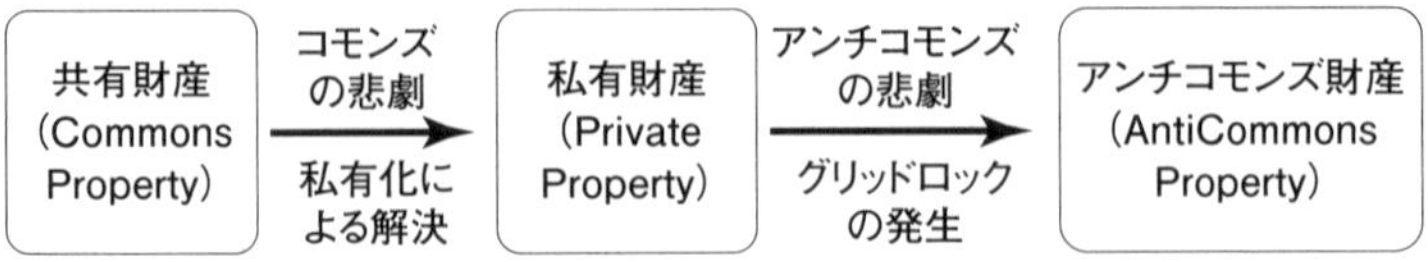

図1-5　所有権の隠された半分の範囲

悲劇はなぜ物事が瓦解してばらばらになる傾向にあるのかを解き明かし、アンチコモンズの悲劇は瓦解してしまったものをもとに戻すのは多くの場合なぜ大変なのかを明らかにしてくれる」と言った[54]。

私たちは、政府に必要なのは明確な所有権を設けて、あとは邪魔にならないよう手を引くことだけだと考えることが多い。所有権がはっきりとしていれば、所有者は権利を取引して財をなるべく高い利用価値があるところに動かし利益を生める。しかし権利の明確化と通常の市場だけでは十分ではない。アンチコモンズの視点は、所有権の内容がその明確性と同様に重要であることを示している。所有権があまりに細分化されて、規制がうまく機能していないとグリッドロックが起こる。

アンチコモンズを可視化すると、私たちの私有財産に対する直観は覆されてしまう。私有財産はもはや私有化の到達点とは見えなくなってくる。私有化が進みすぎると、富を生むよりはそれを破壊してしまう。所有者が多すぎると、それぞれ互いに妨害し合って、市場は麻痺してしまう。うまく機能する私有財産とは、使いすぎと不十分な使用の両極端のあいだの絶妙な均衡にある。

国内外のグリッドロック

これから続く各章では、読者をビジネス、政治、日常生活におけるグリッドロックの戦場をめぐる旅にお連れする。何を探せばよいかわかれば、グリッドロックをあらゆるところで見つけることができる。新しい物語は毎日生まれている。人々が送ってくれたグリッドロックのパズルをいくつかあげておく。

・なぜ多くの人々が臓器機能不全で死亡するのか？　原因の一つは、臓器提供におけるグリッドロックにある。亡くなった人が、死に際して臓器提供に同意していても、親族が臓器提供を妨げることがある。いくら医者が必要なすべての許可を受けていても、臓器は無駄になり、臓器提供を受けることのできたはずのレシピエントは死んでしまう。

・二〇〇二年、ドイツ上空での致命的な飛行機衝突事故の原因は？　その一部は、「国境と雑多な技術規格により断片化されたパッチワーク」と形容されるヨーロッパの交通管制システムにある。ブリュッセルからジュネーブまでの一時間半のフライトをするためには、パイロットは無線周波数を手動で九回も変える必要がある。たびたび起こる衝突事故以外にも、このシステムにより「年間三五万時間の飛行時間が無駄になり、フライトの遅延と運用費用の増大により旅行者に一〇億ドルの被害を与えている」という。[55]

・なぜアメリカには環境にやさしい風力発電装置がもっとないのか？　風車はちゃんと稼働してい

る。しかし送電設備にグリッドロックがある。テキサス州から南北ダコタ両州までの地域は最高の風力発電容量を持っているが、電力を最も必要としているのは沿岸の人口が密集した都市部だ。ある風力発電推進派の人によれば「全国の高速道路網にビジョンがあるように、送電系統にも国家ビジョンが必要だ。電力会社が小さな領土を保っているつぎはぎ系統を克服しなくてはならない」という[56]。

・ここ一世紀でアフリカ系アメリカ人の所有する農場の九八パーセント（そう、九八パーセントも）が失われたのはなぜか？「遺産相続人」のグリッドロックだ。子は親から財産を相続するが、世代を重ねるにつれ相続人は増えて、国中に散らばり、家族農場は管理運営することも、抵当に入れることもできなくなってしまう。次に何が起こるか？多くの場合、部外者が遠く離れた相続人から買い占めて、農場全体を裁判所の競売にかけてしまう。結果として、家族が再会し絆を維持する場は、わずかのお金と引き換えに失われてしまう[57]。

グリッドロックの裏面

どんなアンチコモンズの悲劇にも、好機の種子が含まれている。ビッグインチを一つにまとめ、原油を掘り当てることだってある。個々の企業家としての努力や協力した取り組み、政治的主張を通じて、凝り固まったグリッドロックを打開する道をつけることもできる。

ライン川のグリッドロックに戻って考えてみよう。一二五四年リートベルクの男爵は少しやりすぎてしまった。不当な通行税を徴収するだけでなく、航行してきたオランダ女王を誘拐してしまったのだ。この無礼な振る舞いをきっかけに、近隣のヴォルムスの市民たちは、川の交易復活を目指す市民集団であるライン都市同盟に資金援助し始めた。同盟は騎士を雇ってリートベルクを包囲して女王を救出し、たくさんの城を破壊し、つかの間ではあるがライン川の交易を再開させた。しかしこの試みも長くは続かなかった。騎士の傭兵は費用が嵩む。近隣の都市は破産してお金を出し合えなくなった。同盟が崩壊すると、また泥棒男爵が増えて、川の交通は縮小した。ライン川のグリッドロックは五〇〇年以上も続いた[58]。船頭の哀切に満ちた詩が残っている。

ライン川では一マイルごとよりも多くの通行税をとられる
騎士と司祭が私たちを押しつぶす
まず通行税徴収役の重い手が襲いかかる
その後ろにも貪欲なやつらが列をなしている
通行税徴収長官、試金役、書記官……
四人が積荷のワインを試飲する[59]

一八一五年のウィーン会議後、ヨーロッパの列強諸国はやっと協力して、問題の種である料金徴収者たちを排除し始めた。一九世紀の中頃には、河川輸送にかわるもっと高速で安価で信頼性の高い代替交通手段として鉄道が現れた。これでやっとグリッドロックは緩和された。

この物語には、泥棒男爵の通行税に打ち勝った三つの異なる方法が示されている。新市場の創造、協力、そして規制だ。最後には、ヨーロッパの鉄道市場が河川輸送にとってかわった。現代における類似例として、科学者たちはもしかしたら生物医学研究を妨げている特許に抵触しない方法を見つけるかもしれない。ライン都市同盟の協力に相当するものも現代にある。保有者は、「特許プール」や「著作権共同体」といったものを作れば、離散している権利を一つにまとめることができる。そして最後に、現代における規制はウィーン会議と同じようなものと見ることができる。政府による規制緩和により、産業は改革を妨げるのではなく推進することでより利益を増やすだろう。やり手の集団は、よりよい所有権が認められるよう議会に圧力をかけるだろう。[60]

要するに、損失の大きい不十分な利用を解決するには、個人による方法、共同でやる方法、あるいは国がやる方法がある。でもまずは問題を特定して命名しなければならない。アンチコモンズの悲劇が及ぼす害はしばしば目に見えないので、私たちは想像力を鍛えてグリッドロック経済をすぐに見つけられるようにして、断片化した所有権を簡単に集める方法を開発しなくてはならない。ビジネス、政治、さらに日常生活においても、掘り起こすべき隠された宝物があるのだ。

＊

私が「アンチコモンズの悲劇」という言葉を作って以来、この概念はすっかり定着し、普及してきた。ノーベル経済学賞を受賞したジェームズ・M・ブキャナンとその同僚ヨン・ユーンは、二〇〇一年に私のアンチコモンズの仮説を数学的に証明してくれた。彼らはこの概念は「潜在的な経済価値が、なぜ、どうやって資源の不十分な活用という〝ブラックホール〟のなかに消えていくのか」を説明する助けとなると書いている。[61] 二〇〇六年には心理学者の研究により、人はコモンズの悲劇と呼べる各種の課題に対してよりも、アンチコモンズの逆説と呼べる問題をめぐって交渉するときのほうが、ひどい行動を取りやすいことがわかった。[62] なぜか？　おそらく過少利用の力学にまだあまりなじみがないせいだろう。

現在ビジネススクールでは未来のＭＢＡ取得者たちに、いかにしてグリッドロックを認識して解決すべきかを教えている。[63] 政策立案者たちもこの問題に気がつき始めた。これは規制の誤りに敏感な保守派でも、いきすぎた私有化に着目するリベラル派でもそうだ。どんな立場にあろうと、グリッドロックが起こってしまったら負けだということには同意できるだろう。

なぜこんな経済、社会生活における基本的な法則が、これまで知られていなかったのだろう？　道に落ちている数枚の一〇〇ドル札を見つけた二人の経済学者についてのこんなジョークがある。一人がかがみこんでそれを拾おうとすると、もう一人が「そのままほっとけ。もしもその札が本物なら他のだれかがとっくに拾ってるはずだから」と言ったとき。ときとして単純な真実がそのまま現実に起こることがあるが、私たちは理論的におかしいからといってついそれを見すごしてしまう。グリッドロックはそんな真実であり、日常世界に見られる特徴なのに、だれもそれに気づいて立ち止まらないのだ。

第2章 用語集にようこそ

第一章を書いているとき、私の使っているパソコンのスペルチェッカーは「underuse（過少利用）」という語に赤い波線で下線をずっとつけ続けていた。どうやら「underuse」はMSワードにおいてはワード（言葉）ではないようだ。[1] この波線はシグナルだ。言葉の不在はその存在と同じくらい多くを物語ってくれるのだ。

ある社会状況を形容する用語がないのは、多くの人がそうした状況を考えたことがないためであることが多い。使いすぎの反対語が言葉とみなされていないならば、断片化された所有権による隠れコストが見過ごされているのも無理はない。グリッドロックを見つけるための言葉を作るまでは、問題を特定することさえできない。グリッドロックとは乏しい資源の利用を互いに妨害し合っているようなすべての状況に当てはまる。前章では鍵となる用語を見てきたが、まだ少し足りない。ここからはそれを虱つぶしにしていこう。

不思議な駐車場

これまではコモンズとアンチコモンズの簡易バージョンを紹介してきた。もっと完全にこの概念を理解するために、ニューヨークのタイムズスクエアの近くで、舗装された空き駐車場を見つけたと仮定しよう。最初はこの不思議な駐車場は無料で、だれでも利用可能だった。違反切符を切られることもないし、レッカー移動もされない。あなたはそこに駐車し劇場に行った。問題なし。少したってからあなたは友人にそのことを話し、その友人もそこに車を駐車した。問題なし。しかし他の人々も気づいて、あっというまに駐車場は大混雑。車は出られなくなってしまう。ドアが凹む。喧嘩が始まる。駐車場は恐怖の場と化す。あなたはお金を払って他の駐車場を使うことにする。

この使いすぎの駐車場は、コモンズ（共有地）の悲劇の一例だ。駐車した人たちはそれぞれ合理的に行動しているが、しかし個々の行動があっというまに積み重なり、集合的な災難を招くので、これは悲劇だ。同様に牧草地に一人の羊飼いが入る場合には、結果は草はよく手入れされ、羊は太る。しかしすべての羊飼いに牧草地を開放して、それぞれ羊飼いが他人にかまうことなく羊を増やせば、やがて土地はむき出しの荒地となり飢餓を招く。

使いのすぎの悲劇はあらゆるところにある。種の絶滅、オゾン層の破壊、高速道路の混雑。一九六八年にギャレット・ハーディンにより「コモンズ（共有地）の悲劇」という比喩が一般的になって以来、人々は広く体験されているのになかなかはっきり指摘できなかった現象を表す、新しい言語を獲得したのだった。

比喩は強力だ。コモンズの悲劇というコンセプトのおかげで、資源に関する数えきれないくらいの大小様々なジレンマがこの基礎構造を持っていることが明かされた。この共通構造を見つけたことにより、人々はより共通の解決策を特定しやすくなった。政治学者エリノア・オストロムは活動家と学者のグローバル・ネットワーク、国際コモンズ学会（ＩＡＳＣ）を設立し、この現象に関連する約五万の記事を引用したオンライン・ライブラリーを作った[2]。

このような悲劇をどうやって解決すればよいか？　三通りの方法がある。私有化と市場、共同管理、そして政治主導と規制だ。ここで留意して欲しいのは、資産のスペクトルにおけるアンチコモンズの側にも、このそれぞれの解決策に対応する手法があるということだ。第7章のチェサピーク湾の牡蠣戦争における海賊物語で、これらの解決策について詳細に考察しよう。ここでは手短に述べるにとどめておく。

私有財産化と市場取引により使いすぎの悲劇を解決できる。この夢物語で、最初に空いた駐車場を見つけたのはあなただったことを思い起こして欲しい。あなたは最初の発見者であり、最初に占有したことを根拠に、自身の所有権を主張できた。第一発見者であることは、資源に対する権利が付与される際の標準的な（しかし必ずしも公正ではないし、効率的ともいえない）選考方法だ。インターネットのドメイン名を考えてみよう。多くの場合、オンライン上の登録レースに勝った者がドメイン名を所有している[3]。

もう一つの私有化への道は、国の統制を経由するものだ。国家は、第一発見者だというあなたの主張を退け、かわりに駐車場を接収して競売にかけ、最高入札者に売るか、役人の身内に譲渡してしまうかもしれない。それでも駐車場が個人のものになれば、万人に開放されているよりはずっとうまく運営されるだろう。所有者は、駐車場を小綺麗にして、舗装し直したり、線を引いたりして、清潔かつ安全にできる。私有財産制下の駐車場利用者のほうは、コモンズの自由を失うが、かわりに秩序と通行を得ることになる。

私有権が道徳的に正当化できるかというのは哲学者の論争の的だが、現実問題としては、私有化への移行により確かにコモンズにおける使いすぎは免れることが多い。所有権についての経済理論の主流は、この「保護効果」こそが社会で私有財産が生じる主な理由であると論じている[4]。

私有財産に注目するあまり、使いすぎのジレンマに対する協調という解決策は見すごされがちだ。協調による解決策は、小規模であったり、特定の状況のみに有効で局所的で法体系に依存しない場合が多いため、比較的目につきにくい。不思議な駐車場の場合ならば、フロントガラスの下のメモ書き、街の噂話やその他おなじみの装置によって利用者を調整することができる。駐車場の利用者たちは、国による強制や私有なしでも駐車場をうまく運営する方法を見つけられるかもしれない。政治学者エリノア・オストロムは『コモンズの管理』のなかで、強固な結びつきを持つ共同体が悲劇的な結果なしに集団財産の管理に成功している様々な例を示している[5]。競合のある資源を温存したまま、全体としての社会福祉を向上させるような、協調による成功例は無数に存在する。

そして国家の強制力でも使いすぎを解決できる。協調による仕組みは、あまりに多くの新参者が出入りしたり、人々がお互いをあまりよく知らなかったり、あるいは逸脱者の統制が難しかったりといった理由で破綻することもある。そうなったら駐車場の利用者たちは、フロントガラスに礼儀正しくメモ書きを置くことをやめ、アンテナを壊し、車を鍵でひっかき、タイヤを切り裂き、殴り合いの喧嘩を始めるかもしれない。国家が駐車場に所有権を設定しゲートを設け、駐車許可書を配布したり、売ったりしてもいい。しかし官僚制はコストが高く、たいてい気まぐれだ。政治的圧力によって駐車場が異様な使われ方をされることもある。国家はたいていの場合、如才ない駐車場管理者にはなりえない。公的な所有権と管理運営により駐車場コモンズの悲劇を解消はできるが、利用者に新たなコストや不便を強いる場合もある。

コモンズの私有化を進めることで使いすぎの悲劇が解消され、秩序ある駐車場になることもあるが、逆にだれも駐車場を利用できなくなるというまったく反対の結果を招くこともありうる。「アンチコモンズの悲劇」という言葉は、この不経済な、不十分な利用という問題を表す用語だ。アンチコモンズの概念の核心は、主に断片化した所有権をめぐるものだ。だがこの考え方をもっと一般的に拡張して、決定権の断片化まで含めることもできる。資源利用は何らかの規制の過程が生んだ結果に左右されることが多い。規制というドラマに、近隣住民、支援団体、地元、州、政府の役人、法廷といったあまりにも多くの協調を欠く役者たちが関わってくる場合には、関係者の数が多いというだけで、資源の利用が立ち往生したり、阻害されたりしかねない。この本を通じて、私はアンチコモンズの概念の主要な所有権の例と、規制への適用拡大の両方を論じていくつもりだ。

駐車場はどんなふうにアンチコモンズと化すのだろうか。アンチコモンズにおける不十分な利用は、コモンズにおける使いすぎの裏返しであることを思い起こそう。多くのまちがいが起こるのは、政治家が国有財産を民間所有にしたり、はじめて財が所有されたとき、あるいは後に所有者が財を分配したりするときだ。例えば駐車場を私有化する場合、政治家たちは有権者である利用者たちの機嫌を損ねたくはない。だからこれまでの駐車場の利用状況に基づいて、利用者に細ぎれにされた無料駐車権を与えるかもしれない（アメリカ政府が漁獲量の割り当てを決めたり、取引可能な汚染物質排出許容量を決める際にとる方法がまさにこれだ）。何千人もの駐車場利用者がいるのに、駐車スペースは百台分しかない場合は、それぞれが利用できるのは数週間にほんの数時間ということになってしまう。断片化された使用権を利用可能な一つの駐車スペースにまとめ戻すには、あまりに多くの取引が必要となる。たとえそれぞれの利用者が合理的に行動したとしても、交渉には費用がかかる。

そして私たちの多くは合理的に行動しない――いままさにショウが始まろうとしている夜七時のタイムズスクエアでは、なおさらのこと。だから「私有化」された駐車場は空《から》で利用されないままになってしまう。これがアンチコモンズだ。

さて、いまの駐車場利用者を牧草地の羊に置き換えて考えてみよう。もしも共有する土地が三センチ四方に断片化されて私有化されてしまうと、羊飼いは羊一匹にすら草を食わせられなくなってしまう。数えきれないほどの相続人が祖先の農場を細分化してばらばらに所有した場合も同じことが起こる。アンチコモンズでは牧草は高々と生い茂り、コモンズでは丸裸になるまで食べられてしまう。どちらの場合も牧草地は無駄になる。いずれにしろ羊は飢えることになる。

駐車場と羊飼いの土地は、私有財産を作ることでコモンズでの使いすぎが解決できることを示唆している。でも私有化がいきすぎてしまう場合もある。その場合、グリッドロックに陥って、やはりみんなが損害を蒙ることになる。過少利用とアンチコモンズの概念を加えることで、個人間の政治論争や富の創造の新しい領域が見えてくる。目指すべきなのは、コモンズとアンチコモンズの狭間で所有権のスウィートスポットを見つけることなのだ。

空の料金所

不思議な駐車場は現実には存在しそうにないが（タイムズスクエアでは特に）、ビッグインチはいつでも起こりうる。今日のような空の旅を実現するために、国は一世紀前にグリッドロックを克服しなければならなかった。現在のような結果になるかどうか、事前にはまったくわからなかった。飛行機が空を飛び始めた黎明期には、航空路も飛行機製造も、典型的なアンチコモンズとなっても不思議ではない状態だったのだ。

灯台の光

まずはあなたの家の上空について考えてみよう。空の所有権は通常、その下の土地の所有権に付随する。古代の法文にも「土地を所有するものはその空と地下を所有する」とある。[6] 地球の地表はあなたの所有する無限大の柱状空間の一平面にすぎない。地球の表面は曲面だから、その柱状空間はどちらかというと切り分けたパイのようなくさび状の形に近い。一九二八年の「法的擬制」という詩のなかで、文芸批評家ウィリアム・エンプソンはこのくさび形のイメージをうまく利用している。

法は人間の短い棒切れから長いスポークを作り上げる
あなたの権利はあなたの要求したものの上と下に拡張される
限度はなく、天国から地獄までの土地を所有する……
その権利は、下はすべての所有者が出会うところ：地獄まで深く及ぶ
唯一の秘密会議の場、地球の中心にまで及ぶ
上は銀河を超え扇形に広がる

あなたの所有する灯台の光は
天空で魔王のごとく閃く
地軸は変化し暗黒の錐は
揺れ、最後は蝋燭の影となる[7]

だれもあなたの土地の下の鉱物を掘ることはできないし、上に覆いかぶさるような建造物を作ることもできない。もし地表から上下一〇メートルが地主の管理下にあるなら、上下一万メートルまで管理下にあってもおかしくはあるまい?[8] 一世紀ほど前なら、これは検証しようのない問いだった。たまに起こる風船による領空侵犯を心配する人などだれもいなかった。だが、そこに飛行機が登場した。

飛行機がどこかへ飛ぶためには、無数の柱状の領空を横切らなければならない。もしも「灯台の光」式の考え方を律儀に適用するならば、それぞれの柱状の領空を許可なく横切ると不法侵入になってしまう。土地所有者は領空の通過に対して対価を要求できる。それが法の定めなら、飛行機は決して離陸できなかっただろう。空の旅は失われた市場となり、飛行機がもたらした進歩はどれも想像することさえできなくなってしまう。

飛行機が空を飛び始めた最初の頃に、幾人かの地主が空の料金所の権利を主張し、法学者たちはどうやってその主張を回避すべきかで意見が割れた。飛行機は川の上を飛び、空港へ向かうときに必要な、ごく細い土地の上の領空侵犯に関してのみ支払うというやりかたはどうか?[9] あるいは、政府が（鉄道や高速道路を作る際に土地を収用するのと同様に）領空侵犯する部分を強制収用して地主には補償金を支払い、航空会社がそれを弁済するのはどうだろう？　児童書ですらこの問題に触れている。ビクター・アップルトンは一九一〇年の『トム・スウィフトと飛行船』のなかで、飛行船が街の上を飛行することを想像した（図2－1）[10]。二年後の『トム・スウィフトと大灯台』では、主人公は敵の家の上を飛んだ。

「やあ、アンディ！」上空をゆっくりと飛びながらトムは呼びかけた。（中略）

「とっとと、出ていけ！」乱暴者がどなった。「俺の家の上を飛ぶのは不法侵入行為だぞ、逮捕させてやる。出ていけ[11]」

アメリカは、「灯台の光」式所有権の法的な意味に、よいタイミングで修正を加えることで空の旅のグリッドロックを回避した。所有権は天国まで及ぶことになっているが、一九二六年制定の航空商業法により天国の高さは、夜は一〇〇〇フィート（約三〇〇メートル）、昼は五〇〇フィートという飛行機の巡航高度よりずっと下に定められたのだ。アメリカの控訴裁判所は、一九三六年に上空飛行による不法侵入の訴えを棄却した際に、「我々はこの国の法体系にそのような荒唐無稽な所有権の概念を押しつけるようなことは決してしない」と記している[12]。

第二次世界大戦への準備の一環として行われた軍事訓練の際の領空侵犯をノースカロライナの養鶏場主が訴えた際に、最高裁判所は最終的に「灯台の光原則」について下記のように断じている。

現代においては受け入れがたい。議会が宣言したように、空は公共の高速道路である。もしそうでないならば、操縦士は大陸間飛行のたびに無数の領空侵犯訴訟にさらされることになる。常識的に考えてもおかしい。そのような領空に対する私的所有権を認めてしまえば、これらの高速道路は滞り、公益であるその管理、発展が妨げられ、公共のみが正当な権利を主張できるものを、私的な所有へと移転してしまうことになる。[13]

図2-1　黎明期の空の旅想像図

このときの裁判所と立法府の判断は正しかった。法の手による早業で、私たちは「私有権」と呼ぶ権利のかたまりを排除、いや調整し、潜在的な価値のある新技術に便宜をはかることができた。私有者から何かを「奪った」わけではないから、政府やまだ駆け出しの航空会社に、補償の義務が課せられることもない。そのような私有権の調整は驚くにはあたらない。歴史的観点から言っても、私有財を固定された不変のものと捉えるのはおかしい。最も堅固な私有財制度ですら、常に新たな資源をめぐる争いを仕切るために、権利をあれこれ調整しているのだ。

トム・スウィフトからグーグル・ブック検索へ

領空に関する論争は、古くさい歴史上の珍奇な出来事などではない。インターネット・グルのローレンス・レッシグは『Free Culture　いかに巨大メディアが法を使って創造性や文化をコントロールするか』を、この変転する空域所有権に関する物語で始めている。[14] 飛行機による領空侵犯という難問は、現在のデジタル・データベースの構築についての論争にも尾を引いているのだ。グーグルは、著作権のあるものないもの含めて何千万もの著作物を、オンライン・データベースのグーグルブック検索で検索可能にしようと試みている。これは人類史における一大図書目録となりうる。著者の利益を保護するため、著作権のある作品については短い抜粋のみ閲覧可能とし、あとはオリジナルを買うなり借りるなりすればよいということになっている。それでも作家協会はグーグルに対し、デジタルコピーは会員の著作権を侵害していると主張して補償を求めている。[15] この主張は、上空を滑空し領空の柱を横切ったトム・スウィフトに屋根の上から叫んだ悪漢の主張そっくりだ。『ロサンゼルス・タイムズ』紙の特集ページで、レッシグはグーグルブック検索と飛行機の領空侵犯の関連について詳しく述べている。[16] 彼によれば、ひとりひとりの作家の受ける損害は地主が受ける損害同様に微々たるものか、無に等しい。だが個々の著作権者の同意を得るためにかかるコストは、データベースを破綻させてしまうだろう。それぞれの地主に通行税を払ったら、空の旅が不可能になるのと同じことだ。レッシグは、議会や法廷は著作権法を正しく解釈し、領空侵犯が補償対象となる侵害行為でないのと同様に、検索可能なデータベースに著作権のある本を索引化しても起訴対象となる侵害行為ではないことを明言すべきだと続けている。そのような解決への正確な学理上の手続きは、常識から導かれる結果に比べればたいした問題ではない。細分化された所有者たちによるグリッドロックは阻止しなければならないのだ。所有権をうまく適応させれば、最先端技術のグリッドロックは免れる。一世紀ほど前、自由放任資本主義の真っ只中で、そのような適応により航空機産業は離陸できたのだ。

航空機製造におけるグリッドロック

航空産業の最初期にその息の根を止めかねなかった、第二のグリッドロックがある。この例もまた現代にも同様の例が見られるものだ。一九〇六年、ライト兄弟が飛行機に関する基礎的な特許を取得した（図2－2）[17]。アレクサンダー・グラハム・ベルの支援を受けたグレン・カーチスやその他の発明者たちがそれを改良し、もっとよい操縦性とエンジンを備えたデザインにした。みんなそれぞれ飛行機に関する特許の一部を持っていたが、ライセンス条件の合意にはいたらなかった。一九一三年、裁判所は当時最大手だったカーチス・カンパニーに飛行機の製造を中止するよう命じた。二〇年後、当時の惨状について連邦特許裁判所は次のように回顧している。

一九一七年一月以前、アメリカにおける航空機産業は、重要な航空技術に関する特許の有効

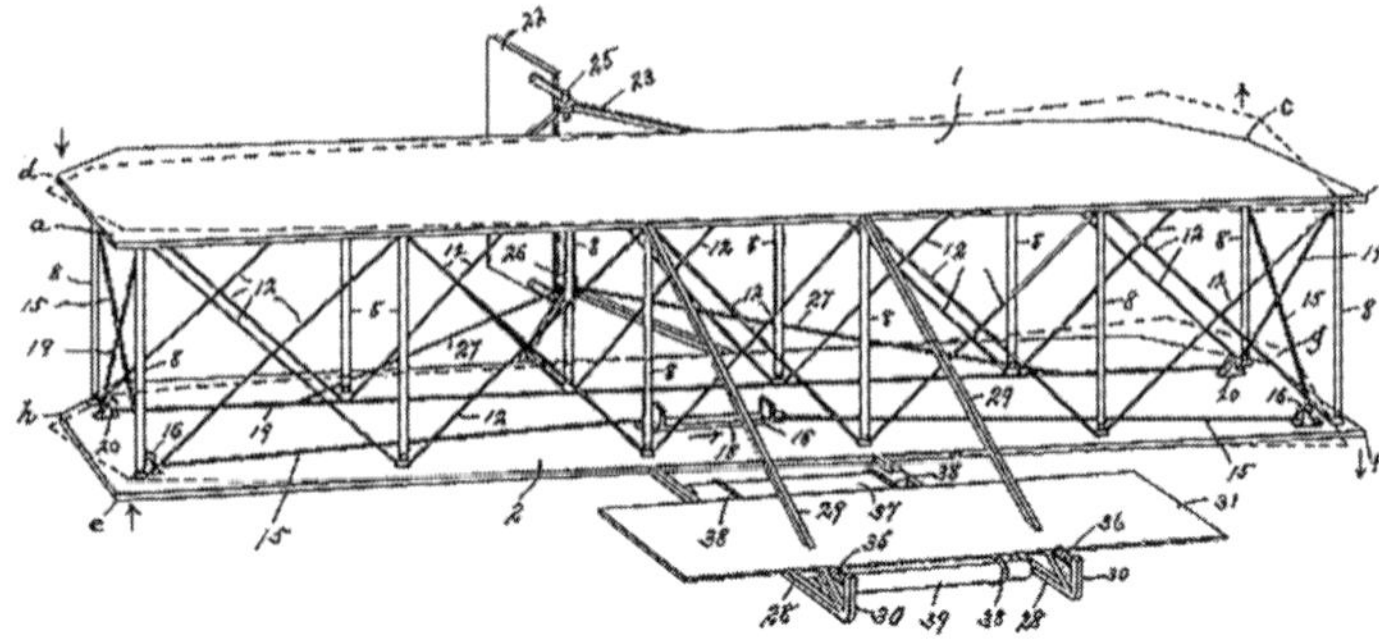

図2-2　ライト兄弟の特許No.821,393より

> 性と保有権に起因する混沌とした状況により、その発達が遅れていた（中略）それぞれの会社が他の航空機および飛行艇製造会社を特許侵害で訴えて脅し合い、全般的に業界全体が沈滞する結果を招いた。[18]

特許権のもつれにより、アメリカの航空機産業は身動きがとれなくなっていた。でもヨーロッパの製造業者は、もっと優秀な飛行機をたくさん作り続けていた。アメリカの第一次世界大戦参戦前夜にいたって、議会は国外に目を向け、戦闘機が飛びまわっているのを目の当たりにする。国内の航空機産業のグリッドロックは国防の危機となっていたのだ。一九一七年初頭に議会は、飛行機製造の「現在の窮状に対する救済計画を案出する」ための委員会（当時海軍次官補だったフランクリン・ルーズベルトも参加）を設立した。[19]

当時の委員会の動きは早かった。一九一七年三月二四日、ルーズベルトたちのグループは航空機製造における特許権の強制的な再編成である、「強制特許プール」の創立を求める報告書を提出した。その日のうちに、飛行機に関する重要な特許のすべてをコントロールし、特許権保有者に規定の使用料を支払う航空機工業会（ＭＡＡ）を設立する法案が議会を通過した。二週間後、アメリカは大戦に参戦した。ＭＡＡの特許プールは一九一七年七月に正式に設立され、製造者たちは障害となっていた、特許権侵害による訴訟の脅威から解放された。すぐに戦闘機が大量生産され、アメリカの航空技術革新は再開した。ＭＡＡの特許プールは一九七五年まで続いた[20]。

いま私たちが飛行機で旅行できるのは、法的な幸運と政治的意志のおかげだ。技術的な大躍進のおかげではない。あいまいな侵害規定の調整により「灯台の光」式所有権を再規定したからこそ、飛行機は空を飛びまわれるようになったのだ。「すべての戦争を終わらせる戦争」で劣勢に立たされてしまうという差し迫った危機が、議会による強制的かつ迅速な特許権共有化に拍車をかけたのだ。立法者たちはヨーロッパに目を向けることで、もしもグリッドロックを解決したら飛行機に何ができるかを確認できた。こうした出来事の重なり合いがなければ、世界はいまほど三次元的ではなかったかもしれない。

飛行機の特許に関する苦闘は何も特別な事例ではない。ライト兄弟がカーチス・カンパニーに対して特許権侵害訴訟を起こし、同社の存続が危ぶまれるほどの賠償金を要求したとき、その弁護費用を支援したのはヘンリー・フォードだった。それはフォードもまた、自動車製造において同様の脅威のなか生き延びてきたからだ。フォードはそのような訴訟が増えると車の生産が止まってしまうのではないかと心配していた。特許の絡み合いはこれまでミシンからコンピュータにいたる様々な新興産業の成長を抑圧してきた[21]。いまやこうした機械がない状態など想像もつかないが、これらはたまたま生き残っただけだ。私たちが依拠している技術は、起業家ががんばったり、協調が成功したり、政府が規制をうまく整えたりすることで、幸運にもグリッドロックを免れたわずかな残りなのだ。

なぜ「underuse（過少利用）」は波線扱いであってはいけないのか？

不思議な駐車場と天国に達する柱の話には少し端折ったところがある。だがこれらの話によって、使いすぎと不十分な使用、コモンズとアンチコモンズという、グリッドロックのジレンマを理解するうえで必要なすべての語彙を概観できるはずだ。しかし、underuse（過少利用）とanticommons（アンチコモンズ）という用語はいまだに波線扱いだ。私の使っているスペルチェッカーはこれらの置き換え候補としてundersea（海中）とanticommunist（反共）をあげる。この章の残りでは、なぜこうした言葉を日常の語彙に加える必要があるのかを説明していく。私たちには言葉の溝を埋める簡単な方法が必要であり、それによってグリッドロックのジレンマを明確に捉えることができるはずだ。

スペルチェッカーの波線は、言葉の問題を明らかにしただけではない。この波線に刺激されて、私はoveruseとunderuseをインターネットで検索してみた。overuseをググると、二〇〇八年初頭で三五〇万サイトがヒットしたのに対し、underuseではわずか一二万サイトだった。（commonsの二億三〇〇万ヒットに対し、anticommonsは三万三〇〇〇ヒット）このデータは即座に二つの可能性を示唆している。使いすぎは、不十分な使用の三四倍重要な社会問題であるか、あるいは不十分な使用について私たちは本来の数の三パーセントしか気づいていないか、ということだ。私が後者を正解だと考えていることを知ってもあなたは驚かないだろう。

使いすぎを直すには

グーグルの検索結果を理解するために、まずは overuse から始めよう。オックスフォード英語辞典によると、overuse が動詞として言葉になったのは一六〇〇年代初頭のことだ。初期の使い方は、何世紀も前と変わらず現在でもしっくりくる。「下級財を使いすぎる（overuse）と、それは濫用である」[22]。一八六二年には名詞形も認められるようになる。「牡蠣養殖場がやせてきたが、その一因は使いすぎ（over-use）にある」[23]。ここで牡蠣に留意しておこう。一八六二年の用例が鋭く指摘しているジレンマは、第七章で触れるのと同じものなのだ。

overuse はいまでも「使いすぎること」と「過度の力によって傷つけられること」を意味し、その定義は何百年も変わっていない。グーグルでの overuse のトップリンクの多くは医療絡みだ。医者はテニス、ランニング、バイオリン、読書、その他あらゆることに関して使いすぎ症候群（overuse syndrome）、あるいは使いすぎ障害（overuse injuries）と診断を下す。では使いすぎの反対語は何だろう?

通常利用なのだ。使いすぎや過度の力によって怪我をすることの反対は、ごく普通の力で使うことで怪我をしないことである。活動を断念するかわりに、適当な持続可能なやりかたで続けること。

医学において常用される言葉として、使いすぎの反対語は通常利用だ（図2-3）。一六〇〇年代以来、使いすぎと通常利用はどちらか二者択一の命題だった。肘に痛みを覚えるか、上手ではなくても気持ちよくプレイできるかのどちらか。資源を使いすぎれば、よくないことが起こる。通常利用したほうがずっといい。

どうやって通常利用を実現するのか？　不思議な駐車場のことを思い出してみよう。コモンズの悲劇に対する通常の解決策は、以前述べたように、私有化、協調、規制だ。これらの三つの解決策は、所有を私有財、コモンズ、国有という三つの基本形に分類する旧来の標準的な見方と対応している[24]（図2-4）。

だれしも私有財産について強い思い込みを持ってはいても、この言葉をきちんと定義するのは意外に難しい。一八世紀英国で法学の基礎を築いたウィリアム・ブラックストンから始めるのがよいだろう。よく引用される彼の私有財産定義は「世界の他のいかなる個人の権利も完全に排除することによって、ある人が世界の外部のものに対して主張、実践する唯一無二かつ独占的な支配権」というものだ[25]。この観点からだと、私有財産は資源の使用を行う個々の意思決定者についてのものだ。

コモンズの財産（共有財産）は共有される資源、つまり単一の意思決定者がいない資源ということだ。そして、コモンズは二つの別個のカテゴリーに分類できる。第一のカテゴリーは、駐車場や外洋における無秩序に見られるような、だれも排除されることのない支配体制、オープンアクセスだ。法律や経済の文献では昔から、コモンズをオープンアクセスと同じことだと誤解してきたので、コモンズと悲劇との結びつきは強化されるようになった。二つ目のカテゴリーにはいろいろな呼び

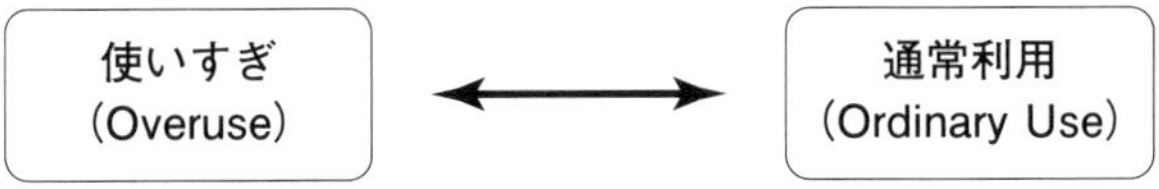

図2-3　終点としての通常使用

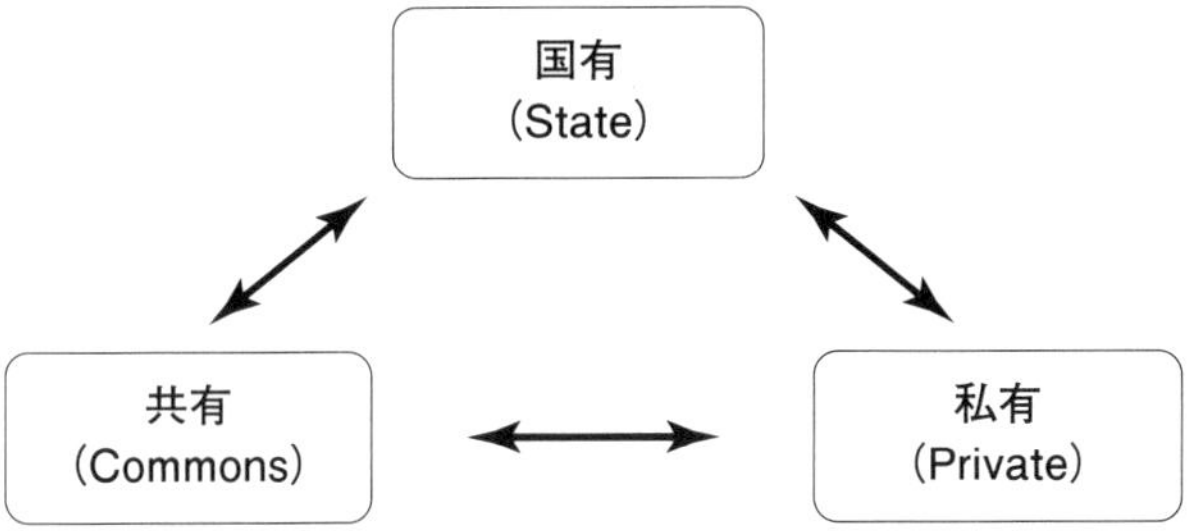

図2-4　所有の三形式

名があるが、ここではそれをグループアクセスと呼んでおこう。コモンズに参加する者は部外者を排除できるが、自分たち同士は排除できないという仕組みだ。[26] オープンアクセスは大洋を、グループアクセスはわずか四人の地主の土地で囲まれた池を考えればよい。グループアクセスは、共同所有権のなかでは大半を占め、まったく悲劇ではないことが多いのに、しばしば見過ごされがちだ。

国有財産は、単一の意思決定者が存在するいう点では私有財産と似ているが、資源の使用が原則としては国民全体のニーズに答えるいくつかの過程を経て行われるという点が違う。最近では、国有財産は理論的カテゴリーとしてはあまり中心的な位置を占めなくなってきた。冷戦が終わり、ほとんどの社会主義国家が消え去った現在、国家による資源の極端な統制は支持されなくなり、私有化が加速した。ある意味で、国有財産はその特徴を失った。今日では財の三形態は、ある学者が単純に「すべてか無か」と呼んだ私有とコモンズの簡単な二項対立に減じてしまったと多くの人は見ている[27]（図2－5）。

私はグリッドロックに対する文化的盲目性の本当の原因は、このあまりに簡単すぎる財産のイメージにあると思う。「コモンズ対私有」という二項対立が、「使いすぎ対通常利用」という二項対立と対応していることに注目しよう。前者は私有に勝るものはないと暗にほのめかし、後者は通常使用を超えることはありえないと示唆する。これらの二項対立が一つになって、世界規模での私有化推進の政治、経済的な論理を支えている。私たちは、コモンズにおける使いすぎの解決策は、私有における通常利用だと、よく考えもせずに思い込んでしまうのだ。この論理は不十分な使用のジレンマが想像しにくいし、私有化の先にある図に描かれていない世界を見えなくしている。

三匹のクマと女の子

オックスフォード英語辞典によれば、underuseは最近できた新語だ。最初にその出現が記録されたのは一九六〇年で、不安げなハイフンとおおげさな引用符で飾られていた。「どこかにかなりの（パーキング）メーターの〝不十分な使用〟（'under-use'）があるのかもしれない[28]」。一九七〇年には編集者が引用符を取り除いてもあまり不自然に感じないくらいにはなっていた。「英国であまりに長く続いたような、持続的な資源の不十分な使用（under-using）から国が回復することは決してできない[29]」。一九七五年ぐらいにはついにハイフンも消えた。

オックスフォード英語辞典によれば、この新語は「何かを最適度よりも下まわって使用するこ

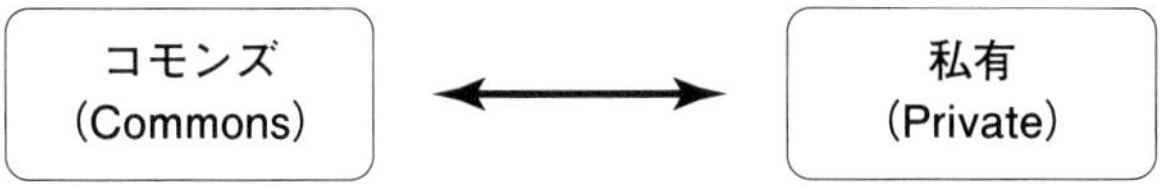

図2-5　所有に関するおなじみの対立

図2-6　使用の新しいスペクトル

と」を意味する。〝最適度〞への言及で、underuseがどのようにして英語に取り入れられたか見当がつく。たぶんそれは政策論争の過程で費用便益分析の果たす役割が増大したことによる意図せぬ結果だと思う。図2－3の端に不十分な使用、過少利用（underuse）を置くとどうなるだろう？　結果は簡単だが、それは概念上の混乱を招くことになる（図2－6）。

「使いすぎ対通常使用」の昔ながらの世界では、選択肢は白黒はっきりしていた。怪我か健康か、浪費か有効か、悪か善か。新しい世界では、もっと微妙な、連続性のなかでの最適を追求することになる。使用の最適なレベルを探ると驚くべき進展がある。それには不十分な使用の概念が必要だし、これまで長いあいだ続いてきた使いすぎの意味をいつのまにか変えてしまう。三匹のクマと女の子の童話同様に、私たちは熱すぎず、冷たすぎず、多すぎず、少なすぎない、ちょうどよいものを探しているのだ。[※1] 図2－7は不十分な使用を入れると私たちが求めるものがどう変化するか示している。

　いったいどうやって、使用が過少、過大、最適だとわかるのか？　簡単な話ではないし、経済分析だけで解決できる問題で

図2-7　三匹のクマと女の子による最適の探求

もない。例えば、コレステロール値を低下させるリピトールのようなスタチン製剤の使用を、公衆衛生の観点から推進することを考えてみよう。スタチン製剤の不十分な使用は心臓麻痺や心臓発作の多発をもたらす可能性が高い。[30]しかし万人がそれを摂取すべきだと主張する人はいない。その薬を水道に混ぜたりしたら、それは使いすぎだ。最適な使用レベルはどのくらいだろう？　こういう問題に答えるには、費用便益分析を使う。薬の費用を見積もり、避けることのできた死をドルに換算し、使用増加によって生じる負の効果を定量化するのだ。

使いすぎ（過大利用）と不十分な使用（過少利用）のあいだの適量の見極めは、入り口は経済的な分析だが、すぐに人々の中核的な信念に関わる話になってしまう。この問題を解くには、人間の生命や、過大利用と過少利用のコストに値段をつけなくてはならない。人それぞれに違う値段をつけるべきか？　例えば、年齢、稼ぐ能力、性差、職業犯罪歴などに応じて？　もし公共的なコストを引き下げて公共の福祉に資するのであれば、人々がいやがってもスタチンを無理やり摂取させるべきか？

この論争は日常生活でも様々な形で繰り返し現れる。車の速度を上げれば家に早く着けるが、事故を起こす可能性も増える。このトレードオフにそれだけの価値があるか？　これに答えるためには、生命に値をつける方法を知る必要がある。もしも命が値をつけられないくらい大切ならば、自動車には完璧な安全性が必要となり、車は際限なく高価なものとなり、車の使用はゼロまで落ち込んでしまうだろう。でも安全性に関する規制があまりに少ないと、あまりに多くの人が命を落とすことになる。自動車の安全性についても、社会はまたもや三匹のクマ問題に直面する。あらゆることを考慮に入れて、自動車による死者の数が最適になるよう努めているわけだ。冷淡に思えるかもしれないが、最適とはそういう話なのだ。

この難しい問題を持ち出したのは、最適を見つけるためには過少利用という概念が必要だということを示すためで、そしてこの新しい言葉は逆に使いすぎの意味を変えてしまうことを示すためだ。使いすぎはもはや、資源を普通以上に使うというだけの意味ではない。過少利用の可能性により、政策決定は比較的簡単な二者択一から、もっと議論の分かれるトレードオフへと変化している。現代のリスク規制を形成しているのは、そうしたトレードオフなのだ。

アンチコモンズの悲劇

「過少利用」の概念を加えることでアンチコモンズに対するお膳立てができた。図2-3、図2-7を見れば、そのなかにまだ名前のついていない部分があることに気づくだろう。使用のスペクトルは一通り見たが、それに対応する所有権の全体像にはまだお目にかかっていない。波線扱いの

※1 イギリスの有名な童話による。森の三匹のクマの家に知らずに迷いこんでしまった女の子が、テーブルの上にある三つのお粥を見つけ食べようとしたところ、一つ目は「熱すぎ」、二つ目は「冷えすぎ」、三つ目が「ちょうどよい」ので全部飲んでしまったというエピソード。

underuse には、一般的にどんな形態の所有が対応するのだろう？　対称性の力によって、隠れた財産形態があらわとなる。図2－8に、私のアンチコモンズへの道が示されている。

「アンチコモンズの悲劇」という言葉を作ることで、私有を超えた、あまりに断片化された所有権のジレンマを目に見えるようにした。コモンズから私有への移動線は、最適な地点よりいきすぎてしまうことがあるのを示すものだ（図2－9）。私有化が進みすぎると、資源はあまりなじみのない形で無駄になってしまうことがあるのだ。

集団財産の仕組み

所有権の全体像を見ると別の恩恵もある。コモンズの所有権を理解すると、アンチコモンズのグリッドロック解決の手がかりを与えてくれるかもしれない。まずはじめに、オープンアクセス（みんなに開かれた無秩序状態）とグループアクセス（仲間内で共有し、部外者に対しては私有物となる）の区別を思い起こそう。この区別は、所有権分布図のアンチコモンズの側でも役に立つ。従来の通念ではグループアクセスが見過ごされているが、それではいけない。

正しい条件が揃えば、規制や私有化を進めなくても、人々の集団がコモンズを維持することは可能だ。協調によって最適な使用を達成できるのだ。ではいったいどんな条件だと協調は機能するのだろう。そしてそこにはグリッドロック解消にとってどのような教訓があるのだろう？

図2-8　所有権のパズル

図2-9　所有権の全分布図

法なき秩序

ロブスターはあまりに多くの人の好物だ。コモンズの悲劇では乱獲されかねない。ロブスター保護のため、メイン州のロブスター漁師たちは法を逸脱して、「港のギャング団」を組織した[31]。『ニューヨーク・タイムズ』紙の記者ジョン・ティアニーの表現だと「港のギャング団はトニー・ソプラノ※2のマネジメント原理を中心に組織されている」。ロブスターを獲ろうとする新参者にとって、海は万人に開かれたコモンズではない。かわりに港のギャング団の掟に直面することになる。ティアニーはエスカレートする一連の脅しの方法について書いている。まず罠のなかにメモ入りのボトルを入れ、次に罠を開けたまま放置してロブスターを逃がし、次いでチェーンソーで罠が破壊され、最後にブイの綱が切られて罠は流されてしまう。もしそれでもよそ者が「気づかないようなら、彼のボートは燃やされるか、沈没させられてしまう[32]」。

※2　アメリカの人気TVドラマ「ザ・ソプラノズ　哀愁のマフィア」の主人公のマフィアのボスの名前。

よそ者を排除することで、害となる使いすぎが回避される。

しかしよそ者の排除は戦いの半分にすぎない。港のギャング団のメンバーは互いを見張って、裏切り者に目を光らせる必要がある。ギャング団のメンバーは水揚げのために自分の港に戻ってくるので、監視するのは比較的簡単だ。港に帰るとロブスター漁師たちは波止場の酒場でだれが「線を越えた」か、つまり他人の縄張りに罠を仕掛けたかを噂し合う。評判は大切だ。小さな町では、真実味のある悪い噂は強力な効き目があるので、漁獲量が維持できなくなるほどのロブスターを獲ろうとする人はいない。[33] 噂だけで足りなければ、メンバーはよそ者に対してとったのと同様に、気に入らない漁師のブイの綱に結び目を作ることに始まり、罠の綱を切ったり、船への放火にまでにエスカレートする脅しを試みる。よそ者を排除し、互いを監視することで資源へのアクセスを制限して、ギャング団は法学者ロバート・エリクソンが「法なき秩序」と呼ぶ状況を作り上げた。[34]

漁師たちが攻撃的態度で縄張りを守っているところでは、大きなロブスターがもっとたくさん獲れる。メインの港のギャング団は、自分たちの管理下の沖合のエリアでは資源が維持できるレベルに漁獲量を抑えた。しかしこの違法な集団保有の制度にはコストがかかる。ギャング団は自警団として暴力を行使して新参者やよそ者を冷遇するが、ときとして新しい環境条件への適応に失敗する。法なき秩序で維持されている沖合の資源は、ロブスターだけではない。強烈な波もまた希少な資源だ。サーフィンをするなら、波の上のルールを知らなければいけない。だれか他の人が乗っている波に後から乗ってしまうと、即座に罰が与えられる。殴る、蹴る、あるいは次の波に乗ったときに別のサーファーがあなたの上に乗っかってくる。しかしいままでは、社会性に欠ける新参者が大挙してやってくるので、伝統的なサーフィンの規範は崩れようとしている。『ザ・サーファーズ・ジャーナル』の発行人スティーブ・ペズマンは言う。「波の利用がうなぎのぼりに増加しているのは明白だが、一方で資源のほうは相変わらずで、質の高い体験をするためには、まあほどほどの収容力しかない[35]」

サーファーたちは部外者に規律を守らせるのに苦労している。また、カイトサーファーやシーカヤックといった独自の競争規範を持ち、ときにはもっと速く、強く、強面の、新種のライバルとも波を奪い合うことになった。集団保有による解決は、資源に対する圧力が増すと機能しなくなる場合もある。

オープンアクセスに対するハイブリッド解決法

極端なオープンアクセスでは、集団規範は機能しなくなる。例えば、外洋ではだれでもマグロを釣ることができる。マグロ漁船は比較的単独で操業し、その水揚げは匿名で不特定の買い手に売られる。自発的な漁期限定などの保護基準はほとんど効力がない。噂など低コストの監視制度は、広範囲で国際的な漁船には通用しない。国家の介入がなければ使いすぎは避けがたい。鯨を絶滅から救ったのは港の噂ではなく、国際条約を遵守させた海軍の軍事力だ。

国はハイブリッド解決法を後押しすることもできる。国家がロブスターや魚に対する所有権を宣言し、そこに私有権（認可権や取引可能な漁獲量割り当て）を設定して、協調による解決法を補完するのはどうだろう？　ジョン・ティアニーが報告しているように、そのようなハイブリッドな管理体制はもっと公正で、もっと収獲の多い結果をもたらす場合が多い。例えばオーストラリアでは、政府が持続可能な数だけロブスターの罠のライセンスを発行して、厳しく漁獲量を制限している。市場と保有権を保証されたロブスター漁師は、ロブスターが成長するまで収獲を待つこともできるし、政府発行のライセンスを売ることもできる。この制度により、港のギャング団方式やオープンアクセス方式のアメリカのロブスター漁師と比べて、ずっと少ない努力でより多くのもっと大きなロブスターが収獲できている。[36]

同じような区別がマグロにも当てはまる。[37] アメリカとカナダの沖合だと、漁師は比較的自由に魚を獲れるので、マグロは資源が枯渇してしまいそうになるくらい大量に漁獲されてきた。アメリカの政策は事態をなおさら悪化させるものになっている。政治的圧力により漁業補助金が出され、漁師たちはそれでもっと大きな船を買い、もっと漁獲高を増やそうと努力するが、結果として獲れる魚は小さく少なくなっている。漁師を含む万人にとって、あらゆる措置のなかでも最悪の資源保護措置だ。対照的に、オーストラリアでは「移転可能な個人向け漁獲量割り当て」制度が作られている、これは基本的には所有権で、自由に海を回遊する魚を管理する際の協調関係を増強する。マグロ漁師は「自分の」マグロを協力して囲い込み、育て、収獲し、市場で売って、最大限に活用する。これにより、ずっと少ない努力で、もっと健康で大きな魚、ずっと価値の高い水揚げ、という結果が生まれている。

オーストラリアの長期的な保護への取り組みは、確かに良好な結果を出しているが、こうしたハイブリッドな権利を最初に作り上げるときには政治的論争がつきものだ。当初の割り当てはだれがいくらもらえるのか？　割り当てはオークションにかけるべきか、それとも関係者に配布するのか？　アメリカの漁業がオーストラリア方式に踏み切らないのはこの政治的煩雑さのためだ。ハイブリッド方式は天然資源管理の最先端だ。取引可能な漁獲量割り当て、二酸化炭素排出権取引市場、譲渡可能な大気汚染許諾量[38]。これから見るに、ハイブリッドな解決法の適用範囲はロブスターやマグロよりはるかに広く、天然資源だけに限られるものですらない。ハイテク・イノベーションの最先端にも適用できるのだ。

コモンズの教訓

コモンズにおける財産のジレンマ解決策には、グリッドロックを解決する手がかりがある。外洋のようなオープンアクセスの場合、国家は直接資源利用を統括するか、漁獲量割り当てのようなハイブリッド所有権を設定する必要がある。アンチコモンズ側でオープンアクセス（による使いすぎ）に対応するのは、不特定多数の人が互いを妨害し合う完全排除だ。完全排除への対策としては、国家は断片化した権利を取り上げて一つにまとめるか、ハイブリッドな保有体制を作る必要がある。そうしないと資源は過少利用により無駄になってしまう。でもある重要な点で、完全排除はオープンアクセスとは異なる。それはアンチコモンズはしばしば目に見えないということだ。ジレンマに対応する前にまず、グリッドロックとなっている資源を特定する必要がある。

コモンズにおけるグループアクセスにも、アンチコモンズにおける対応物がある。それは限られた数の人が互いを妨害する集団排除だ。不思議な駐車場の複数の所有者を思い出そう。グループアクセスと集団排除のどちらの場合にも、市場による解決、協調による解決、規制による解決という各種の対策がありうる。アンチコモンズの資源の場合、自己規制による解決はちょっと複雑だが[39]、断片化した所有者たちが一致団結すれば、グリッドロックを克服できることもある。集団排除の資源だと、規制を通じて協調を妨げているものを除去すべきだ。

コモンズにおける集団所有、あるいはアンチコモンズ側での個人所有権は、極端で稀なオープンアクセスや完全排除に比べ加速度的に重要度を増している。現代経済の大部分は、法人、組合、企業合同、分譲マンション、そして結婚でさえ、アクセスと排除というジレンマを解消するために法的に構築された集団資産として理解できる[40]。集団所有権の円滑な運営に失敗すると、人命が犠牲になる場合さえある。いまやはじめて、財産というものの全体像を図2-10[41]のように把握できるようになったのだ。

コモンズとアンチコモンズの対称性

私がアンチコモンズの悲劇の可能性を提唱した後に、経済学者でノーベル賞受賞者でもあるジェームズ・ブキャナンが同僚ヨン・ユーンと共に定式化された経済モデルの構築に着手した。このモデルでは、単一の決定者によって、不思議な駐車場のような資源の使用が管理されたときに、社会はそこから最も高い価値を得られる。もっと多くの人がそれぞれ勝手に駐車場を使えるようになると、価値は下がる。これがコモンズの悲劇だ。そしてもっと多くの人が互いに駐車場から他の

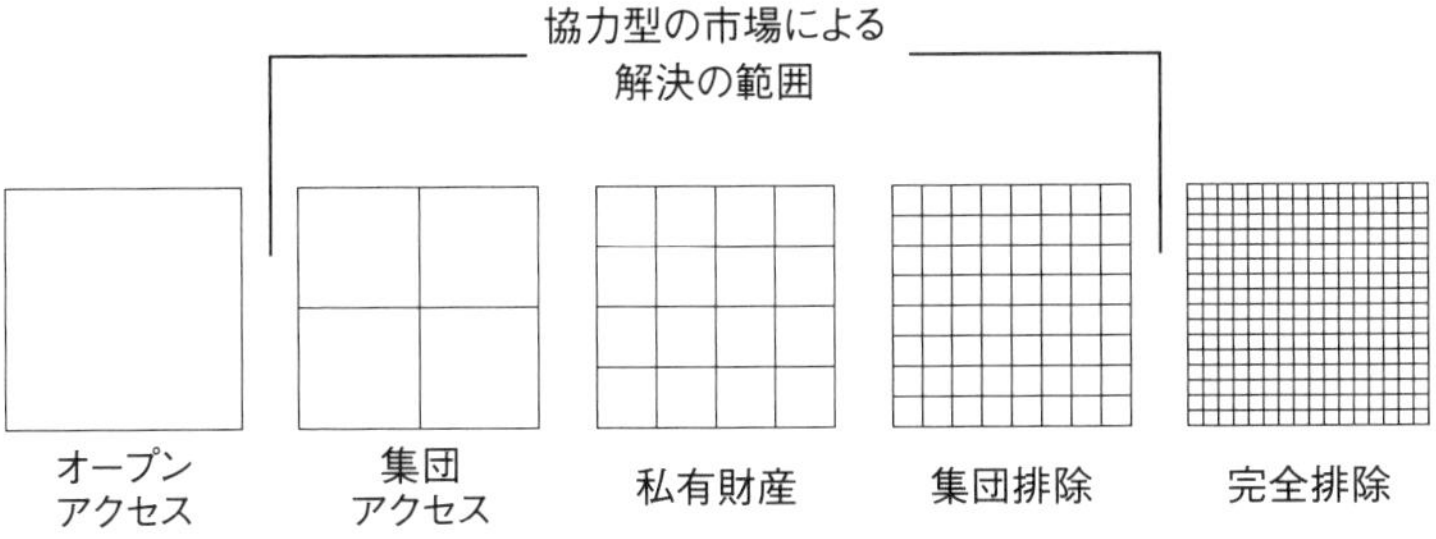

図2-10　明らかになった、財産の全体像

人を排除できるようになると、これまた同様に価値は対称的に下がる。アンチコモンズの悲劇だ。図2-11[42]は、この発見を彼らがまとめた図だ。

その証明を完成させて、アンチコモンズの理論が広範な問題に適用できることを示した後で、ブキャナンとユーンは次のように結論した。「アンチコモンズの構造は、ときとしてまったく異なる制度構造における、中心的な特徴を抽出する分析的手段を提供する。（中略）［人々は］おそらく元帳のコモンズ側にばかり気をとられ、アンチコモンズ側は相対的に無視してきたようだ[43]」

アンチコモンズの経済学

ここ数年でアンチコモンズの経済モデルはかなり洗練されたものになり、発展を続けている[44]。最もわかりやすいレベルでは、アンチコモンズ理論を理解するには、アントワーヌ・オーギュスタン・クールノーが一八三八年の『富の理論の数学的原理に関する研究』においてはじめて言及した「補完財」経済学に、法的なひねりを加えたものと考えればいい[45]。アンチコモンズ理論は、「代替財」を重視してしばしば「補完財」の役割を無視しがちな現代

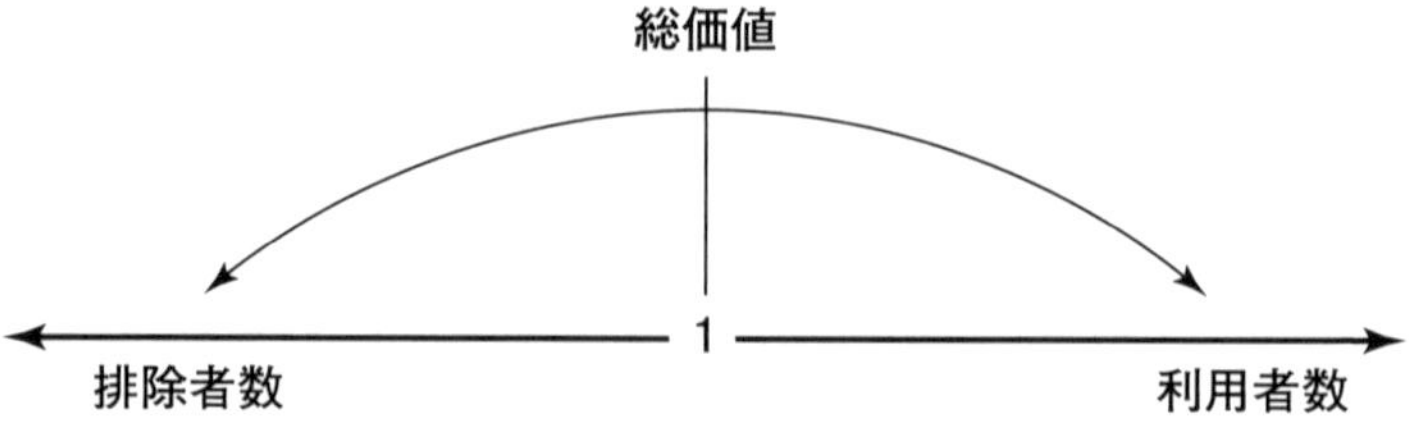

図2-11　アンチコモンズとコモンズにおける価値の対称

の経済モデルを、部分的に補正するものなのだ。[46]

代替と補完の違いとは何か？　図２－12で、鉄道Ａ、Ｂ、Ｃはそれぞれここからあそこに行くための代替手段だ。運賃が九ドルとしよう。もしも鉄道Ａが八ドルでサービスを提供できる方法を見つけたならば、Ａは乗客を勝ち取れる。ＢとＣが操業を維持するには、もっと効率的になる必要がある。手ごわい代替のいる市場では、競争者には革新を進め価格を下げようとする動機があり、そのため間接的に社会全体が利益を受けることになる。これに対して、鉄道会社Ｄ、Ｅ、Ｆは補完となっている。ライン川の料金所、半導体チップ上の何千ものトランジスタ、無線通信網を可能にしている特許権の束などもそうだ。入力が補完的な場合は、それらのすべてを求めるか、あるいはすべてをあきらめるかのどちらかだ。

今度はここからあそこまでの運賃が九ドルとしよう。Ｄ、Ｅ、Ｆはそれぞれ三ドルずつ運賃をとる。Ｄは、乗客がここからあそこへ移動したいなら、自分の路線の切符を買わなければならないことを知っている。だったらわざわざ技術革新する必要などあるまい。Ｄとしては、技術革新するどころか運賃を五ドルに値上げして、ＥとＦがそれぞれ二ドルに料金を下げてくれることを期待する。でもＥとＦはそれに応

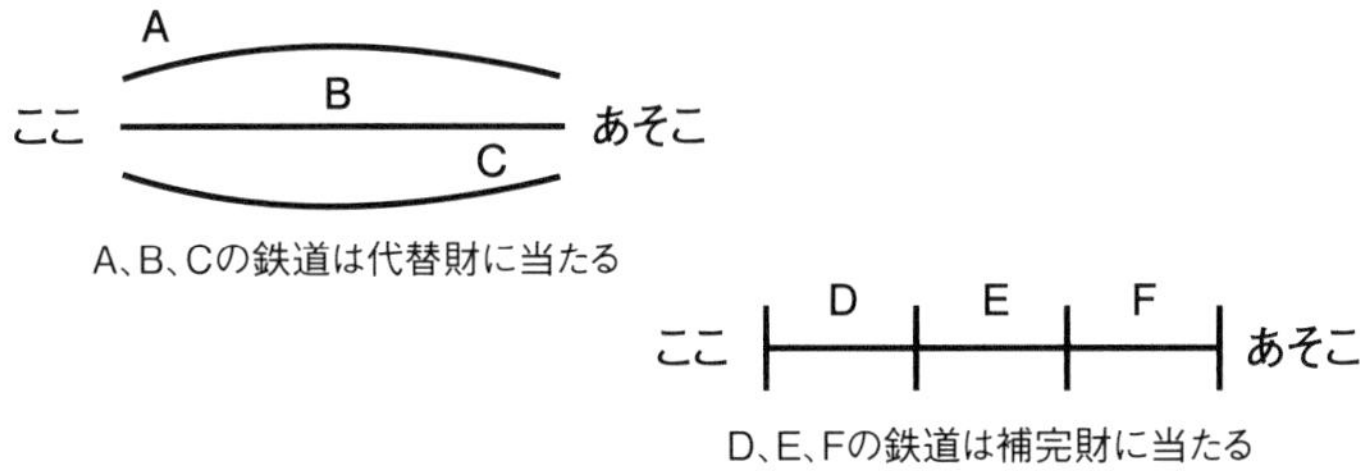

図2-12　代替と補完

じる道理なんかない。むしろ彼らも運賃を値上げし、運賃の合計は九ドルを超え、利用者数が減少して最適な数を下まわることになる見込みのほうが高い。補完的な競争の場合、技術革新への動機は鈍ってしまう。Ｄが運賃を下げても、ＥやＦはただその分運賃を上げるだけだろう。

　Ｄ、Ｅ、Ｆが鉄道ではなく互いに補完的な特許であっても問題は同じだ。改革者たちは経済学者カール・シャピロが「特許の藪」と呼ぶものに直面することになる。新しい技術の商業化の過程に立ちはだかる、無数の幻の料金所のことだ[47]。クールノーは、補完が優位を占めている市場では、それが鉄道であろうが特許であろうが、Ｄ、Ｅ、Ｆが合併したほうが全体としての社会的厚生は高まることを証明した。ここでは、独占が競争より優れているのだ。アンチコモンズ理論は、鉄道や特許から一般的な所有権や規制へと移行する。これらの概念はすべて、同じジレンマの各種側面を表している。そのジレンマとは、多すぎる協調しない所有者と規制者によって、一つの資源の使用が邪魔されるというものだ。

実証研究の最先端

アンチコモンズ理論はいまや十分に確立されているが、実証研究のほうがこれに追いつかなくてはならない。断片化した所有権について交渉を進めるのはどれほど大変なのか？ グリッドロックはどのくらい技術革新を遅らせているのか？ その影響は業種によって違うのか？ 本来生まれたはずなのに実際には生まれなかった発明、あったはずなのにいまは存在しない産業を評価するのは難しい。こういった難問への取り組みは始まったばかりだ。

二〇〇六年、法律、経済、心理学の研究者によって作られたチームが、コモンズとアンチコモンズの対称性という想定を否定する実験結果を示した論文を刊行した。その論文だと「アンチコモンズのジレンマは、コモンズのジレンマに比べてより利己的な行動へと人を導く傾向がある」という。そして「コモンズの事例における過大利用に比べて、過少利用が起こりやすい」と述べている。研究者たちは「〝コモンズが〝悲劇〟を招くというなら、アンチコモンズが引き起こすのは〝惨劇〟だ」と結論している。[48] 別の実験チームの報告によれば「アンチコモンズの状況下で失われる効率性は、経済理論が予測しているよりもはるかに大きい」という。[49]

こうしたグリッドロックをめぐる取引失敗に関する初期の発見は、一般には謎めいて見える経済現象を考察する助けになるかもしれない。例えば、世界最大手のエネルギー企業の数社は、共同所有している原油と天然ガスの埋蔵地の共同運営について、何年にもわたり合意できていない。[50] もしもある会社が原油を汲み上げる速度を上げると、ガス田の内圧を下げてだめにしてまう。別の会社が天然ガスをあまりに早くとり続けると、油田をだめにしてしまう。アメリカの法律には、こうした場合に有効な「合同開発」と呼ばれる手段が提供されていて、これを使えばグリッドロックを克服して原油とガスのそれぞれの利権を円滑に合同運営できる。[51] それなのに企業は毎年のように足の引っ張り合いを演じている。

なぜこんなことが起こるのか？　原油と天然ガスの事業部は、悪意に満ちた隣人同士が壊れた裏庭のフェンスをめぐって口論しているのとはわけが違う。それは抜け目のない企業間の、公正な商業上の交渉だ。それぞれがその地下の地質的問題や技術的問題についてしっかりと情報を持っている。協調することで生まれる利益は何十億ドルにもなるだろう。なぜどこか一社が他社に権利を売らないのだろう？　なぜ合併しないのか？　いったいどうなってるのだ？　実験に基づく研究により、グリッドロックの心理に根ざした説明が得られつつある。[52] 交渉がアンチコモンズ的な条件下で定義づけられると、どんな優れたビジネスマンでも合意に達することができないかもしれないのだ。

用語集まとめ：但し書きをいくつか

独占に関する補足事項

用語集を締めくくるにあたり、一つ断っておきたい大事なことがある。この本はグリッドロックのある一つの形態とある一種類の過少利用、すなわち所有権があまりに断片化されたときに起こる悲劇に焦点を絞っている。そこでは「多数」の所有者が、希少な資源の利用を互いに妨害し合っている。過少利用は、独占という状況においても、「単一」の所有者が資源へのアクセスを妨げたときには起こりうる。これも悲劇的ではあるが、私の言う意味でのアンチコモンズではないし、グリッドロックでもない。

昔の経済においては、多くの企業が独占権を持っていた。ベル電話会社、鉄道、地域の水道公社。社会はこれらの分野での独占を許すことで、規模の経済や範囲の経済という恩恵を受けた。国は、複雑な料金規制と監督により、独占権の濫用を抑えるべく監視してきた。電話回線は他の多くの国に比べて、安価で入手しやすかった。こうした独占のコストは、目に見えないことが多かった。例えば先送りされ挫折させられた技術革新がそれにあたる。利益が規制され、技術革新をすればすでに行われた投資が陳腐化してしまうのであれば、独占者としてはわざわざサービスを向上させる必要などあるわけがない。独占状態の管理につきもののトレードオフは難しい問題だ。私企業がアメリカ郵便公社と競争することを許可すべきか？ 全国的な電話会社の合併を許すべきか？

情報経済においては特許などあらゆる無形財産が独占の対象となる。私たちが特許権を認めるのは、独占による利益が発明の励みとなり、特許権を与えることで発明者がその発明を公開する動機となるからだ（特許がなければ、人々は秘密にしておけるようなものだけを発明したがるかもしれない）。その一方で、もしも競合者がコピーであるジェネリック医薬品を好き勝手に作ってよいのならば、医薬品の価格は安くなり、もっと多くの人命が救われるだろう。革新と公開、そして競争のそれぞれの価値のバランスを考慮して、議会は絶えず特許が与える権利の束を変え続けている。特許法の管理には、とても難しい政策上の問題がつきまとう。独占による社会的費用があまりに大きすぎるような種類の特許があるのだろうか？

新旧どんな経済においても独占のジレンマは大きな問題ではあるが、それはまた別の本に譲ろう。よかれ悪しかれ、こうした議論はおなじみの悩みではある。しかし私たちは、グリッドロックを生み出す複数の断片化した所有権、あるいは複数の小さな独占が及ぼす相互作用への対応にまだ慣れていない。グリッドロック用語集は、独占そのものを扱うのではなく、複数の人にまたがった独占を扱っているのだ。

絶対についての警告

グリッドロックを語るときには、絶対論は避けよう[53]。まず第一に、アンチコモンズの所有権がすべて必ず悲劇だと決めつけてはならない。人々が完璧な情報を持ち、コストなしで互いに情報交換できる世界なら、アンチコモンズの悲劇はいつでも回避できるだろう（同様に、完璧な世界ならコモンズの悲劇はないし、それを言うならどんな悲劇も起こりえない）。でも現実には、交渉が無料で行われることはないし、人々は責任逃れをするし、自分の利益になると思えば出し惜しみもするし、所有者の意思決定は彼らの認識上の限界にも左右される。現実世界ではアンチコモンズの所有権は必ずしも悲劇ではない。とはいえ、悲劇になりがちなのは確かだが。

第二に、アンチコモンズの状況が過少利用ではなく使いすぎを招く場合もある。例えば、カリフォルニア沿岸の不動産開発を考えてみよう。ひどいことになっている。一つの区画に複数の所有者がいなくても、規制を妨害する隣人が存在することもある。複数のコミュニティグループ、環境団体、近隣住民、そして政府機関は、それぞれ違った形のプロジェクトを支持しがちだ。だが、この規制地獄にもかかわらず、拒否権の行使にかかる費用が高すぎる場合には、過剰建築が起こりえる。開発に反対する者がみんなサーフィン好きで、退屈な公聴会に参加してずっと座っているのは他の人にまかせておけばよいと考えたとしよう。たくさんの人が労せず利益を得ようとすると、計画はたくさんどころかほとんど何の反対にもあわない。カリフォルニアの海岸が過剰開発に向かうのか、過少開発に向かうのかは、実態を見なければ答えられない。そうは言ったものの、これまで私が見てきたほとんどの事例では、アンチコモンズの所有権はグリッドロックを招く傾向にある。つまり経済発展は過大になるよりは、過少になる場合がほとんどだ。[54]

アンチコモンズの喜劇、あるいは意図的なグリッドロック

最後の注意書きは、法学者キャロル・ローズが提唱したものだ。彼女は「コモンズの喜劇」と名づけたものによってもたらされる経済、社会的利益に着目した。[55] いくつかの資源、例えば道路や水路、その他の資源は、コモンズによって共有されたときに最も有効になる。ローズが指摘するように、私有財産権を作ったり強制したりすること自体にも多大な費用がかかる。ときとしてその費用は、経済的だけでなく社会的意味でも収益を超えることもある。村の緑地や公会堂は、コミュニティの結束を強めるが、それが社会的に大変有意義であっても、金銭的に定量化するのは難しい。ローズの洞察はアンチコモンズの側でも同じく有効だ。個人による所有よりも集団管理による排除が好まれるのには、経済的な理由と社会的な理由の両方がある。例えば、ニューヨークのセントラルパークやアリゾナのインディアン墓地で行われたように、一時的な開発推進派による政治圧力

に対抗して、貴重な資源を保全するためには、複数の拒否権を設定するのが役に立つ。[56] 同様に「保全地役権」も意図的にグリッドロックを使い、環境保全という目標を実現しようとしている[57]（保全地役権により、所有者はその土地を開発する権利だけを売るか贈与して税制上の優遇措置を受け、そして農作などの現在の使用は継続できる）。もしも環境上の利益が分断化によるコストを上まわるならば、分断された所有権が生み出したグリッドロックも正当化できる。でも総合的に見て、私は懐疑的にならざるを得ない。一世代後に、コミュニティが歯ぬけ状の開発を減らしたいと思っても、その間を埋める「インフィル」型開発を不可能なほど困難にするつぎはぎの地益権に直面したとしたらどうだろう？　多くの保全地役権は、私から見れば潜在的なアンチコモンズの悲劇に見えてしまう。

不動産という舞台は、所有権のアンチコモンズの典型例だ。これに加えて、利益のある集団排除を含むような形で、アンチコモンズ概念を拡張できる。例えば、刑事裁判の陪臣員は通常全員一致が必須だ。陪臣員はだれでも有罪評決を覆すことができる。このアンチコモンズは、不当な有罪判決を避けたい社会では正当化できる（つまり悲劇ではない）。その一方で、民事陪臣員制度では全員一致は必要とされないのが普通だ。民事では被告を原告よりも自動的に有利にすることは要求されていないので、刑事裁判と同じようなグリッドロックのリスクは受け入れないのだ。

同様にアメリカ憲法は、行政、立法、司法で権力を分けるし、連邦政府と州政府とのあいだでも権力を分割している。はるか昔、一七八八年ジェームズ・マディソンが『ザ・フェデラリスト』第五一篇を執筆した際には、すでにアメリカの憲法学者たちは「チェック&バランス」を正当化していた。なぜなら、たとえ断片化により政治的なアンチコモンズが生じる可能性があっても、それにより審議はより深まり、少数派の権利が保護されるからだ。[58]

有権者はときとしてグリッドロックを好むことがある。投資家もそうだ。金融資産運用者ジョン・デビッドソンは「市場は行政府と立法府が別の（政党の）指揮下にあるほうが好きなんだ。だってそのほうが、ワシントンが引き起こす変な被害が少なくなるからね」と言う。二〇〇六年、ホワイトハウスと上院下院のすべてを共和党が支配していた。だが一一月の選挙で、民主党が上院下院の多数派となった。すると市場はどう反応しただろうか？　「議員選挙での民主党の大勝利は議会にグリッドロックをもたらし、議員たちは商売の邪魔などできなくなると投資家たちは確信したため、ダウ平均株価は史上最高値を記録して終わり、ウォール街は沸いた」という。[59]

国連安全保障理事会において、中国、英国、フランス、ロシア、そしてアメリカに与えられた拒否権についてはどのように説明したらよいだろう？　制度化したアンチコモンズの肯定的な利用と見ることもできる。大国は国際連合を作った際に、行動しないことよりも集団行動を恐れた。もしもグリッドロックによって国益を守れないなら、大国は国連に幅広い権力を与えることに同意しなかっただろう。拒否権を持つ国家は能力としても現実行動としても、安全保障理事会による戦争を終結させたり、ジェノサイドを回避させたりするための行動を阻止したりできるが、それはグリッドロックの持つ裏面と言えるだろう。

「アンチコモンズの喜劇」という洞察は、ときとして、ある種の資源については、グリッドロックを奨励すべきだということを示唆している。ただ、多くの場合、ほとんどの資源にとっては、ある程度のプラスの使用こそが社会的に最も有益だ。グリッドロックが最適であることはほとんどない。

＊

私たちは何世紀ものあいだ、コモンズの悲劇を見つける練習を積んできた。あまりに多くの人が大気を汚せば、みんな汚れた空気で窒息してしまう。すると人々は飛び上がり、市場原理に基づいた方法や、協調、規制といった解決法に走る。同様に、単一の独占所有者によってもたらされる過少利用の特定にも経験を積んできた。そのようなジレンマに（多かれ少なかれ）対応の仕方を心得た規制組織も作り出してきた。

でも、複数の所有者が引き起こす過少利用にはまだなじみがない。影響を蒙った資源を見つけるのは難しい。用語も目新しい。アンチコモンズの悲劇は、もっとおなじみの資源の誤用と同じぐらいコストがかかるのに、これまでグリッドロックは認識されず、名づけられず、議論されず、直し方も学ばなかった。多すぎる所有者などという問題にどうして陥ってしまったのか？　そこから抜け出すにはどうすればいいのか？　まず第一歩としては、アンチコモンズの悲劇における過少利用（underuse）という言葉を、今後は波線扱いにしないことだ。

第3章

治療法はどこに?

あなた、あるいはあなたの愛するだれかが、そもそも認められるべきではなかった遺伝子特許のせいで死んでしまうかもしれない。ありそうもない？　残念ながら、これは本当に起こりかねないのだ。遺伝子特許はいまや研究を中止に追い込み、医療検査を妨げ、あなたや医者から重要な情報を遠ざけるのに使われている。遺伝子特許は命を奪う病に対する医学の進歩を遅らせている

マイケル・クライトン
『ニューヨーク・タイムズ』紙・論説
二〇〇七年二月一三日

バイオテクノロジー革命が約束した、人命を救う治療法はいったいどこにあるのか？　バイオ医療のグリッドロックがそれを阻んでいるのかもしれない。存在するはずの薬が実際には作られていない。これほど重大な問題が他にあるだろうか。

一方では弁護士たちが、議会は特許権を全体的に制限するか、今後一切新たな遺伝子特許を認めるべきではないと主張している。[1]　他方、バイオテクノロジー産業のロビイストたちはとりたてて問題はないし、いま検討されている法案で事態は悪化すると主張している。[2]　連邦議会での討議は荒れ、みんなの健康と多くの主要産業の財務上の健康との、生死を懸けた対決となった。バイオ対通信、大製薬会社対ソフトウェア。みんながグリッドロックと格闘している。[3]

『ロサンゼルス・タイムズ』紙の社説が述べている通りだ。

特許制度はその拠りどころをすでに失っているのでは、という感覚がワシントンで広まっていることが反映されている。その原因の一部としては、急速に変化を遂げるテクノロジーのおかげで、特許権保有者が予想外の目新しい主張をするようになっている点が指摘できる。だがそれはまた、特許や知的財産全体の本質を反映したものでもある。一区画の土地や真珠のネックレスの話であれば、どこまでがだれの所有で、どこからが他のだれかの所有か簡単にわかる。特許のように抽象的なものだと、その線引きはあいまいで、時間の経過につれて変化することが多い。[4]

この章では薬の特許におけるグリッドロックの最新情報を紹介しよう。一〇年ほど前、レベッカ・アイゼンバーグと私は『サイエンス』誌で「バイオ医学研究の民営化は、上流における基礎研究と下流における製品開発の両方を維持するために細心の注意を払って展開する必要がある」と警告して、現在における議論のさきがけを築いた。そうしないと「知的所有権を増やすことで、逆説的に救命薬の数は減ってしまう」と主張したのだ。[5]

私有化により一つの悲劇（投資不足）は正せても、別の悲劇（アンチコモンズ）が生まれる危険があることをこれまで見てきた。このような両極端な結果しか選択肢がないわけではない。所有権を慎重に規定することで違う選択もありうる。最近では民間産業と公的な規制当局が、多くの賢明な解決案を考案しているし、その過程でグリッドロックを抑える方法についていろいろ学んできた。

でもその進歩はいまだに部分的で一時的なものでしかない。もしもバイオテクノロジーの所有権を適切に処理できたなら、どれほど多くの命を救えるだろう？

医薬品研究におけるグリッドロック

まず図3−1[6]を見て欲しい。水平軸は遺伝子特許を、ラベルはたくさん特許が取得されている領域を示す。医療診断のための製品を作るとき、染色体の特許領域にかなりアクセスする必要があるとしよう。ここ三〇年間で、四万件ほどのDNA関連特許が認められてきた[7]。データベース作成を伴う発見はすべて特許権侵害で訴えられかねない[8]。リスクにさらされているのは遺伝子特許分野だけではない。発明に際して、散り散りばらばらになっている知的財産の断片をバイオテックの最前線の全域から集める必要がますます増してきた。もとのビッグインチをすべて買い上げようとするに等しい試みだ[9]。

もしもグリッドロックが研究を妨げるなら、製薬産業における起業家のエネルギーはどこに向かうのだろう？　図3−2[10]にはその答えが一部示唆されている。企業は訴訟で脅したり、実際に訴訟を起こしたり、起こされた訴訟に対応したり、追訴したり、和解したりすることに資源を費やしている。図の真ん中の企業、アフィメトリクス社のケースは、ごくありがちなものだ。バイオテクノロジーの草分け的存在の会社はすべて、訴訟のクモの巣の真っ只中にいる。モトローラのバイオチップ部門の主任ニコラス・J・ナクレリオによれば、最近のバイオテクノロジー関連の特許の増

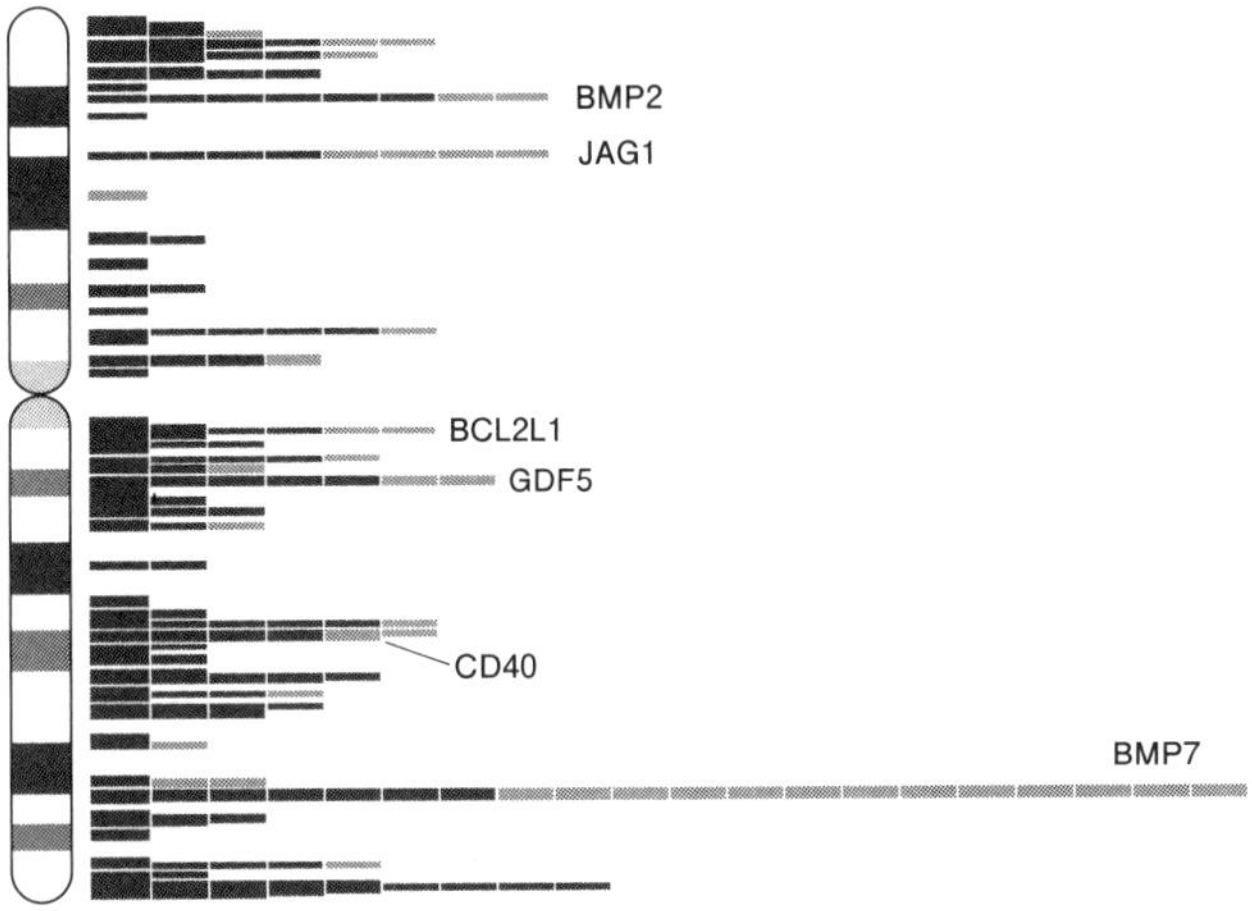

図3-1　染色体20番に関する特許活動

加は、より多くの薬を生み出すのではなく、「どうにも手に負えない訴訟のクモの巣」を生み出しているという。「我々が四〇の遺伝子に関連する医療診断技術を作ろうとしたとき、もしその遺伝子上の特許を持つ企業が二〇社あったら、大きな問題に直面しかねない。このような問題をどう解決できるかまったくわからない」とのことだ。[11] みんなが訴訟のメリーゴーラウンドにお金をつぎ込んでばかりいると、技術革新は後まわしにされ、グリッドロックが生じてみんなが大きな損失を受けることになる。

この訴訟相関図は、遺伝子マイクロアレイ（RNAを作り上げている塩基配列を識別するためのツールである複数の遺伝子プローブをマイクロチップに埋め込んで、ゲノムに含まれる情報を精査するために使用する診断装置）のごく一部に関するものでしかないことをお忘れなく。マ

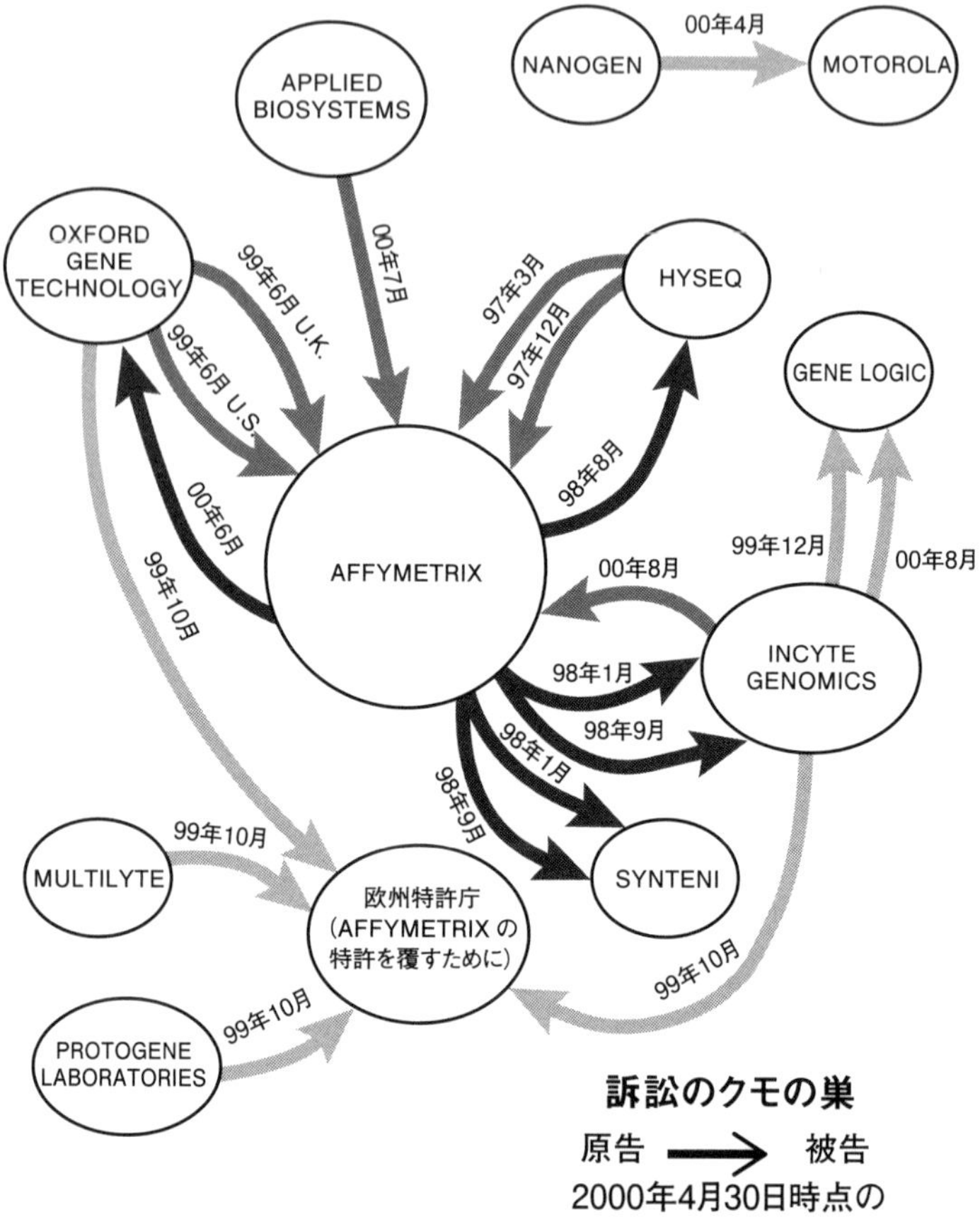

図3-2　遺伝子特許マイクロアレイ訴訟相関図、2000年

イクロアレイの物語を二〇〇〇年から現在に更新したところで、あるいは他のバイオ医療分野に目を向けたところで、話は同じだ。技術革新のかなりの部分が、訴訟に向けられてしまっているのだ。

また訴訟が問題のごく一部でしかないこともお忘れなく。特許自体の内容もさることながら、特許が認可される過程そのものもまたグリッドロックを招く。例えばアメリカではバイオテクノロジー関連の特許の出願からその付与までには長い時間がかかる。特許の審査中は、それがどこまで、いや少しでも認められるかは、だれにもわからない。特許の審査は、強制力を伴う権利を生んだりしない。それなのに、企業や大学は特許認定前に研究結果をライセンス化する。企業は出願により有効な特許が許諾されるという見込みに基づいて資金を募りさえする。こうして潜在的な特許によって幻の権利が生まれ、それでグリッドロックが起こる。バイオ医学の研究では時間が勝負なので、特許の出願により生み出された潜在的な権利のほうが、後に合衆国特許商標庁（ＰＴＯ）により与えられるかもしれない実際の権利より重要な場合もある。

特許取得の革命

ここ数年急激に増えている特許出願のため、特許権審査がどんどん遅れているだけでなく、特許商標庁により承認される特許の質も低下している[12]。図3‐3はあらゆる分野でアメリカ建国から現在にいたるまでに付与されて期限が切れていないすべての特許数を示している。優れた特許理論家のマーク・レムリーとカール・シャピロが指摘しているように、特許とは「確率的」なものだ。つまり財産として人々が考えているよりずっと不確かなものだ[13]。特許商標庁はほとんどの特許出願を

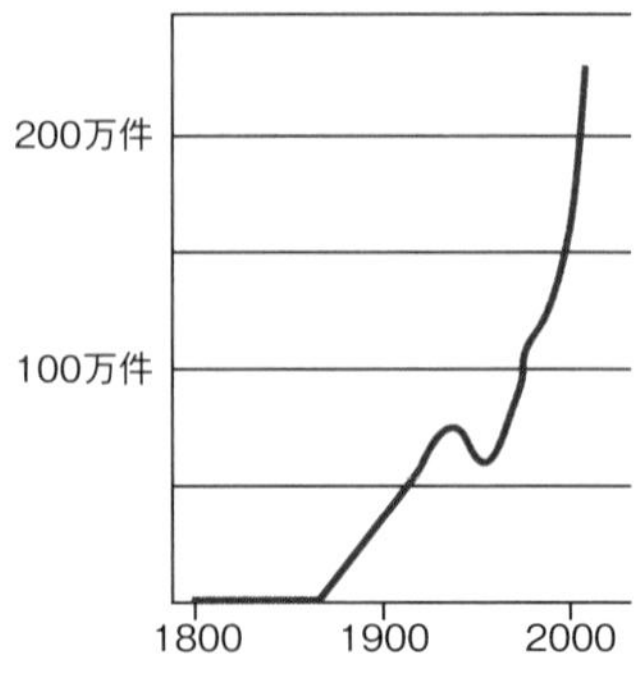

図3-3　アメリカにおける有効特許数の推移

許諾しておいて、あとは人々にその正当性を争わせるにまかせている。ある特許が有効かどうか、あるいは侵害されているかを判断するより、お隣がフェンスを越えたかどうか知るほうがずっと簡単だ。裁判に持ち込まれた特許のうちのほぼ半分が法的に無効とされ、有効とされたうちの半分も権利侵害の事実はないとされた[14]。とはいえ、特許をいちいち裁判にかけるのは、お金も時間もかかり、かつ不確実だ。だから弱い特許や、侵害されていなさそうな特許の所有者でも、その特許を使ってライセンス料を巻き上げ、技術革新を足止めさせることができる。弱い特許が増えると、技術革新は大幅に足を引っ張られるのだ。

しかし、バイオ医学研究におけるグリッドロックの最も重要な原因は、個々の訴訟ではなく、特許の適用範囲や妥当性についての不確実性でもない。医薬開発を含むいかなる技術革新を進める際にも取得する必要がある権利が、ひたすら増えていることにある。企業は、ある一つの特許権訴訟については勝つ自信があるかもしれない。でも一〇〇件もの弱小特許権保有者の要求すべてに絶対勝てるとは確信できないだろう。断片化した所有権そのものがイノベーションを阻む原因となっているのだ。

例えば、脳のレセプター（ある特定の分子に反応して細胞の反応を刺激する細胞内のタンパク質）に関する特許がもたらしかねないグリッドロック効果を考えてみよう。メルク社の基礎研究部門の全世界責任者であるベネット・シャピロは次のように説明している。

統合失調症の合成薬を服用する人は、しばしば他の障害を発症する場合があり、それらは同じくドーパミン分泌に関係するパーキンソン病の症状と似ていることがある。統合失調症のもっといい治療薬発見のための論理的なアプローチは、特定のドーパミン受容体に狙いを定めることだ。でも別の企業が別の受容体の特許を所有していると、重要で大きな需要のある治療法の進歩へと向かう道への第一歩が阻まれてしまうことになる。[15]

メルク社が統合失調症に有効な化合物を見つけたとしよう。会社は市場に薬を売り出す前に、何億ドルもの費用をかけて臨床実験を実施し、化合物の副作用の可能性を明らかにする必要がある。でも関連のあるレセプターが特許化されていて別の所有者の管理下にある場合、研究段階の費用は激増する。化合物の試験を実施する前に、メルク社はレセプターの特許権保有者全員とそれぞれ取引を成立させる必要がある。どの特許権保有者にもメルク社の前進を阻止妨害できる。当然のことだがFDA（食品医薬品局）が、その薬が既知の関連するすべてのレセプターに対して副作用がないか試験するよう求めるからだ。

メルク社にとっては、それぞれの特許や出願中の特許は幻の料金所として、また同時にその特許権保有者は泥棒男爵として機能することになる。もしもメルク社が、統合失調症研究のグリッドロック解消は費用がかかりすぎて割に合わないと計算したら、彼らは所有権環境があまり断片化されていない別の領域に研究資金を割り当てるだけだ。つまり、あまりにも多くの特許の重複は、製薬会社を最も医学的に前途有望な一連の研究から遠ざけ、法的に最も問題の少ない研究に向けてしまうということだ。

新たに生死に関わる病気が見つかるたびに、グリッドロックは熱い議論の対象となる。例えば、二〇〇二年末に中国南部で発症した新型肺炎、重症急性呼吸器症候群（SARS）[16]を考えよう。その後六ヶ月間で七〇〇人以上の人がこの新しい病気で命を落とし、そのなかには最初にSARSを確認した医者であるカルロ・ウルバニも含まれていた。専門家はこの病気が世界規模のパンデミックとなるかもしれないと懸念した。世界中の研究所が協力して病原体を見つけることに成功した。しかし、この公衆衛生に関する偉業は、特許をめぐる論争によってすぐに台無しにされてしまった。

SARSのゲノム配列を組み込んだ特許権がいくつかのグループによって断片化されることも考えられた。これらの権利の整理は複雑な作業となり、法廷の介入が必要となるかもしれない。（中略）（SARSのワクチン開発を検討している企業にとって）特許権の不確実性はこの決断をなおさら難しいものにしている。特許のライセンスを受ける際にかかる将来費用が見えないし、必要なすべての特許のライセンスを得られるかどうかもわからないからである。（中略）こうしてワクチン開発者にとっては、投資判断を遅らせるインセンティブが働く。[17]

次の世界規模のパンデミック予防に関心を持った世界保健機構（WHO）は二〇〇三年に次のような声明を出した。「長い目で見れば、SARSに関する特許権がたどった顚末は、研究者たちや公衆衛生担当当局の将来発生しうる新しい伝染病の流行に備えて、協調して取り組んでいこうという意欲に意義深い影響を与えた」[18]。一年後の二〇〇四年、研究者たちは、「特許権が鳥インフルエンザの流行を防ごうとする試みを妨げている」と懸念した[19]。SARSと鳥インフルエンザは、少なくともこれまでのところ、世界規模の殺人流行病にはなっていないが、潜在的なスーパー菌は常に生まれ続けている[20]。それらは私たちが断片化した所有権を整理するのを待ってはくれない。

黄金のコメの物語

グリッドロックの脅威は薬のなかでも特に、自活能力が最も乏しく貧しい人々を苦しめている病気を直す薬を作り出そうとする意欲を削いでしまう。ここで最近のある物語を警告とヒントとしてあげておこう。これは、少し前に発明されたにもかかわらず、アンチコモンズの悲劇によって市場から遠ざけられていたある画期的な保健技術の話だ。

WHOによれば、ビタミンA摂取不足により毎年二五万人から五〇万人の子供たちが盲目になっているという[21]。さらに視力を失った子供のうちの半数以上が、その後一年以内に死亡している。遺伝子組み換えによってコメにビタミンAを作らせれば発展途上国における失明を減らせるという希望は、遺伝子研究の初期からあった[22]。一九九九年にはピーター・ボイヤー教授とインゴ・ポトリカス教授がビタミンA改良米のプロトタイプを作り出した。科学の素晴らしい成果だ。でも彼らがこの「ゴールデンライス」を発明してから、計画は行き詰まることになる。

この米を市場に出して人々の命を救うためには、ボイヤーとポトリカスはアメリカ国内で七〇の特許ライセンスについて交渉する必要があった（アメリカ以外には有効な特許がもっと少なかった）[23]。加えてそれ以外に一五の技術特許にもアクセスする必要があった。全体で、彼らは三〇以上の機関と交渉しなければならなかった。どの権利保有者も、最終的な製品によって多くの無用な死が回避できると理解していたが、これらすべての団体を特定して交渉するには時間もお金もかかる。ゴールデンライスの場合は人道主義的観点からも利点は明らかで、特許のグリッドロックに対する道徳的な怒りは激しく、個々の保有者はその有益な先進国市場を危険にさらすことなく、第三世界の保健に貢献できた。インゴ・ペティルカスの語る言葉にはジレンマが浮かんでいる。


私は腹が立った。公共の機関による、すべてが公共の資金をもとにした、人道主義的目的に沿って計画された研究を基礎にした業績が、実現技術を早い時期に特許化したり、あるいは初期の実験過程でＭＴＡ（物質移転合意）[※1]にこっそり入り込んできたりした者に牛耳られること に私は我慢ならなかったし、人の道に外れたことにさえ思えた。いくら公共のために研究を行っていても、すべては産業界の企業（それといくつかの大学）の手中にあることがわかった。当時私は過激な活動で特許に反対するグループに参加する誘惑に駆られもした。

幸運なことに、もう少し考えてみたら、ゴールデンライスの開発は特許があるからこそ可能だったことに気がついた。私が利用した多くの技術は、発明者が特許により権利を守れるからこそ公開されているのだ。もしそうでないなら、その多くは秘密にされているはずだ。貧しい人々のためにあらゆる知識を使おうと思っているならば、特許と戦っても意味がない。知的所有権の賢明な利用のために戦うほうがよほど意味がある。[24]

いろいろ紆余曲折があった後、ゴールデンライスに関する知的財産権保有者たちは、この命を救う作物を市場に送り出すために協力することで合意に達した。シンジェンタ社（当時はゼネカ社）が主導して権利をまとめて技術を開発し、その成果を発展途上国の農民に提供した。彼らはノバルティス社、バイユー社、モンサント社、日本たばこ産業といった競合企業が管理する知的財産について、ゴールデンライスを推進する目的に関してのみ、ライセンスを無料で開放するよう取り計らった。二〇〇四年には試験的に育てた最初のゴールデンライスが収穫され、プロジェクトはインドやフィリピンなどの発展途上国での導入に向けて動き始めた。[25]

ゴールデンライスは輝かしい未来か？　その成功を貧しい人々の他の疾病でも再現できるだろうか？　そう簡単ではないと私は考える。ゴールデンライスが成功したのは、強力な支持者がいて他のみんなをうまく丸め込んで協力させたからだ。熱心なリーダーシップは違いを生むし、恥をかくぞと脅せば協力体制を作り上げるときの有効な手段となる。世間体は大事だ。企業は輝かしい成功

※1　マテリアル・トランスファー・アグリーメント。研究開発によって生まれた成果物（マテリアル）を他の研究機関などに提供するための合意のこと。

をおさめた人道主義的事業への関与を宣伝したがる。この注目度の高い非営利の使用のために、個々の特許権所有者は参加すべきだという説得に折れたのだ。ゴールデンライスは主に貧しい発展途上国で使用されるため、財務上のリスクは比較的低い。そしてアメリカのいくつかのランドグラント大学※2が、関連する知的財産の多くを持っていたのも幸いした。これらの大学には農業技術の公共精神に基づいた転用の長い伝統があった。[26]こうした要因が揃っていたのはまったく偶然で、この場合のみの例外だった。賭け金が大きくなると、協力関係はたいていい機能しなくなり、こういった解決法は失敗に終わる。

農業研究におけるアンチコモンズ

バイオテクノロジーにおけるグリッドロックは救命薬の技術革新を遅らせるだけでなく、生命を支える農業技術の開発も遅らせる。ゴールデンライスの解決法は、農業技術改革の最先端ではあまり見られない。『ニューヨーク・タイムズ』紙の記事がそのジレンマを描き出している。

（農業研究は）かつては州立大学のような公共機関が担当していたが、民間企業に支配されることがますます増えてきた。この根本的な変化について、一部の農業専門家は懸念している。（中略）いまこれらの批判者たちは、公共制度を支えてきた自由な種子と技術の交換が、特許による制約のおかげで息の根を止められようとしていると指摘する。将来性のある作物改良の研究は遅れ、あるいは放棄されている。[27]

業界を先導するモンサント社のような企業は、研究については無料でライセンスを与えるかもしれないが、商業利用につながるような使用に関しては無料化していない。植物遺伝学者たちは、何千年も続いてきた植物の健康と栄養価の改良のための交配の伝統を、農業におけるバイオテクノロジー関連の特許が途絶させつつあると憂慮している。『ニューヨーク・タイムズ』紙の記事はこう続ける。

例えばコスタリカ大学の科学者たちは、コメの遺伝子操作により、熱帯で大問題となっているあるウィルスに対する耐性を作り出した。でもその種を大学が農民に売るためには、三四もの特許保有者から許諾を得なければならない[28]。

農業経済学者のある集団はこう述べる。

農業研究がますます複雑になるにつれ、他人がすでに所有権を主張している知識や生物学的物質へのアクセスに依存するようになり、研究の妨げとなる特許の藪のせいで、そこから生じる農業技術改革の成果の商業的な『活動の自由』の首を絞めかねない[29]。

※2　アメリカで、設立のために公有地を供与するモリル・ランドグラント法の適用を受けている大学のこと。

植物遺伝学におけるグリッドロックはヒトの医薬開発と同様に複雑だ。アンチコモンズの解決に協力してくれる競合相手や、発見を共有財に寄贈する技術改革者、あるいは公益に適合するよう中立的な立場から特許法を変更する立法者はいつも出てくるとは限らない。アンチコモンズの悲劇はいつも、はっきり目に見えたり自然に解決したりするわけではない。まず私たちに必要なのは、その問題を見つける方法だ。

共有から訴訟へ

バイオテクノロジーのグリッドロックはいかにして起こるか？　一九七〇年代までは多くのバイオ医学研究は「コモンズ」のモデルを踏襲してきた。だれでも自由に研究結果を利用できた。このモデルでは、連邦政府、大学そして慈善団体は「上流」の、あるいは「基礎」となる研究に、多くの資金をつぎ込んで、その結果を公共に無料で提供した。一九七五年においても、科学者ジョルジュ・ケーラーとセーサル・ミルスタインは、後にノーベル賞を分かち合うことになった「モノクロナール抗体」の発見を特許化することは倫理的にまちがっていると考えた。[30]　そのような特許化されなかった生物医学の発見により、たくさんの原材料が提供され、製薬会社は後でそれらを組み合わせて診断や治療のための「下流」、すなわち「応用」製品にした。

今日のバイオテクノロジーにおけるアンチコモンズのジレンマへの推移は、一九八〇年に議会が研究結果について新しい所有権を奨励するバイドール法を可決したときに始まった。この法律は大学やその他の機関が行政の援助を受けた研究から生まれた発見を特許化し、それらの技術を民間部門で転用して商品化することを奨励した。バイドール法がもたらした新しい財産権に応じて、特許出願と民間バイオ技術投資が増えた。バイオ関連企業に何十億ドルものプライベート・エクイティ・ファンドの大金が流れ込み始めた。

新しい財産レジームにより、研究活動は所有権の分布図上で、コモンズ側の終端から、私有とアンチコモンズの要素が混合している領域へと移行させた。今日では、基礎生物医学研究は民間資金によって支えられるか、民間機関によって行われ、密かに特許化されたり、こっそりと取引されたり、素材やデータの使用を制限したりすることが承諾されている。結果として生物医学全般において特許権の主張が折り重なるという悪循環に陥っている。[31] 科学文化は一変した。他のみんなが商談を成立させようとやっきになっているときに、最後までロマンチストを気取って一人だけ研究結果を公共に無料で提供しようとする人はいない。

この新しい環境下では、企業は自分たちの所有する所有権の断片化を徐々に進め、競争相手に対抗しようとする。それが「防衛的特許取得」の悪循環を招いている。ある製薬会社の科学者は私にこう言った。「いまや私たちはみんな取引のためのガラクタを手に入れたんだ」。メルク社のベネット・シャピロは次のように説明している。

メルク社は数年前に比べ特許取得により力を注ぐ必要性を感じています。例えばカラゲニン浮腫試験（メルク社が開発した、海藻を原料とした薬の皮下注射により実験用ラットの痛みの閾値を下げる手法）は、非ステロイド系抗炎症剤の開発に利用されてきました。この試験はかつてはパブリックドメインで、多くの企業が新薬開発に利用してきたものです。しかし現在では、メルク社はこのような試験を特許化して、他の企業と他の研究ツールの利用権を交渉する際にこの特許権の位置づけを利用するんです。[32]

この防御的特許化という戦略は、冷戦下の「相互確証破壊（ＭＡＤ）」という名前で呼ばれることもある。[33]均衡のとれた同等の競合者同士なら、ＭＡＤ戦略は緊張緩和をもたらす。企業はそれぞれの特許についてクロスライセンス契約を結び、互いに訴訟を控えるようになる。でも不均等な世界においては、新興の小さなバイオテクノロジー企業は古参の大製薬会社とガラクタの交換などは望んではいない。彼らが欲しいのは現金だ。

権利環境の変化は、既存構造の振る舞いに影響を及ぼしただけではない。それはしばしば「特許トロール」[34]と呼ばれる企業、現代における泥棒男爵とでもいうべき独自ブランドの出現に油を注いだ。これらの企業は何かを発明したり作ったりするわけではない。価値ある製品によって侵害される可能性のある、あまり価値のない、たいていの場合影響力も弱い特許権を買うのだ。ＭＡＤではこうした連中を抑止できない。このビジネスモデルは特許制度の欠陥をうまく利用している。トロールがお金になるのは、訴訟はリスクが大きく、裁判所の命じる賠償額が訴訟を起こされた特許の期待価値を超えるためだ。成功した製品製造企業は、ビジネスを止めてしまう禁止命令だけは避けたいから、彼らを脅して示談に持ち込むのはたやすいことだ[35]。もし治療できる病気が増えているのであれば、バイオ医学産業で生じつつある構造もあまり心配することはない。でも現実はそうなっていないようだ。製薬産業におけるイノベーションを鋭い目で観察しているイアン・コックバーンはこう語る。

ヒトゲノム配列の解読完了のような偉大な科学的業績が達成されているにもかかわらず、医薬品産業が新製品を生み出す速度は下がりつつあるようだ。二〇〇二年、アメリカの食品医薬品局（FDA）が、アメリカ国内で販売を承認した新しい分子構成（NWE）はたったの一七件である。ここ一五年で最高だった一九九六年の五六件に比べると、実に情けないほどの少数で、一九八三年以来最低の数である。アメリカに拠点を持つ製薬会社の研究開発費が一九九五年から二〇〇二年のあいだに倍増しているにもかかわらず、このような減少をみせているのはただごとではない[36]。

図3－4[37]ではこの発見のギャップが目に見える。研究開発費（R&D）は増加しているが、新薬は同じ比率では増加していない。この図は少し割り引いて見る必要はある。薬事研究が実を結ぶには何年も時間がかかるので、もしかしたら投資とその結果の時間差が表れているだけかもしれない。たとえ少数でも本当に重要な「新しい分子構成」があるなら、全体の数的な低下を補って余りある。すでに簡単に見つかるような薬は発見され尽くしたのかもしれない。だが、研究開発投資は増加し

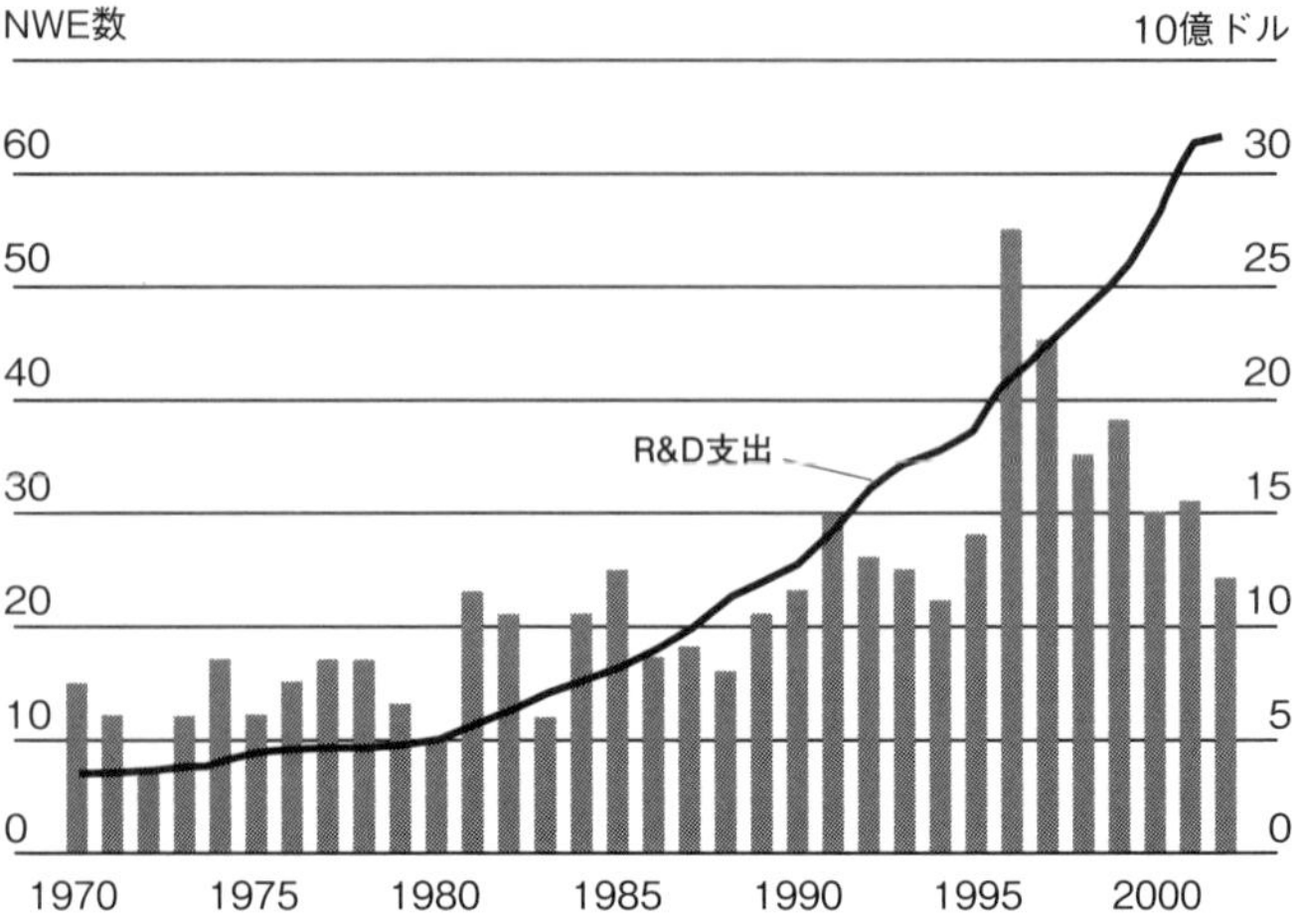

図3-4　アメリカにおけるR&Dの増加と新薬発見の減少

続けているのに、人の健康を改善する発見はどうもそれに伴っていない。[38] なぜ投資に見合った成果が得られていないかを説明するのに、アンチコモンズの悲劇が役に立つかもしれない。

どのようにグリッドロックは起こるのか？『サイエンス』誌の評論で、アイゼンバーグと私は断片化した所有権がいつのまにかバイオ医学の技術革新を凍結させてしまう道筋を示した。ビッグインチの特許権保有者で埋まった大講堂に、イノベーターがたった一人で入っていく様子を思い浮かべてほしい。あるいは薬の発見というゴールにたどり着く前に何人の泥棒男爵に出会うかわからないまま、川を下り始めると想像してもよいだろう。いずれにしろ断片化した所有者はグリッドロックの原因となる。[39]

遺伝子断片

一〇年前に、医薬品研究者たちは遺伝子断片におけるビッグインチ式のグリッドロックの脅威に直面した。[40] ありがたいことに特許商標庁と大製薬会社は、このアンチコモンズはうまく回避した。でも遺伝子断片化は、現在のバイオテクノロジー論争においても警告を促す一挿話となっているのだ。

一九八〇年代を通じて、遺伝子特許は一般的に商品化が予定されている大量生産製品に綿密に対応していた。製品化されないなら、特許もない。ところが一九九一年に国立衛生研究所（NIH）は、発現遺伝子標識（EST）と呼ばれる「無名」の遺伝子断片にも特許出願を始めた。NIHはその後すぐに方向転換して、そのような特許に反対する立場をとったが、この最初の特許適用により扉は開かれた。民間企業は、具体的な応用方法が見つかっていなくても、遺伝子断片を含む新しく識別されたDNA配列を特許出願し始めた。

だが出願は特許と同義ではない。特許商標庁は何千というEST特許出願を承認してグリッドロックを生むことも簡単にできたが、この件では災難を回避できた。当初から多くの人が遺伝子断片の特許化を懸念していたし、ヒトゲノムの配列データは自由に利用できるようにしておくべきだと主張されてきた。[41] 科学者と政策立案者のあいだでは、遺伝子断片特許は筋が通らないという直観が広く共有されていた。治療用タンパク質や遺伝子診断テストなど、予想される製品には、おそらくたくさんの断片がまとめて必要となる。たくさんの遺伝子断片の特許権がばらばらに所有されると、企業は有効な製品開発を始める前から、ライセンシング交渉の泥沼にひきずり込まれてしまう。

大製薬会社がＥＳＴ論争でとった立場は、驚くべきものに思えるかもしれない。彼らは特許を求めるよりも遺伝子断片データを公共に寄贈したほうがよいと判断したのだ。こうした企業は、この問題がアンチコモンズの悲劇だとは認識していなくても、所有権の主張が競合することについては昔から心配してきた。自分たちが見つけたＥＳＴを提供することで、大量の遺伝子配列データを利用することで成り立っているプロジェクトにおける製品化研究を、特許によって妨げられずにすむと考えたのだ。一九九五年にメルク社は、遺伝子配列の公共データベースである遺伝子インデックスを設立し、自社の科学者たちのデータを、なるべく速やかに自由に提供すると発表した。一九九八年までにメルク社はおおよそ一〇〇万に及ぶ遺伝子配列を公開した。その後の評価で、「メルク社の戦略は、この分野におけるアンチコモンズの脅威を緩和する重要な役割を果たした」とされている。[42]

二〇〇一年に特許商標庁は遺伝子断片特許の取得基準を引き上げる新しいガイドラインを導入した。遺伝子断片特許の出願者は、その発見が「具体的かつ重要な有用性」があることを示さなければならないことになった。この新しい基準によりＤＮＡ配列をそのまま特許化して保護することはもっと難しくなった。[43]訴訟に関しても最近、連邦裁判所はそのような特許申請を特許商標庁が却下したことを支持している。[44]また、二〇〇一年にはヒトゲノムプロジェクトによりすべてのゲノムが公開され、大量のゲノム情報がそのままパブリックドメイン化されて、遺伝子断片特許の申請数は急激に減少した。つまるところ、製薬会社の改革主義、特許商標庁のガイドラインに対する分別ある見直し、裁判所の裁決、そしてヒトゲノム計画の進展により、ＥＳＴ版ビッグインチのグリッドロックは回避されたのだ。[45]

ライセンスの山

医薬発見への道筋における幻の料金所を想像するには、特許化されている研究ツールの「リーチスルーライセンス許諾（ＲＴＬＡ）」を考えてみればよい。[46] ＲＴＬＡは研究の開始段階（基礎研究）で利用される特許化された発明の所有者に、その後の最終段階（瓶詰めされた薬）における発見に対しても権利を与えるというものだ。ＲＴＬＡはつまり「うちの診断ツールをただで使ってもいいけれど、もしも何か価値あるものを発見したら、売り上げの五パーセントを払ってね」というようなことを言うわけだ。

理屈からいえば、ＲＴＬＡは基礎研究段階の特許権保有者と製品化段階の医薬開発者の両方に利益をもたらすはずだ。限られた資金しかない研究者に特許化されている研究ツールの使用を即座に許可し、もしもその研究が価値ある結果を生んだときだけ支払えばいい。基礎開発における特許権保有者は、定額だが金額的に低いラインセンス料を前払いでもらうよりは、製品開発による売り上げがもたらす巨額の報酬が入る可能性のほうを好むかもしれない。これが利点。欠点としては、もしも多数の基礎開発の特許権保有者が、潜在的な下流の製品に対して、重複した整合性のない権利主張を山積みにしてつきつけたら――またはつきつけると脅したら――ＲＴＬＡによりアンチコモンズが引き起こされかねない。[47]

収拾がつかなくなったＲＴＬＡの脅威に対して、官民双方で対策がとられた。最近ＮＩＨはライセンスに関するガイドラインを、学術研究（商業目的は除く）にもっと便益をもたらすよう改正した。私の共著者であるレベッカ・アイゼンバーグの指導を部分的に取り入れて、このガイドラインは、NIHの資金によって開発された遺伝子研究ツールを広範に非排他的にライセンス化することを提案している。[48] 大学はこの新しいNIHの試みを幅広く取り入れ、いまではごく普通に自分たち自身、そして非営利の研究機関に対して「研究例外条項」を留保している。[49] 研究機関はこれにより事実上、特許権使用料が無料になるような自分たちだけの限られた領域を、ライセンス一つごとに作り上げている。NIHによる改正に伴って、二〇〇一年にはアメリカ、ヨーロッパ、日本の特許担当省庁は、DNAの研究ツール特許におけるある種の権利主張が、それを使って最終的に作られた薬にまで「リーチスルー」する※3べきではないということで合意した。裁判所の判決によりこの政策変更はさらに強固になったが、適用されるのは特許の権利主張についてのみだ。これらは契約当事者が、個々のライセンス交渉において、煩わしい契約条項を取り決めるのを妨げるものではない。

企業の側でもまた、ライセンスの慣行が変化してきた。ときとして特許権保有者はその特許を休眠状態にして、他の競合者がもっとよい製品開発をするときに、それを使って妨害することもある。でも多くの場合、保有者はお金を儲けたいと思っている。そのためには妥当なライセンスの条件を提示する必要がある。例えば特許権保有者がライセンス料を、必要となる他の研究ツールの数に応じて変わるよう設定したとする。そして全体の特許権使用料の上限を純売上高の五パーセントという妥当な額に決めたとしよう。これで、ずっと多くのツールのライセンスを取得すると、それぞれの個々のライセンス料は全体の上限額のなかで減少していくことになる。こうして企業はライセンスの合意を引き出す際に、「非積み上げ式」の契約規定を選択できるようになった。[50] 驚くべきことに、法律上の「決まり文句」が簡単に手に入り、広範に利用されることで、グリッドロックの回避に深い影響を及ぼすのだ。

概して幻の料金所によるグリッドロックの回避には進歩が見られる。でも残った隠れコストを評価するのはなかなか難しい。営利目的の秘密主義が製品開発を取り巻いている。もし価値の高い製品が完成しそうなら、製品開発者は基礎開発の特許権保有者と是が非でも合意したがる。しかし成功の見込みが不確かだったり、予想される商業上の価値が小さい場合は（たとえ人類にもたらす利益が大きくても）、当事者間の価格交渉は失敗に終わる可能性もある。ある筋によれば、グリッドロックの潜在的コストが高いのは「特に、前途有望な進歩の多くが、現時点では小さな市場しかない希少な遺伝性疾病に関係している遺伝子治療」だという。[51]

過渡期か悲劇か？

バイオ医学のグリッドロックは解決されつつあるのか、それとも悪化しているのか？　これまで示してきたように、基礎研究の特許権の激増によって引き起こされた危機のいくつかは、ライセン

※3　いわゆる「リーチスルー・クレーム」のこと。現在開示された発明に基づいて、将来なされるだろう発明をも包含する特許請求を行うことを指す。

スの許諾者と使用者が経験を積み、許諾者と使用者が合意に向けて歩み寄る方向に各種制度が発展してきたおかげで減少してきた。おそらく病気の治療の遅れによる短期のコストが発生しても、それで基礎研究の収益性が確保され、長期的に基礎研究が続けられるようになるなら、そのコストは容認できるものなのかもしれない。所有権の製品開発に対する障害は、永続する悲劇ではなく、過渡的な現象なのかもしれない。

一方で、本来ならもうすでに治癒可能となっているはずの病気に苦しんでいる患者がそれを聞いたら何と言うだろう。三つの要因が市場の力に対する無批判な服従を戒めている。[52] 第一に、高い交渉費用は、効果的に知的財産権をまとめるのを永続的に妨げる障壁になっているかもしれない。契約費用は研究開発の初期、潜在的利益が最も判断しにくい時期に生じる。こうした権利の価値は評価しにくいので、標準的なライセンスの枠組みを考案するのも難しかった。研究機関はこの手の駆け引き能力はあまり高くない。第二に、基礎研究におけるバイオ医学の知的財産権は、公私の所有者から構成される多数の多種多様なグループが所有している。[53] ときとしてその多様性により契約が簡単になることもあるが（「名声はあなたが取り、お金は私が取る」等）、求めるものが対立することで、合意が難しくなることもある。特に、所有する特許ポートフォリオをライセンス化するのが唯一の事業である比較的小さなバイオテクノロジー企業の場合はそうだ。最後に、野望や恨みによって、簡単に見えた交渉がこじれることもしばしば起こる。飛行機の特許戦争のことを思い起こしてみよう。ウィルバー・ライトは、グレン・カーチスとの訴訟による焦土作戦の最中に死亡した。この戦いには勝者はいなかった。特許訴訟の歴史は、二人、あるいはそれ以上の特許権所有者が市場を独占しようとすると、交渉が失敗に終わることを示している。

アンチコモンズの戦いにおける三つの指標

グリッドロックについて理屈をこねるだけではいけないと考えて、過去一〇年にわたり、「悲劇なのか過渡期なのか」という問いに具体的に答えようと真剣に活動してきた研究者集団がいる。[54]アンチコモンズの悲劇について議論が行われているうちに、学術研究を追い越す勢いで、司法的および政治的な戦いが展開してきた。特許法の大掛かりな見直しが、徐々にではあるが議会で進められている。[55]主要なハイテク企業は、アンチコモンズが自分たちの収益を脅かすと認識し、断固としてそのコストを削減しようと努めている。ある評論家は次のように言及している。

インテル、マイクロソフト、ＩＢＭ、アップルなどの企業は、国の特許制度が地雷原と化してしまったことに少しずつ気がつき始め、小さな特許権所有者や特許トロール、あるいは何百、何千もの特許を買いあさる投機家たちの影響力を制限する方法を模索している。（中略）大きなハイテク企業に対抗しているのは、知名度の高い発明家による小さなグループである。（中略）彼らは、伝統的に強固な特許制度による保護に依存してきた医薬産業と協力し始めた。戦線はいまや確立され、議員たちは技術革新を守る最善の方法という問題に取り組むことを求められている。[56]

政治的な論争の場では、グリッドロック経済に関する三つの論文が突出した影響力を持つ。[57] 改革支持者はその論文の結論を引用するが、反対論者はその根拠となるデータはすぐに法制を正当化するほどのものではないと主張する。[58] この三報告を公正に読めば、技術革新におけるグリッドロックに関して本物かつ正当な懸念が書かれてはいるが、その根拠となる実証的な結果は、確かにまだ議論の余地があることがわかる。

三つの報告書はすべて特許の取得を難しくすべきだと主張している。最初の報告書「技術革新の推進のために 競争、特許法、政策の適正な均衡」において連邦取引委員会（FTC）と司法省は、三百人以上の大学研究者とハイテク産業の代表者にインタビューしている。バイオテクノロジーからソフトウェア関係にわたる回答者のアンチコモンズの脅威に対する意見は割れたが、この二〇〇三年度のFTCのレポートは「バイオテクノロジーの特許は、グリッドロックを生み出すことで、後続の技術革新を阻害する可能性がある」と結論している。FTCは最初に特許を取得するのを難しくし、その後それを維持するのも難しくし、それを競合者に対する武器として使うことも難しくする改革を推奨している。[59] 二番目の報告書「二一世紀の特許制度」のなかで全米科学アカデミー（NAS）は特許商標庁の業務を検証し、特許の質が低下していることを指摘して、FTCの報告書と同じような提言をしている。[60] 最後の二〇〇六年の米国学術研究会議（NRC）による報告書「ゲノムとプロテオミクス研究の恩恵を受ける」では、バイオテクノロジーの特許に絞って焦点をあてている。NRCの報告書はいくつかの独創的な研究の試みについて報告し、他の二つの報告書同様に特許基準を強化すべきだという結論を出している。

これらの報告書が書かれてから、一連の最高裁判決が特許を制限する方向に動き始めた。裁判所は「自明性」（特許の取得を難しくする法的なひねり）に対する規制を強め、特許権所有者が技術革新を進めようとする者のビジネスを殺しかねないような仮執行処分で、簡単に相手を脅したりできないようにした。[61] 地上のグリッドロックを減らすにしろ、あるいは議会の改革を左右するにしろ、これらの問題がどのような展開をみせるか判断するにはまだ早すぎる。

学術的な研究はどうなっているのか？

実証的な議論には二つのまったく違う要素が含まれる。学術研究に対する脅威と、商業的な医薬開発への脅威だ。ＮＡＳとＮＲＣは、社会学者ジョン・ウォルシュらに、科学者への調査を行って危険性を評価するよう依頼した。二〇〇三年に公表されたウォルシュによる最初の調査報告書は、大学の研究者が法を破って活動していることを伝えている。「大学所属の研究者がその研究過程で日常的に知的財産権を無視しているのはよく知られた事実である」[62]。民間産業界の研究者のうち三分の一が時々ライセンスを取得しないまま研究ツールを使うことがあると答えているし、政府の研究所所属の回答者全員が、知的財産法を無視していると述べている。[63] この法を守るのは難しい。例えば、大学内のある一つの研究室で使われる知的財産権の所有者を調べるために、同大学は七一の異なる所有者に連絡をとらなくてはならず、背景チェックに何万ドルも使わなくてはならなかった。[64]

これは薬の発見にもよいはずがない。大学研究室は、ある調査でいうところの「法律違反常習科学」をしばらくのあいだなら続けられるかもしれないが、いつまでもというわけにはいかないし、そのためのリスクも負わざるを得ない[68]。結局のところ、研究者を特許泥棒に仕立てるような財産レジームはその分野を食いつぶしてしまう。特許権侵害の発覚を恐れ、研究結果の発表をためらうようになった。公正さと誠実さは科学的発見のいかなる段階においても重要な要素だが、特許権をめぐる欺瞞と秘密主義が開かれた探究を蝕んでいった。新しい発見が隠匿されてしまうと、薬の発見のサイクルが壊れてしまう。世の中の流れは、もっと多くの特許、もっと秘密主義に[66]、協力はもっと少なく、薬の発見に不可欠な情報の配布ももっと少なくという方向に向かっている。

二〇〇五年のウォルシュによる二度目の（前回とは別の同僚と協力して作成された）調査報告書は、大学の生物科学研究者たちを深く掘り下げて調査している[67]。彼らの発見では、最近行われたMTA（物質移転合意）のうち二九パーセントがリーチスルー特許に抵触し、一六パーセントで特許権使用料の支払いが生じ、二六パーセントは公開が制限された。商業的関心が強い領域に関しては、調査対象となった研究者の三〇パーセントが、要求した最新の生物研究素材を得ることができなかったと答えている[68]。商業用途における診断テストはますます控えられるようになり、研究者たちは特許を侵害するような研究はあきらめるようになった。だがその一方では、回答者のうちのかなり多数が、特許の藪や断片化した所有権により研究が遅れることはないと主張している。

この調査結果をどう解釈すればよいのだろう。ウォルシュのグループはある一つの方向性を示している。彼らは「リサーチツール特許[*4]により一連の社会的コストが課せられ、アクセスが制限されているにもかかわらず、権利をめぐる交渉がしょっちゅう決裂しているという証拠は、ほとんど見られない」と結論した[69]。調査の回答者が、ライセンスやMTAの交渉は時間の無駄だと報告しているにもかかわらず、彼らはめったにその仕事をやめたりはしない。回答者たちは、あれこれその場限りの解決法をとる場合もある。面倒な特許に関係しそうになると、それを回避しようとしたり、研究をアメリカ国外の海外の研究所に移したり、無断で知的財産権を侵害したり、反訴したりするのだ。

これらの調査結果をもとに、ウォルシュらを含む特許改革反対派は、規制側の対応としてはあまり手を出すなと提案している[70]。私にはその案は拙速に思える。研究者たちはウォルシュらによるインタビューの手順のいくつかに、設計上の問題があったことを指摘している[71]。また、私はアメリカの技術革新政策が、著作権侵害や、研究拠点をもっとまともな著作権制度を持った海外への移転に依存するべきだとは考えない(外国の知的財産制度も、アメリカからの圧力でますます制約が強くなりつつあるのだ)。

だがもっと根本的な問題は、科学者を調査するだけでは組織的なグリッドロックはわからないということだ[72]。科学者たちは混雑した場所から離れていくかもしれない。もし同じくらいよい研究対象がたくさんあるなら、それは悪いことだとは思わないが、多くの病気に関してそれは当てはまらないのではと私は疑っている[73]。調査が潜在的なグリッドロックを捉えきれていないもう一つの理由は、大学所属の研究者たちが、まるで研究用途なら特許法には一律の免除規定があるかのように振

※4 バイオ医学などの分野で、研究を行うための道具として使用されるものや方法(リサーチ・ツール)に対する特許のこと。

る舞うことだ。そんなものはない。連邦裁判所は二〇〇二年、いかなる免除事項も存在しないという裁定を下している。[74] これは議会が特許法を起草したときの意図の解釈としてはひどいものかもしれないが、いまのところそれが法律だ。最近NIHが出したガイドラインではライセンス供与者に研究向け除外規定を設けるよう勧めているが、それも連邦政府に資金援助を受けた発見の分野に関してのみだ。それにもかかわらず、大学所属の科学者は、告訴されるなどと予想もしていないため、公然と特許権を侵害している。理由はいくつかある。民間の特許権所有者は大学側の研究者との関係を壊したくないと考えている。大学の研究室は多額の損害賠償など払えないし、おそらくこれが一番重要だが、民間の知的財産権所有者はいつの日か大学における侵害行為の結果として生まれた技術革新により、自分が利益を得ることを目論んでいるのだ。結局、大学では許可なく特許が使用されることになる。

ＮＲＣによる報告書は、もしも研究機関が所属する科学者たちに一律に法を遵守させるか、あるいは特許権所有者がより強硬に権利を主張すれば、現在の研究環境は「劇的かつ唐突に」変化するはずだと的確に警告している。[75] 一つの訴訟によって均衡が崩れてしまうこともある。レコード会社は音楽をダウンロードしたティーンエイジャーの後を追いまわした。大学学部長は学生のために本の何章かをコピーした教授を締め上げる。大きな製薬会社がどこかの大学の研究室をみせしめのために槍玉にあげることだって、十分に考えられる。バイオテクノロジー特許権所有者の自制は、バイオ医学学術研究におけるグリッドロックの確実な解決策とは言えない。科学者が日常的に法を破るようしむける法制度は、よい、あるいは持続可能な社会的政策とは言えない。

商業的な医薬品開発はどんな具合？

これまでのグリッドロックをめぐる実証研究のほとんどは、学術研究におけるコストを定量化しようとしてきた（そして私に言わせれば失敗してきた）。だがこの視点は、商業医薬品開発におけるグリッドロックという、もっと大きな問題を捉え損ねている――バイオ技術の所有権が断片化しているために、商業研究所が無視してきた、潜在的に命を救える治療法にはどんなものがあるのだろうか？　商業的な領域とは　実際に病気を治療するための命に関わる検査手法と製品が作られたり、あるいは作ることに失敗したりする場だ。「市場に近づけば、財産権問題も本気で浮かび上がってきます」と遺伝子マイクロアレイ・チップの主要メーカーであるアフィメトリックス社の法務担当重役、バーバラ・A・コールフィールドは言う[76]。当然ながら、彼女の会社は製品開発に対する抑制効果を恐れて、DNA特許化の強行論に対してはおおむね反対してきた。

民間の科学者は、簡単に特許泥棒にはなれない。侵害行為はあまりに発覚しやすく、競争相手が自制することも考えにくく、不利益が生ずる可能性は高く、それで得られた発見も特許化の可能性はかなり疑わしい。もしも後で医薬を商品化できる見込みがないなら、何億ドルもの資金を無謀な研究に投資することもあるまい。それならば、商業製薬会社としては、第1章で論じた物質Xのように、そうしたプロジェクトからだまって手を引くだろう。ウォルシュのような調査には、このような例は引っかかってこない。民間の科学者に、ライセンス関係の問題が原因で見送られたプロジェクトを公表してもらうのは容易ではない。守秘義務契約を結んでいて話せないこともあるし、潜在的には有望な事業分野には、あまり他の人に注目して欲しくないのだ。

このような研究の隙間に踏み込んだ慈善家は、医薬品を開発するという大仕事にとりかかる前の段階で、とんでもないコストに直面することになる。以前言及したゴールデンライスの物語は特異な事例だ。ライセンスが始まる前に、製品はすでに開発されていたのだから。マラリアのワクチンの研究を始めたとき、研究者たちはある一つの重要な要素が三九の特許群によって保護されていることを知った。この権利の多重性によりワクチンの設計は高価で複雑なものとなった。薬品研究におけるアンチコモンズの克服と治療法の確立に多額の資金を投じた裕福な慈善団体、ゲイツ財団にとっても、グリッドロックは大きな問題となった。[77]

たくさんの解決法

グリッドロックにはたった一つのオン／オフできるスイッチがついているわけではない。アンチコモンズにおける所有権は、限られたものから完全排除にいたるまで、財のスペクトルの半分を占めている。グリッドロックがどのように作用するかは、参加者の数やタイプ、市場構造、そしてもとになる資源といった要因に左右される。医薬品研究の悲劇に多種多様な原因があるのと同様に、可能性のある解決法もたくさんある。ここではバイオ医学のアンチコモンズを克服する助けとなる手段を集めてみた。これらの手段は市場による解決法、「財産化阻止投資」による解決法、特許プールやその他の協力的解決法、そして規制改革に分類される。

市場原理による解決法

「過渡期であり、悲劇ではない」派は、特許はだんだん価値が下がる資産だという点に着目する。つまり決められた期間を過ぎると権利が切れるということだ。特許の確保は高くつく。特許一つあたり二万ドルから三万ドルはかかる。個人の所有者は、特許をまとめて新製品を開発するか、訴訟（相互確証破壊〔MAD〕戦略）を回避するために、たいていはグリッドロックを克服したいと強く思っている。マイナス面として、特許ポートフォリオは成功したイノベーターを脅したり、競合相手の技術革新や進歩を妨げたりするときにも価値がある。[78]

市場には手を出さず、洗練された市場参加者を信用して、自分たちでうまくやってもらえばいいのかもしれない。[79]彼らが必要な取りきめを自力で導き出せるはずだ、と。下流の製品開発者はライセンスを買い、MTAについて合意を取りつけ、あるいは必要な知的財産権を取得するだろう。[80]学界では大学のライセンス担当部署は、経験とNIHの奨励に基づき、自分たちの技術革新のポートフォリオを管理運営する方向に向かっている。[81]大学所属の科学者には研究のために免責が必要だというが、その点に関してはNIHのガイドラインにより、すでに免責範囲が作られている。

もしも下流の医薬開発者が現行の規制レジーム下でもうまくやっていけるなら、素晴らしい。特許法の大きな変更は、予期せぬ結果を招く恐れがある。一方で、何も手を施さないことにも同様のリスクはある。「過渡期であり、悲劇ではない」派を疑う根拠はもうすでに見てきた。大学の研究者のあいだで蔓延する侵害行為と高まりつつある秘密主義、グリッドロックによって技術革新が息の根を止められしまうのではという民間科学者たちの懸念、ここ十年の分子物質の新発見の減少。

確かに市場はグリッドロックを解消する役には立つが、それが必要な唯一のアプローチではない。

財産化を阻止する投資による解決法

ときとして、企業にとって最高の競争戦略は、たとえその企業が権利をあきらめることになろうとも、他社の所有権獲得阻止に投資することだ。例えば、苦労した独占の研究結果を一般に開放して、その情報の新規性を失わせ、その分野で他者が特許をとれなくしてしまうというような形をとる場合もある。

知的財産の専門家ロバート・マージスは、この風変わりな市場行動を説明するために「財産化阻止投資（ＰＰＩ）」という言葉を作った[82]。ＰＰＩは奇妙な行動に思えるかもしれないが、アンチコモンズのプリズムを通して技術革新を見れば、道理にかなう。ＰＰＩはこの本の冒頭で私が提起した問いに答える助けとなる。なぜ収益志向のＩＢＭやセレラ・ジェノミクス社が、苦労して得た研究結果を自発的に一般に提供するのか？

ＰＰＩは博愛主義から発したものではない。企業は最優先の事業分野でグリッドロックに妨害されるのを避けようとしている。製薬会社の競争優位――収益を上げたい事業分野――は、医薬を開発して市場に出すことであって、研究を妨げる特許の藪を解決することにあるわけではない。例えば遺伝子配列そのものは特許化できないと確定したならば、そのデータを収集して成り立っている製品はもっと作りやすくなるし、価値も上がる。

また、マージスの説明に加えて、製薬研究におけるＰＰＩについては、もっと微妙な政治的理由もあると私は考えている。大製薬会社は特許法に関して身動きがとれなくなっている。グリッドロックのコストがあるのだから、他のアメリカのハイテク企業と足並みが揃ってもいいはずだ。特許をまとめ上げて、新薬発見の可能性を高めてくれるような特許改革に賛同するのが筋のはずだ。それなのに大製薬会社はバイオテクノロジー関連企業など、基礎研究の投入物を作り出すところと手を結んでいる。なぜか？　なぜなら、大製薬会社はバイオテクノロジー関係の競合相手よりも、ジェネリック薬製造会社を大きな敵と見なしているからだ。特許権が切れると、一夜にして何十億ドルもの収益が消える。ジェネリック薬が市場に出まわり、薬価が下落するからだ。たとえほんの数ヶ月でも特許権保護が余分に続くなら、それは一財産に等しい価値がある。

だから大製薬会社は、ジェネリック薬を撃退できるような、強力で、長続きする特許権を求めている。どんな分野でも弱い特許権保護を容認しているとは決して思われたくない。たとえ基礎研究であってもそうだし、弱小バイオテクノロジー関連企業や特許トロールがそういう権利を使い、将来の技術革新を押しつぶす場合でもそうなのだ。このような政治的背景のもとで、PPIは大製薬会社にとって、あまり認識されていない重大な役割を担っている。PPIはバイオテクノロジー関連の競合他社が求めている面倒な特許を骨抜きにできる手法であり、しかも製薬会社が強固な特許権に肩入れしていることは疑問視されずにすむのだ。こう考えると、メルク社が遺伝子インデックスに肩入れする動機の一部も説明できる。

他のPPIの例としては、ここ一〇年ほどのあいだ、製薬会社は「一塩基多型（SNP）」と呼ばれる個人個人の遺伝子変異に関する特許から生じるグリッドロックに悩まされてきた[83]。SNPは遺伝子コードの一つが変異することをいい、例えばAがCになる、というふうに生じるため、複数のSNPが一つの突然変異遺伝子のなかに存在することもある。一九九〇年代に科学者たちは、特定のSNPがある種の遺伝病と関わりがあるということを認識し始めた。SNPは病気のマーカーになりうるが、見事なグリッドロックを生み出すこともできる。診断テストや治療法を考案しようとする会社は、一つの遺伝子に関する複数のSNPのライセンスを得る必要がある。

ESTのときと同様に、製薬会社はSNPの特許化を阻止しようとやっきになった。英国のウェルカム・トラストと多くの製薬会社により一九九九年、「SNPコンソーシアム」が設立された。二〇〇四年までに彼らは四五〇〇万ドルを費やして、およそ二〇〇万のSNPをパブリックドメイン化した。コンソーシアムのメンバーは、自分たちが寄付したSNPに特許を請求しないことで同意しているが、そのSNPデータをもとにした製品開発段階における発明については自由に特許化できることになっていた。SNPコンソーシアムやメルク社の遺伝子インデックスに加えて、いまではタンパク質に関しては「ブループリント・ワールドワイド」や「タンパク質データバンク」が、遺伝子に関しては「遺伝子バンク」などが存在する。生物学専門誌は、遺伝子やタンパク質配列を公共に寄付することを掲載条件として要求することが多くなった（これは研究者が商業的な優位性を保持するために出版を遅らせる恐れはあるが）。メルク社は研究団体に、一五〇種類の特許フリーで制限事項のない遺伝子組み換えマウスを実費のみで供与した。これもパブリックドメインに寄贈された基礎開発段階における研究ツールの一種と言えるだろう。[84]

グリッドロックを避けるのに、PPIに全面的に依存できるだろうか？　いいや。大製薬会社、慈善活動団体、大学研究者の利害が一致することも、たまにはある。そういうときにがんばれば、ＰＰＩが作り出されて、グリッドロックを未然に防ぐ場合もある。だが、製薬会社がＥＳＴやＳＮＰに取り組むために動いたからといって、それが生体臨床学におけるあらゆる所有権の断片化を阻止してくれるとは限らない。いまでもＳＮＰ特許は出願されているし、その多くはアンチコモンズの悲劇を今後引き起こしかねない。[85] 総合してみると、私にはＰＰＩが通例だと思わせるものは何もない。

特許プールなどの協力的な解決法

ＰＰＩは個々の企業間の競争と、協力関係を基本にした試みとの中間に位置する。他にもそのような中間的な解決策はいくつかある。やり取りが頻繁に行われる、知的財産権所有者のコミュニティは、ときとして権利取りまとめ費用を引き下げるべく、協同組合的な団体を作り上げることがある。そうした団体の一部は法的にも認められている。音楽産業において「ＡＳＣＡＰ」や「ＢＭＩ」の名で知られている著作権共同団体は、ラジオ局が個々のアーティストと使用料の交渉をしなくても、一本のまとめた支払いさえすれば、好きな曲が放送できるようにしている（ただしこの共同体はＤＶＤ利用のための権利ライセンスは出してくれないので、第1章で触れた『Eyes on the Prize』のグリッドロックが生じてしまった）。

第2章で私は特許プールと呼ばれる別の協力的な団体を紹介して、それがどうやって断片化した所有権を集めるかを示した。確かに、議会が航空機工業会の設立を強制した際には、協力的な雰囲気など微塵もなかった。ライト兄弟とグレン・カーチスは、合意するくらいなら航空機産業が離陸できなくてもかまわなかった。しかしそれ以外の場合は、特許プールは政府による強制ではなく競合する特許権所有者の自主的な努力によって生まれてきた。

特許プールの法制度および経済学は複雑であまりよく理解されていない。プールが設立された後も、内部力学のために交渉が失敗する危険をはらんでいる。特許プールは大規模な技術ライセンスを促進するための、新技術基準と結びついたときにはうまく機能するようだ。大きな成功例は電子産業に見られる。プールがMP3やDVDの「相互運用」を可能にした例などだ。楽曲や映像をどんなプレイヤーにもダウンロードできるし、ブランドを気にすることなくディスクを入れることができる。しかしながら、そのような幸先のよい領域においてさえ、プールは稀であり、プールされたライセンスを組みこんだ製品を作ろうとする者にとっての危険がたくさんある。[86]

こうしたプールは、反トラスト法を根拠に物言いがつくリスクを伴う。反トラスト法の承認を得るために、プールは「基幹となる」相互に補完する特許を集める必要があるが、バイオテクノロジー関連の特許がこの要件に適合するかどうかははっきりしない。[87] バイオテクノロジー産業関係者に取材すると、いまだに特許プールがリスキーだと思われているのがわかる。[88] 集団反トラスト訴訟において三倍賠償の恐れが少しでもあるだけで、会社はしり込みしてしまう。ここ一〇年で、大きなものではわずか四つのプール（MPEG‐2、二つのDVDプール、3Gのモバイル・ワイヤレス・プラットフォーム）のみが、合衆国司法省に反トラスト認可を請願して認められただけだ。[89] これでやっとイノベーターたちは、自分が反トラスト法を根拠に訴えられないと安心できるのだ。

産業界の不安を増大させているのは、反トラストの傾向が年々変化することだ。例えば、一九九七年に司法省は、MPEG-2技術を生み出したグループに特許プールを認めた。しかし一九九八年には連邦取引委員会が、目のレーザー手術の特許プール解散を命じて提訴した。何が違ったのか？　はっきりしない。どちらも、特許のグリッドロックに対する競争促進的な解決法だと思えるのだが。現在、特許プールの技術に全体あるいは部分的に基づいた機器の売り上げは、少なく見積もっても年間一〇〇〇万ドルにもなる[91]。かなりの数字だが、実際にはもっとあってもよいはずだ。

バイオテクノロジー関連のプールを成功させたければ、議会は特別な反トラスト規定を作るべきだ。いずれにしろ、先に論じた連邦取引委員会の二〇〇三年度の報告書は、特許プールはバイオテクノロジー産業においてはあまり役に立たないと結論づけている。「規格の決定が重要な役割を果たすような産業ではない。企業価値はその知的財産と密接に結びついており、『籠城戦術』が助長されている[92]」。他の産業に比べて、製薬産業とバイオ産業にとって特許はずっと大きな問題なので、関連企業は独占利益を減らしかねない特許プールには、あまり参加したがらない。ある種のバイオ医学の発見（特許化された遺伝子や受容体）については代替物が存在しないため、一部の特許権所有者は強気になり、交渉の問題が悪化することもある。実際に生じた病気の遺伝的基礎を理解するための研究に基づく特許の場合、競合他社はそれを回避するような発明はできないかもしれない。また、バイオ医学における特許請求の範囲は、プールがうまく機能している産業分野と比べるとずっと狭く、そして特許権所有者も分散している傾向にある。さらに事態を複雑にしているのは、その時点では存在していないのが普通だ――ライセンスを受けるバイオテクノロジーを使った製品が、その時点では存在していないのが普通だということだ。たとえ特許権所有者がプールを組織するのにかかる重いコストを負担するとしても、ライセンス利用者は効果的かつ安全な診断テストや治療法を発明するために、膨大なリスクの多い研究開発を行う必要がある。

結局、たとえ反トラスト的な環境がもっと有利になったとしても、バイオテクノロジーは全体として特許プールには向いていないように思う。[93] 特許プールは、例えば電気通信、半導体、ナノテクノロジーなど規格決定が重要な状況においてはグリッドロックのよい解決法となれる。[94] でもバイオ医学研究においては解決策とはなりそうにない。

他にも試せる協力的解決法がある。いくつかの研究分野では断片化を避けるために協力的な規範による組織化が試みられてきた。例えば、コンピュータを利用した生命工学（「バイオインフォマティクス」とも呼ばれている）の分野では、積極的に特許化と訴訟を阻止することで「開かれた科学」の精神を維持しようと努力してきた。コックバーンによれば「ヒトゲノム配列をめぐる争いから得た教訓が、公共セクターの研究者により効果的に活かされてきた」という。[95]

他の例として、「ピアプロダクション」（ウィキペディアのようなオンライン創作物）や、公徳心の高いライセンス（例えばクリエイティブ・コモンズ）もある。[96] ピアプロダクションは既存の所有権の形態に手を加えてグリッドロックを回避するような、いわば市場の充実を実現できる。それで薬がＦＤＡで認可されるわけではないが、ピアプロダクションにより技術改革や支援運動に向けて、人々が共同で取り組める。農業研究の分野では、知的財産権所有者たちが農業関連の公益知識人を協力して管理するための機構「農業公的知的財産リソース（ＰＩＰＲＡ）」を設立した。[97] バイオロジカル・イノベーション・フォー・オープン・ソサエティ（BiOS）と呼ばれる、ソフトウェアにおける「オープンソース」運動と似た活動をする団体もある。BiOSはそこのツールを使って開発された技術が後の開発段階で私有化されるのを防いでいる。BiOSの技術を利用したものは後に独占できない仕組みになっている。[98]

規制による解決法

大製薬会社は、メルク社の遺伝子インデックスやSNPコンソーシアムのようなその場限りの解決法に何千万ドルも費やすことをいとわない。しかし、基礎研究における特許に手を加えるような法律制定に対しては反対する。それによって、利益を生み出すはずの製品開発段階における権利が弱められるのが怖いのだ。こうした見方は、産業側から見れば結構かもしれないが、よくない社会政策を助長することになる。

公共面では、法律制定の主導権をいつでも保留することを含めて、多くの考慮すべき試みがある。トム・スウィフトが悪漢の家の上空の柱状の領空を飛んで横切った際に、私たちはトムが不法侵入者ではないことにすべく、法律に手を加えた。現在科学者たちは日常的に知的財産法を無視しているので、いまこそ医薬発明者が著作権侵害者にならないように、権利を再定義するときかもしれない。私たちの与える特許独占が、私たちの使ったお金に見合う価値をもたらしたかどうか、確認する必要がある。

それぞれの改善案にはどれも長所と短所があるが、研究、実験、診断に関する使用については特許権保護の免除を求める提案を検討しよう。さらに特許可能な対象から除外されるものを増やそう。あるいは「公序」良俗の条項を特許法に加えることなどを検討すべきだ。[99] NIHのライセンスに関するガイドライン（限定的な研究については免除）を、連邦政府機関により資金を援助されている研究すべてに拡大して適用してはどうだろう？ あるいはもっと一般的な問題として、そんな場当たり的なガイドラインに頼らなくても、連邦政府機関が資金援助する研究はすべて、研究利用として特許免除とするという法律を作ればいいのではないか？[100]

また特許の管理体制を、FTCやNASの報告書で提案された方針に沿って整えていくこともできる。予算増加や、もっと多くの特許審査官の研修という簡単なことでも役に立つだろう。アメリカ国外の特許官庁も、遺伝子のアンチコモンズに関する個別の問題（私たちのESTの議論のようなもの）について、特許可能性に対する制限を厳しくして、例外設定を広げることで対応するようになった。[101] 同じように私たちも、弁護士の銀行残高には貢献するが、それ以外の一般人である私たちには必ずしも貢献しているとは言えない特許可能性についての、複雑怪奇な規定を修正できる。[102] 最後に、特許商標庁内部に、特許レジームが競争とイノベーションにどう影響するか研究するのを職務とするような、部局を作ることを義務づけるといい――特許商標庁の職員はどうしても特許支持に偏りがちだから、それを相殺するような組織内部のバランスをはかるのだ。

もっと強引な改革も可能だ。アーティ・ライとレベッカ・アイゼンバーグは、連邦の支援を受けているのに私的に特許を取得した発見に対し、「強制執行」権の行使を容易にするよう提言している（強制執行権とは、おおむね医薬特許における土地収用と考えてよいだろう）。[103] 患者側の支持者たちはこの解決法を支持しているが、ＮＩＨはこれを承諾していない。その理由はおそらく土地の収用がめったに行われないのと同じなのかもしれない。政府は、収用すべき所有権を特定するのがへただし、収用される側も効果的で激しい抵抗をみせるからだ。[104] ライとアイゼンバーグは、アンチコモンズによるグリッドロックが生じる恐れがある場合に限り、ＮＩＨやその他の連邦機関に特許権を終了させる権限を与えるべきだと提案している。[105]

注意点：一つの特許だけではグリッドロックにならない

はっきり言っておくと、私は医薬研究の特許に反対しているのではない。グリッドロックの問題は、うまく機能している特許制度につきものの、ありふれた不十分な使用とはまったく異なるものだ。発見の一時的な独占を参照してみると、どの特許も必然的に値段を上げ、使用を制限している。私たちは、発明とその開示を促すために、そのコストを進んで支払っている。

だが単一の特許の社会的コストがあまりに高い、例外的なケースもある。例として、乳がんのリスクに関係する遺伝子変異「ＢＲＣＡ１」と「ＢＲＣＡ２」についてのミリアド・ジェネティクス社の特許に関係する論争がよく取りざたされる。[106] ミリアド社の広範囲に及ぶ特許と、なかなかライセンスを許諾しないやり口のため、多くの後続研究が阻まれてきた。例えばミリアド社は「大きな乳がんセンターが、安価な自家製の乳がん遺伝子の検査方法を考案する」のを阻んできた。[107] 研究者たちはその特許を迂回することはできない。正しい乳がん変異遺伝子で研究をするか、あるいはそうでないかのどちらかしかない。ミリアド社に対する怒りが全世界で広がった。[108] でもこれはグリッドロックの例ではない。

どのような特許であれ、個人の利益と社会的コストのトレードオフは古くからの問題であり、患者団体、製薬会社、議会、そして裁判所はそれを十分に扱える。私にはその論議に加えるものはない。今日私たちは、まったく違うなじみのない問題に直面している。バイオ医学の技術革新が累積により行われるこの新しい世界では、さらなる進歩のためには、一つの有用な製品を作り出すのにたくさんの入力へのアクセスが必要なのだ。

＊

アイゼンバーグと私がはじめて、バイオ医学におけるアンチコモンズの悲劇について仮説を立ててから一〇年たっても、その仮説を裏づける、または否定するような実証研究の結果は、相変わらずはっきりしないままだ。これは別に驚くほどのことではない。グリッドロックの定量化が難しい理由の一部は、それが反実仮想を検討しなくてはならないということだ。人々がもっと簡単に協力できたら、そんな新治療法が実現していただろうか?

アンケート調査でも、この問題には容易には答えられない。確かに、研究に従事する科学者に直接聞くと、多くがグリッドロックに悩まされてはいないと答える。でも一九一五年のパイロットたちに、民間航空産業におけるグリッドロックについて調査を行ったとしても、彼らもまた戸惑うだけだったはずだ。特許が乗客の空の旅を妨げていますか？　パイロットたちは当然ながら、一般人の航空旅行なんてものは存在しないし、これからも存在しないだろうと答えたはずだ。特許がもっと簡単にクロスライセンス化できれば、もっと高速で大規模な貨物航空機の市場ができるでしょうか？　ここでも答えは、貨物を飛行機で輸送したがる人なんかいませんよ、というものだっただろう。パイロットが、商業航空旅行の将来的な可能性について認識していると思うのが非現実的なのと同様に、科学者がアンチコモンズの悲劇のような系統的で見にくい脅威のよき観察者だと期待するのも非現実的だ。大製薬会社は、グリッドロックにもっと気がつきやすい立場にいるが、ジェネリック薬品のメーカーと戦っているために、彼らとしては特許の蔓延がイノベーションを脅かすなどという話はしたがらない。

重要なのは、新薬発見の構造として出現しつつあるものが、ますます古くさい特許法や競争政策と衝突するようになっているということだ。グリッドロックの危険は、最低でも、もっと本質をついた実証研究のやりかたについて、深く考えるように促すものではある。また、新薬発見のパイプラインで、大ヒットが枯渇しているという事実は、大製薬会社は既存の特許レジームを何が何でも死守せよという立場を捨て去るよう促すはずだ。合意できるだけの余地はあるはずなのだ。製薬会社の収益能力は保護しよう。かわりに彼らは、ハイテク分野（薬品開発を含む）のイノベーターたちが、公正かつ効率よく複数の特許をまとめ、価値ある新製品を作り出すのを支援するような制度改革の妨害をやめるのだ。

私たちのゴールは、特許すべてについて言えることだが、民間の投資と技術革新への強い意欲を殺さない範囲で、最少限の保護しか認めないということだ。このトレードオフを探る際には、アンチコモンズの悲劇にも注意を払うようにしよう。その費用はいまも今後もなかなか見極めにくいものではあるけれど。ちょっとした制度の調整、私たちに空の旅を与えてくれた調整と似たような調整によって、私たちはグリッドロック状態を解消し、治療の発見を加速できるのだ。

第4章 これでもう聞こえない

無線電信はそんなにわかりにくいものじゃないよ。通常の電信はとても長い猫のようなものだ。ニューヨークでしっぽを引っ張れば、ロサンゼルスでニャアと鳴く。無線の場合も同じで、ただ猫がいないだけだ。

アルバート・アインシュタインの言葉とされる

電気通信の背後にある科学技術についての私の理解はごく初歩的、つまりアインシュタインがジョークを言っていたことがかろうじてわかる程度でしかない。[1] でもアメリカでは無線ブロードバンド経由だとテレビがスムーズに見られないこと、携帯電話の通話がいまだに切れてしまうことは知っている。あるアナリストは次のように書いている。

多くのアメリカの家庭は、先進国のなかでも最も遅く、費用も高く、信頼性も最も低い「必要最小限」のブロードバンドにしかアクセスできない。またアメリカは携帯電話ベースのインターネットアクセスに関してはさらに遅れをとっている。(中略)日本やその近隣諸国は、経済成長、生産性の向上、技術革新、そして生活の質の向上など、ブロードバンド時代の恩恵に真っ先に浴す国となろうとしているのだ[2]

どうしてこんなことになったのか? 図4-1[3]を見ると、その物語の一部がわかる。重要な周波

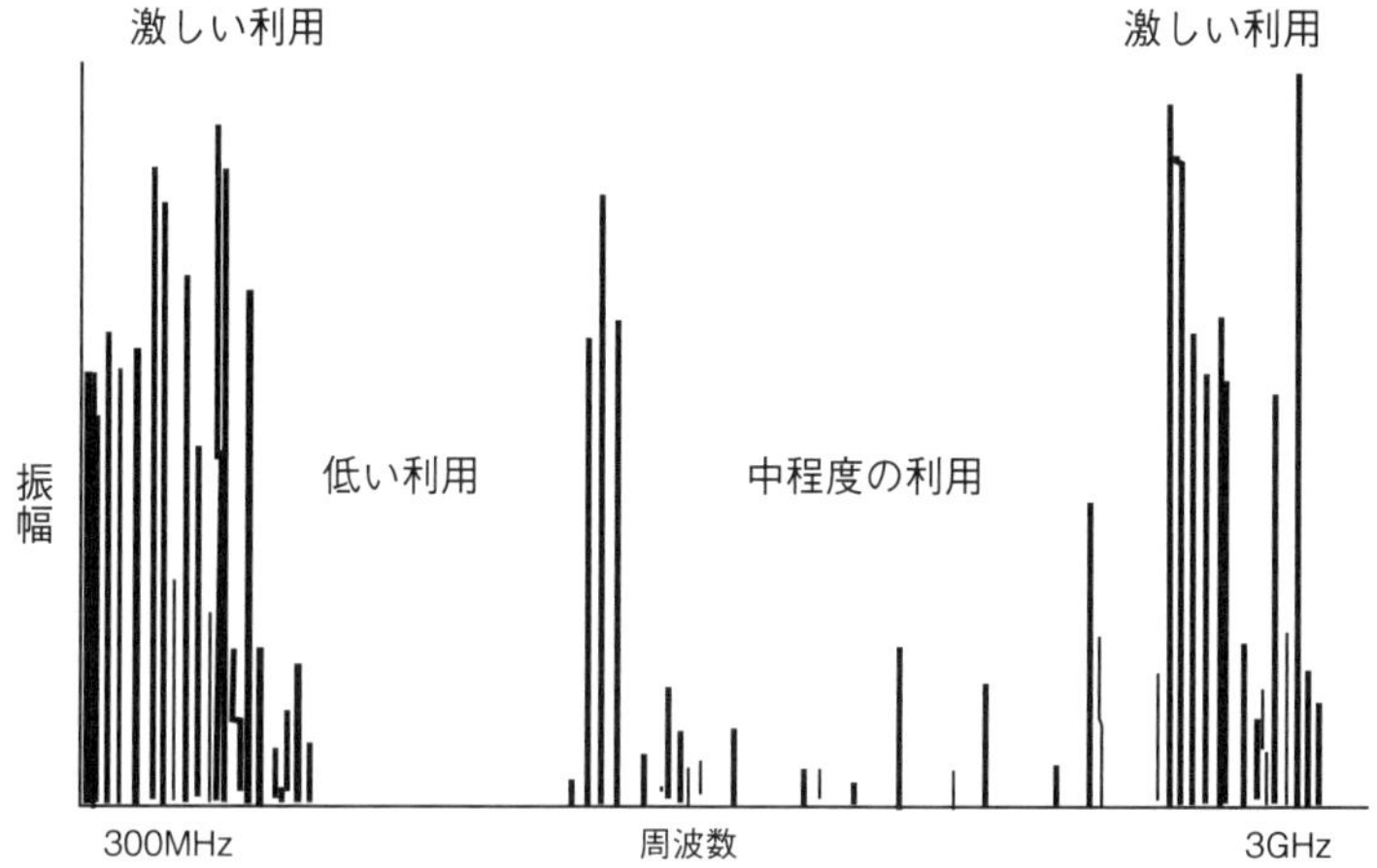

図4-1　アメリカにおける電波の利用（あるいは不十分な利用）

数帯域では、集中的に使われている狭い周波数のピークが少数あり、それをはさむ形でまったく使われていない周波数の深い谷間がある（重要な周波数帯というのは、音声、データ、画像を送信するのに最も便利な周波数の帯域だ）。このピークと谷間の存在は、技術的な制約では説明できない。原因は電気通信政策にある。

電波は、空気や飲料水と同じく、希少な天然資源だ。だからここでも我々は、三匹のクマと女の子の探求——第2章で論じた、資源の社会的に最適な利用水準の探求——から逃れられない。私たちは、コモンズの悲劇とアンチコモンズの悲劇による、周波数の使いすぎと過少利用という極端な結果を避けたいのだ。[4]

過少利用の側面

当然のことながら、周波数の使いすぎについてはすでに用語がある。ある定義によれば、使いすぎが生じるのは、送信装置が「送信したい情報を送信するのに必要なものより多くの帯域を使い、他の利用者とぶつかる可能性が高まる」ときだ[5]。総和で見れば、使いすぎが生じるのは、あまりに多くの利用者が、あまりに狭い帯域幅で送信しようとするときだ――利用者の通信が相互に干渉し合い、その周波数帯全域で、送信の質が下がる。

過少利用を定義するのはもうちょっと面倒だ。周波数帯の権利のエンジニアリングと設計は、電気通信アナリストのデール・ハットフィールドとフィル・ワイザーが述べるように「通常思われているよりはるかに難しい。地理的なはみ出しや隣接チャンネルへのはみ出しのため、周波数帯の権利を定義するのはずっと難しくなる。（中略）本物の財産は、二次元や三次元で計れるが、電磁周波数の計測は最大で七次元に及び、しかもそうした次元を計測する方法で何が一番よいかについては、いまだに議論に決着がついていない[6]」。だがこういう注意書きを考慮しても、図4－1の谷間はグリッドロックの存在を「強く示唆する」ものだ――とはいえ、断言するにはもっと技術面と市場のデータが必要になるが[7]。

グリッドロックを見つけるには、間接的な証拠を見るしかない。遅いブロードバンドの通信速度、電話の通話切れなどだ。でも電気通信政策で何かがおかしいと理解するのに、工学の学位などいらない。例えば、アメリカの消費者は高速通信に対して日本の消費者より多くの金額を支払っていることはわかっている。[8] 韓国にいけば、電気通信の未来を直に体験できるし、なぜこういう技術がアメリカでは手に入らないのか、と不思議に思うだろう。

ある経済学者は「現在のブロードバンド展開に制約があることで、今後一〇年でおそらく一兆ドルもの損失が見込まれる」と見積もっている。[9] 何百万人分もの雇用やイノベーションが、電気通信アナリスト、トーマス・ヘイズレットの言う「通信コモンズの悲劇」のおかげで失われてしまう。[10] このグリッドロックの結果として以下のようなことが起こる。

日本人と韓国人は、高速ブロードバンド時代がもたらす生活の質への恩恵を最初に享受することになる。(中略) 容易なテレビ会議、使いものになる在宅勤務、遠隔診療と医療サービス、インタラクティブな遠隔教育、豊富なマルチメディア・エンターテインメント、デジタル制御の電化製品、それ以外にもまだまだ例はある。[11]

携帯電話が (何とか) 機能するので、無用に途切れる通話や限られたサービスしかもたらさない規制上の原因やそのコストについて、みんな見過ごしにする。ブロードバンドが (少しだが) 毎年高速化しているので、政策ミスにより発展が妨害されてきたことに気づく者はほとんどいない。別にアメリカの電気通信プロバイダたちが、技術面で日本の同業者たちに劣っているわけではない。お粗末なサービスの少なくとも一部は、周波数帯の断片化と特許グリッドロックが招いた結果だ。ある評論家が指摘したように、「テレビ用の電波の大部分が使われていない一方で、携帯電話用の周波数帯域が急激に混み合ってきた結果、携帯通話は遮られ、途切れ、音質もひどいものになっている」[12]。インテル社の技術部門最高責任者パトリック・ゲルシンガーによると、どの時点で見ても電波の九〇パーセントは利用されていないという。彼は「もしも他の天然資源がこれほど過少にしか活用されていなかったら、全国的な物笑いの種となるだろう」と言う[13]。ここでも、利用の規模は必ずしもグリッドロックのせいとは言えないが、未利用の電波の量には驚くべきものがある。

なぜ怒りの声があがらないのか？　電子は目に見えないし、通信ネットワークは複雑なため、問題は「猫がいる、いない」といったレベルを超えていてわかりにくい。有権者と消費者にとって、通信は典型的な「MEGO」な問題、すなわち「my eyes glaze over（目がかすんで、話がまったく見えない）」問題なのだ。規制当局は技術的課題や政治的圧力と格闘する。既得権を持つ企業は新しい市場を開拓するよりも、時代遅れの技術から得ている収益を守ることで満足している。

人々があまり関心を持っていなくても、「通信コモンズの悲劇」の解消は、これ以上はないほど経済成長にとって重要だ。ハイテクの最前線では、目に見えない損失はまちがいなくみんなに害を与えるのだ。

なぜこんなに未利用周波数があるのか

まずアメリカにおける重要周波数帯域の利用から始めてみよう。何がある周波数帯域を「重要」にするのか？　まず第一に建物を貫通する能力で、これによってラジオや携帯電話が室内でも機能できる。第二に低出力で遠方にまで送信できる能力。これによりバッテリーは小さくてすみ、電波送出レベルも低くてすむ。[14]それらの重要周波数の大部分が、図4－1に示したようにほとんど利用されていないのだ。

だれがこんな事態を許したのか？　だれが何を「所有」しているか知る必要がある。ここで「所有」をカッコに入れたのは、連邦通信委員会（FCC）が長いこと利用してきた法律上の作り話のせいだ。法律上の作り話は便利なことも多いが、人の思考を作り上げて、一部の政策的な懸念だけに光をあて、その他のものを隠してしまう。そういう作り話の一つは、周波数帯はとても希少で、私有されるべきではないというもの。もう一つは、ライセンスは所有の一形態ではないというものだ。一般的にFCCによるライセンスには使用と譲渡に関する厳しい制約がついてくるが、ライセンス保有者には特定の地理的領域で、ある周波数の範囲における明確な排他的権利が与えられる。これは直感的な意味での所有権ではないが、こうしたライセンス方式を、なじみある所有権の範疇にほぼ置き換えて解釈できる。

図4－2は、重要周波数帯域が所有権の基本タイプにどのように分配されているかを大ざっぱに示している。[15]周波数のほとんどがアンチコモンズの所有権に分類されることに注目して欲しい。数値は常に変化しているし、分類上の区分は互いに不明瞭であることにも留意しなければならない（二〇〇六年と二〇〇八年にオークションにかけられた周波数帯域が実用化されれば、私有の割合が約一二パーセントにまで上がると思われる）。この図によって、複雑かつ不可解なライセンスのありかたを単純に図像化してみよう。図4－1と図4－2を合わせると、なぜアメリカがイノベーションの最前線か

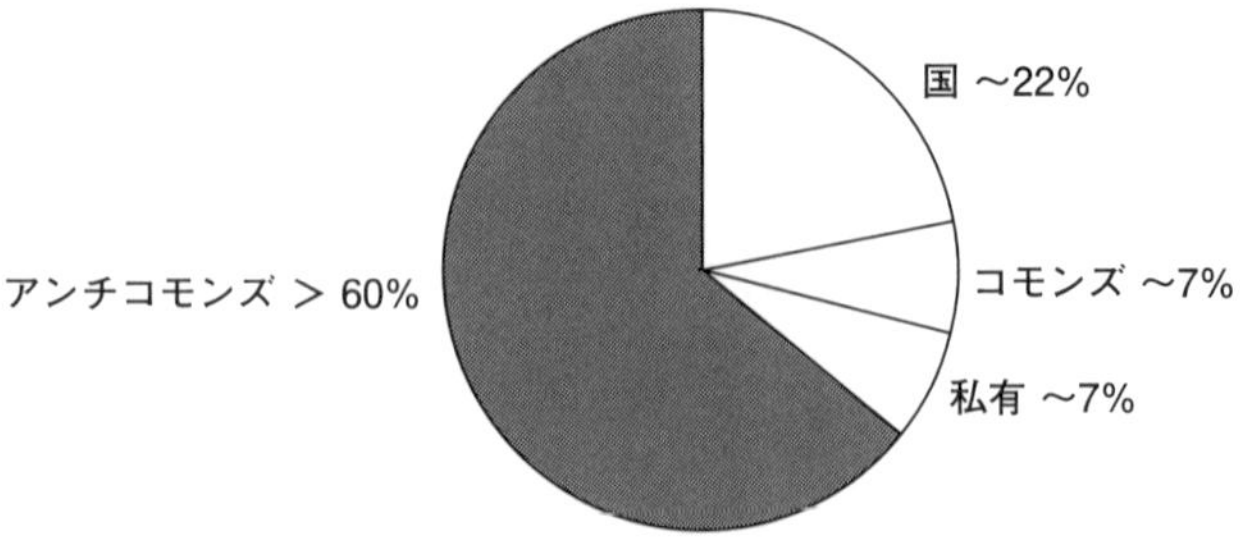

図4-2　2004年1月時点でのアメリカにおける周波数の「所有」状況

らころがり落ちたかが説明できる。

国有周波数

円グラフの最初のくさび形は国有周波数だ。アメリカ合衆国は、航空機、船舶の航行と通信、軍、人工衛星と天文学、その他の公共利用のために大量の周波数帯を持つ。アメリカの重要周波数のうち、少なくとも二二パーセント（混合利用の帯域をどう計算するか次第では五〇パーセント以上にもなる）が国によって管理されている。[16]

この周波数帯域はうまく管理されているだろうか？　いいや。多すぎないか？　その通り。周波数帯域の公共管理は、ネバダ州の自由放牧地からブルックリンの低所得者向け住宅にいたるまで、あらゆる資源の公共管理とまったく同じ長所と短所がある。管理者に対するチェックと抑制が不十分だし、イノベーションと好成果へのインセンティブがほとんどない。

市も公共の安全などの使途で広い帯域（七〇メガヘルツ以上）を管理してるが、彼らも手持ちの電波を管理できず、民間携帯電話キャリアに比べて、通話一本あたり一〇倍もの周波数帯を使うくせに、サービスの信頼性はずっと低い——これは世界貿易センタービルが攻撃された際に、ニューヨーク市消防局のネットワークが悲惨なことにダウンしてしまったことでも証明されている。[17] それでも公的使用に割り当てる周波数帯域を増やせという「圧力」が働き続けている。二〇〇八年初頭には、官民協力の無線安全ネットワーク用に重要周波数帯域がオークションにかけられた。入札者たちの提示した金額は最低落札金額に達しなかった。[18] 政府による周波数管理運用の惨憺たる業績を見れば、オークションの不成功も驚くにあたらない。

米軍は重要周波数帯域の最大の所有者だ（おおよそ五〇〇メガヘルツ）。その無駄の多い管理運用がアメリカの繁栄や長期的な経済的安全保障に与えた害は最も大きい。軍用周波数帯域、例えばハワイの真珠湾基地で使っている帯域は、国内の他の地域ではだれも使っていない。でも海外で戦争が実際に行われている地域では、これらの周波数は使用されている——例えば次世代携帯電話などによって。国内における軍の排他的アクセスは、国家安全保障の面からも経済成長の面からも、ほとんど意味がない。インテル社の上級役員であるケビン・カーンは、「戦場に出たとき、敵に通信ネットワークを切ってくださいと頼むわけにはいかない」と指摘する。[19] 国有の周波数帯域はまったくひどい状態になっている。だが、いまはとりあえず脇に置いておこう。この話はまた別の機会に。

周波数帯コモンズ

お隣の会話がコードレスホンから聞こえてきたことはないだろうか？　もしあるならば、あなたは「周波数帯コモンズ」における使いすぎによるフラストレーションを経験したことになる。これらの「免許不要」周波数帯は、連帯して運用する使用者グループに財産権が与えられているという意味でのコモンズではない。周波数帯コモンズとは、FCCによって統治され、低出力機器のために用意された特別な国有周波数帯のことで、排他的な私有権はなく、実質的な所有者がいるわけでもない。[20] 例えば、ガレージのドア開閉器は周波数帯コモンズで作動する小さな発信装置だ。利用者も製造メーカーもライセンスは必要ない（ただし使われる無線装置の販売にはFCCによる認可が必要）。計算方法によって多少の増減はあるが、周波数コモンズの合計は重要周波数帯域の約七パーセントにものぼる。

FCCの観点から言えば、免許が不要の使用は好評ということになる。そこから多くの魅力的な技術が生み出されているし、声の大きい支持者もたくさんいる。いくつかの免許不要帯域はほとんど使われていない。例えばアマチュア無線に割り当てられた周波数などがそうだ。また規制によりまったく使用されていない周波数もある。[21] だが免許不要の周波数帯で最も人気が高いところは、別の悲劇にみまわれている。混雑と過度の使用だ。例えば、二・四ギガヘルツの帯域は、コードレスホンのみならず、ベビーモニター、ワイヤレスルーター、ガレージの開閉装置、電子レンジなどを含むその他の様々な送信機器に使用されている。あなたの家の通信装置が、空きチャンネルを延々と探し続けることがあるのはこのせいだ。

周波数帯コモンズの利便性は、たくさんの機器が互いに干渉し合えば下がる。混雑を制限するために、FCCは機器、用途、出力、プロトコル、そして許可対象となるビジネスモデルを制限している。一五メートル先からならガレージのドア開閉器は使えるが、三〇メートル先からはだめだ。

免許不要周波数帯では、好き勝手に送信するわけにはいかない。さらに、いくつかの不文律も存在する。例えば、ハムやCB無線のチャンネルでは、人々を恥じ入らせるような儀式があるので、無駄なおしゃべりは抑えられる。程よい「エチケット」と「プロトコル」があってはじめて人々は「よき隣人」として周波数帯を共有できるのだ。[22] 我々の所有権用語集だと、周波数帯コモンズは「限定アクセス」に分類される。

こうした免許不要（ただし厳しく規制されている）周波数帯は、二重の悩みを抱えることになる。FCCによる規制では、比較的重要性の低い局所的な利用しか認可しないが、それがやがてだんだん混雑してくる。その一方で周波数帯をまとめて、もっと高い価値のあるネットワークや技術、用途に再配分するのは不可能だ。[23] あなたのご近所たちは、みんなでガレージ開閉器に使われている周波数帯の権利を売って、かわりに次世代ネットワーク技術にアクセスしたいと思うかもしれない。でも周波数帯のコモンズではそんな取引をする手段はない。逆説的だが、最も集中的に利用されている帯域における隠れた不十分な使用のほうが、混雑状態よりも社会にとってはコストが大きい。

免許不要周波数帯におけるグリッドロックは相変わらず目に見えないが、規制当局は使いすぎへの対処には精通している。これは当然だろう。すでに見た通り、電気通信市場では「使いすぎ」は定義が比較的簡単だ。FCCはコモンズの悲劇に対しては、解決のためにあらゆる方法を駆使して対処できる。例えば、電波の混雑状態が増進すれば干渉を抑える技術規格を義務づけるだろう。だが混雑に対する政治的に最も簡単な対応は、もっと多くの周波数帯域を割り当てることだ。コードレスホンが旧来の九〇〇メガヘルツ帯に加えて、いまや二・四ギガヘルツ帯でも動作しているのはこのためだ。最近FCCは免許不要の利用向けに、五ギガヘルツ帯域のワンブロックを含むさらに多くの帯域を開放した。最近ではFCCに対する一番ありがちな提言は、認可された周波数帯域をますますたくさん、図4－2のグレー部分から周波数帯コモンズに移して欲しいという要求だ。

だがこうした移転には新しい課題が伴う。例えば、一部の支持者の提案通りモバイル無線用に免許不要周波数帯を使っても、そのチャンネルを利用者間で調整しなければならない。周波数帯コモンズを広げても、信号転送を中央で組織する存在や、移動中の信号受け渡しという技術問題は解決されない。[24]この技術問題はさらに、経済問題とも関連する。免許不要の周波数帯は、コモンズの悲劇の法則から逃れられるわけではない。匿名の使用者が散在する状況では、民間の協力的な努力は必ずしも機能しない。FCCが使用をさらに制限すると、FCCはこれらの無許可の帯域における技術革新や投資への誘因を鈍らせてしまう。もしもあまり込み合っていない電波帯で利潤を上げる手だてがないならば、周波数帯をもっと効率よく使う努力なんかするだけ無駄だ。インフラへの投資不足は根本的でありながら見すごされがちな、免許不要帯域の一つの帰結だ。

周波数帯コモンズへの期待

ここ一〇年間で、多くの優れた情報理論家がこのコモンズ周波数帯域に対する懐疑的な評価に異議を申し立ててきた。[25]彼らにとって周波数政策の目標とは、有効なコミュニケーションの総量を増やす、逆に言えば、混信によるコストを減らすことにある。そのような目標を達成する一つの方法は、科学技術を駆使して重要周波数帯域を増やすことだ。利用可能な帯域が多くなれば混雑状態は問題にならない。彼らにとって、周波数帯グリッドロックを解決する最高の手段とは、技術と協力規範とを組み合わせることだ。

周波数帯コモンズ支持者の主張を理解するには、通信政策の歴史を少しかじっておく必要がある。[26]ここに簡単にまとめておく。

・一世紀ほど前のごく初期から、中央集権的な周波数帯管理は、乏しい周波数帯域を活用し電波の混信を避けるための手段だと国民には説明された――ちょうどソ連が、中央政府による計画は小麦生産量を調整する必要があるからだと主張したのと同じように。つい最近まで、FCCは周波数帯域を政治的に好ましい団体には無料で割り当ててきた。ライセンスは厳しく規定された利用のみに限定され、FCCの承認が得られないと移転できなかった。

・半世紀ほど前、後にノーベル経済学賞を受賞するロナルド・コースが、確かに周波数と小麦は実によく似ていて、市場要因に委ねたほうが両方ともうまく分配されると主張した。無理もないが、FCCの監督官、テレビ、ラジオ放送局、電話独占企業など既得のライセンス所有者たちは、自分たちに都合のよいFCCによる分配制度のほうを選んだ。

・一九七〇、八〇年代に携帯電話サービスの導入が始まると、FCCは「柔軟な利用」のライセンスの抽選方式で実験を始めた――私が「私有財産」周波数と呼ぶ試みの先駆だ。一九九〇年代の民営化の波のなかで、議会は最終的にFCCに携帯電話用の周波数帯域のオークションを命じ、ライセンスもさらに柔軟なものにさせた。携帯電話用ライセンスとして分配された小さな周波数帯域に対する私有財産権が事実上生まれた。

・そこに今度は周波数帯コモンズ提唱者が参入してきた。彼らは旧来のライセンス制度と増えつつある私有財産化周波数に反対した。彼らは技術的イノベーションにより、周波数帯コモンズは悲惨な欠乏状態から自由になれると主張している。FCCがまさに私有財産化モデルを受け入れたその瞬間に、そんな対応は不要になってしまい、むしろかえって逆効果になったのだというのが彼らの議論だ。

計算能力が安い世界では、周波数帯の集中的な私有権と堅固なネットワークへの投資を伴う中央集中型の「放送」モデルは必要ない、とコモンズ支持者たちは主張する。そのかわりに、洗練されコストの低い分散した消費者用機器が、絶え間なく通信経路を拡大して新しいピアツーピア文化を育む、分散型の「インターネット」方式に移行すればいいという。私たちが私有財産を導入した主要な理由は、希少な資源の保全を促し、もっと高い価値の用途に導くことだったことを思い起こして欲しい。もしも周波数が希少でなければ、私有化を正当化する大きな経済的根拠は崩れる。[27]

コモンズ賛同者は、新しい技術によって送信周波数が実際に無限になりつつあると主張する。指向性アンテナとその他たくさんのツールの出現により、これまで未開発だった周波数次元を使い、周波数を分割再利用できるようになったのだ。例えば「アジャイル（迅速かつ柔軟）」な無線は未使用の周波数を使って送信し、ライセンスを持った使用者が利用を始めると、すぐに他の周波数に切り替える。また他の送信源は、その帯域のライセンスを持った使用者が聞いている「ノイズフロア

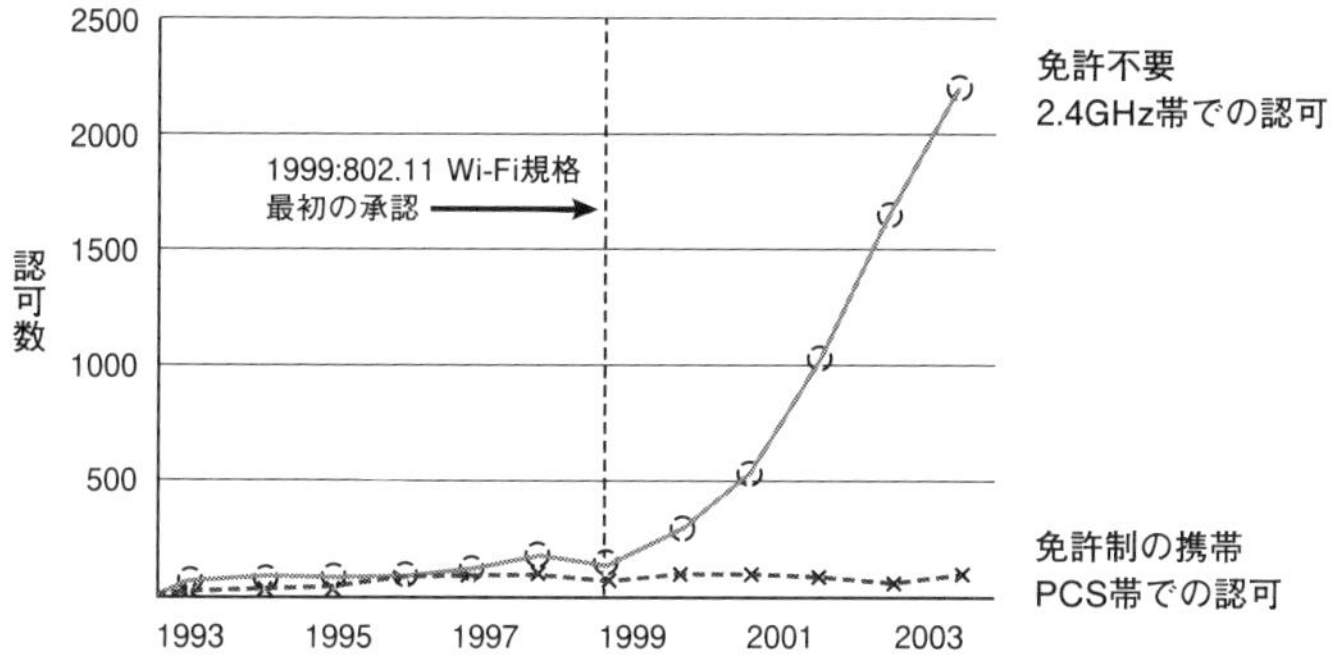

図4-3　FCCによる製品認可（1993〜2004年）

以下」の部分を使って送信したりもできる。[28] もしも分離限定型の放送「チャンネル」の概念が時代遅れになれば、おそらく周波数帯域をライセンス化する必要はまったくなくなるだろう。[29]

　コモンズ支持者は、図4－3[30]にあるようなデータを指して、免許不要帯域は投資を滞らせるどころか技術革新を進展させると主張する。免許不要の二・四ギガヘルツ帯を見てみよう。何百もの企業がFCCに何千という新型の装置の認可を求めている（特に無線ルーターの標準規格が承認された一九九九年以降）。対照的に免許制無線帯域における製品の認可を求める数はそんなに急速に増えているようには見えない。新製品の認可における大きな差は、免許不要の用途が技術革新競争で勝利しつつあることを示唆しているのかもしれない。

　だがちょっと待った。FCCは免許不要帯域ではすべての新製品を認可する必要があるが、無線通信事業者は自分たち自身の市場や機器を規制している。免許制周波数帯域では、一〇社にも満たない送受信機製造業者によってアメリカ国内の九九パーセント以上の小売り市場が支配されている。免許制帯域における新規の認可は、数は少ないが価値はとても大きい。量を基にした比較では、イノベーションの質の違いが見えてこない。また、周波数帯コモンズのイノベーションは、何もないところでは起こらないことにも注意。私有化された周波数への投資と対になってはじめて生きてくるのだ。例えば免許不要帯域のコードレスホンとコンピュータ用ルーターは、それが結びついている私有化された通信ネットワークやブロードバンド事業者から切り離されてしまうと、価値がなくなってしまう。

周波数帯コモンズの旗を振りすぎる前に、図4-3のような表以上の情報が必要だ。アンチコモンズ周波数帯域がどのように機能し、コモンズと私有化された周波数帯域がどのように相互作用するかを理解する必要がある。

私有財産化した周波数帯域の進化

国有とコモンズの周波数帯の次には、通常の私有財産にとてもよく似たライセンスについて考えよう。帯域は排他的に割り当てられる。ライセンス受諾者はこの周波数帯域を、ある程度は好き勝手に運用できる。柔軟な使用が許されている。ライセンス受諾者は技術やサービス、ビジネスのモデルを、利益最大化のために変えていく。普通の商人が実店舗の品揃えを変えていくのと同様に[31]。例えばライセンス受諾者は規制当局による承認に時間をとられずに、携帯電話の顧客をアナログ方式からデジタル方式に移行させることができる。今日では大手の通信企業はこのような周波数帯域のためなら喜んで何十億ドルでも支払う。

　私が私有化された周波数帯域と呼んでいるものはアメリカではまだつい最近始まったばかりだ[32]。携帯電話の技術は一九四七年に開発されたが、当時のＦＣＣは周波数帯域を与えなかった。ＦＣＣは一九六八年に携帯電話サービスのルール作りを始めたが、ライセンスを発行し始めたのは一九八二年のことだ。この規制によるグリッドロックはとても高くついた。それは消費者の厚生喪失という形で、一年遅れるごとに国におよそ三三〇億ドル（一九九四年ドル換算）のコストを強いてきた[33]。

　一九八〇年代にＦＣＣは、国内市場を七三四の地域に区切り、それぞれについて低い周波数帯域（八〇〇メガヘルツ帯）の二つの周波数ライセンスを発行した――これはすぐさまアンチコモンズと化した。地理的に細分化されすぎていたし、ライセンスの制限も厳しかったのだ。通常、各地域でライセンスのうちの一つは地域のベル電話会社に与えられ、残りの一つは新規参入の競合他社に、最初は「美人コンテスト」を通じて、その後大規模市場では抽選により与えられた。当初、携帯電話サービスは断片化されていて、とても高価だった。この空間的アンチコモンズを解消するには、十年にわたる吸収合併が必要となった[34]。それと並行してＦＣＣは、ライセンスの規制緩和を進めた――例えば一九八八年、ＦＣＣは携帯電話ライセンス受諾者に、各社の判断でデジタル方式への移行を許可した。ベライゾン・ワイヤレス社とＡＴ＆Ｔ社は、これらの初期の携帯電話サービス会社を合併統合して生まれた全国ネットワークだ。

　一九九四年、ＦＣＣははじめて多目的利用のライセンスをオークションにかけた。パーソナル通信サービス（ＰＣＳ）と特殊化移動体無線（ＳＭＲ）を含む高周波数帯域だ。こうしたオークションの後で、スプリント社が全国ネットワークの競合企業として台頭した。同様に後にネクステル社（現スプリント・ネクステル社）となる企業が、グリッドロック化した何千ものSMRライセンスを、地方の宅配ピザやタクシーその他の配送業者から買い集め、全国規模の高周波ネットワークを立ち上げた。その後FCCがSMRライセンスのいくつかの制限を廃止したので、ネクステル社は一般向け無線サービスを提供できるようになった。こうしたネットワークの台頭により全国的なワイヤレス競争が進んだ（その後スプリント社はネクステル社を買収したが）。ローミング料金は下落し、近距離、および長距離通話の一括定額制が導入され、デジタルサービスへの移行も加速した。[35]

二〇〇四年までには重要帯域の約七パーセントが、最も柔軟なライセンス形態、私が私有周波数帯と呼ぶものとなった。これらの私有周波数帯は最も利用の激しい周波数帯だが、同時に最も激しく共有されている周波数帯でもある。それらの所有者は比較的柔軟性に富んだ安定した権利を享受したので、大きな補完的投資を喜んで実施してきた。携帯電話のインフラだけで、設備投資額の総計は一五〇〇億ドル以上にのぼる。現在アメリカ国内には、約二〇万局の携帯電話基地局がある。約二億五〇〇〇万人の契約者が、年間あたりのべ一兆分以上の通話に対して支払う通信料金は、総額一四〇〇億ドルにもなる（一分あたり通話料は平均約七セント）。トーマス・ヘイズレットは、この私有化された帯域によって生み出される消費者余剰（消費者が払ってもよいと考えている値段と実際の値段の差額）は一年間あたり八〇〇億ドルにもなり、その社会的価値は一兆六〇〇〇億ドル以上だと試算している。[36]

生み出す経済活動で見ると、私有周波数帯はコモンズ周波数帯に比べ三〇倍の利益を生んでいる。

二〇〇三年、私有周波数帯は直接的な経済活動に限っても一二〇〇億ドルの利益をもたらした[37]。対照的に、コモンズ周波数帯が生んだのは、サービス料収入、機器収益、ネットワークへの設備投資を合わせても約四〇億ドルだ。図4－3を振り返って見ると、免許不要周波数帯は多くの小さなイノベーションを生み出しているのがわかる——だが、大規模なイノベーションや投資、経済収益が生まれているのは、私有周波数帯のほうなのだ。

新しい周波数帯域の割り当て

二〇〇六年にFCCは、「高度無線サービス（AWS）」のための大規模な私有周波数帯のオークションを実施し、そして二〇〇八年には七〇〇メガヘルツ帯についてオークションを実施した[38]。だが過去十年の相当部分にわたり、規制当局の関心はもっぱら周波数帯コモンズの拡大に向けられてきた。例えば二〇〇二年にFCCはこう書いている。

> 免許不要の送信機に対して本委員会が取り決めたルールは大成功をおさめてきた。（中略）（これは）免許不要の送信機用周波数帯域をもっと追加すれば、経済、ビジネス、そして一般社会に大きな利益をもたらせることを示している[39]。

だが周波数帯コモンズの追加は、図4－1と図4－2で明らかになった経済的問題から注意をそらしてしまう。広大な不十分な使用帯域が、使いすぎの狭い帯域に挟まれているのだ[40]。企業が私有周波数帯域のために支払い続けているライセンス料金（AWSライセンスでは一三〇億ドル以上、七〇〇メガヘルツ、ライセンスは一九〇億ドル）を見ると、私有化を進めるほうがいまは優先されるべきだとわかる。

私有周波数帯域の不足、コモンズ・ネットワークの限界、そして公共周波数の浪費は、なぜアメリカの無線ブロードバンドが世界の最先端に比べて遅いのかという理由として重要なものだ。例えば私有周波数帯域の不足により、国内の四大無線ネットワークの一つ、T-モバイル社は、一時は3Gネットワーク（3Gは高容量無線ブロードバンドの当時の最新世界標準）にアップグレードできなかった。最終的に、同社は二〇〇六年のAWSのオークションで必要な周波数帯域のライセンスを四二億ドルで獲得した。そしてただちに二七億ドルを追加で投じ、システムを構築しようとした。でも高周波数のAWS帯域を使うのは技術的に難しいので、（本書執筆時点の）二〇〇八年半ば現在で、T-モバイル社の3Gサービスはいまだに提供されていない。[41]

私の用語「私有周波数帯」というのは、複雑なライセンス方式の短縮形だということはお忘れなく。電気通信において所有権を構築するのは、少なくともバイオテクノロジー分野でそれを構築するのと同じくらい面倒だ。FCCが「用途の柔軟なライセンス」を作ったとしても、それは遺伝子断片特許並みに使いものにならない代物になる可能性もある。権利が最初にオークションにかけられるときには、入札規定、排除、助成金がどのように構築されるかが大事な要素となる。さらに、基地局用のタワーなど物理的なインフラもどこかに作らなくてはならない。どのコミュニティも、よい携帯電話サービスは欲しいが、タワーが立地されるのはいやがる。シームレスな携帯電話網を実現するため、一九九六年電波通信法により基地局タワーの立地について、その地域的な制約事項をある程度無視できるようになり、これで通信に対するこの種のアンチコモンズの脅威は緩和された[42]（航空旅行の黎明期との類似に留意しよう。議会と裁判所は地域の領空侵犯法を無効にすることで、飛行機が飛べるようにした）。

オークションの構築における選択のひとつひとつが、生まれてくる私有財産権や競争、市場を形成する。断片化によるコストを避けるなら、FCCは地域ごとではなく全国規模の周波数帯域使用権を提供すればよい。アメリカの国庫にできる限り多くの歳入を得るには、だれにでも入札できるようにすればよい。例えば二〇〇六年のAWSの周波数帯域オークションは、だれでも入札可能だった。これによりT-モバイル社のような既存の企業はその地位をゆるぎないものにし、衛星通信放送のディレィクTVやエコースターのような潜在的新規参入企業は締め出しをくらった。結果として、T-モバイル社はやっと3Gネットワークへの投資が可能になったが、衛星テレビ放送局はケーブルやDSLに対抗できる全国規模の新規競合企業にはなれなかった。所有権を作るには、つらい代償が必要だ。中立はありえないのだ。

二〇〇八年の七〇〇メガヘルツ帯の帯域のオークションでもまた、ゲームの規則を決めるために、熾烈なロビイング活動が展開された。壁を通り抜けることができるといった魅力的な物理特性により、低周波数帯域はブロードバンド通信にとって特に価値が高い[43]。七〇〇メガヘルツ帯の基地局一つは、同等の一・九ギガヘルツ帯のものの四局分、二・四ギガヘルツ帯の一〇局分の機能を持つ[44]（図4-4）。低周波数帯の利用権のおかげで、ベライゾン・ワイヤレス社とAT&T社は全国的な

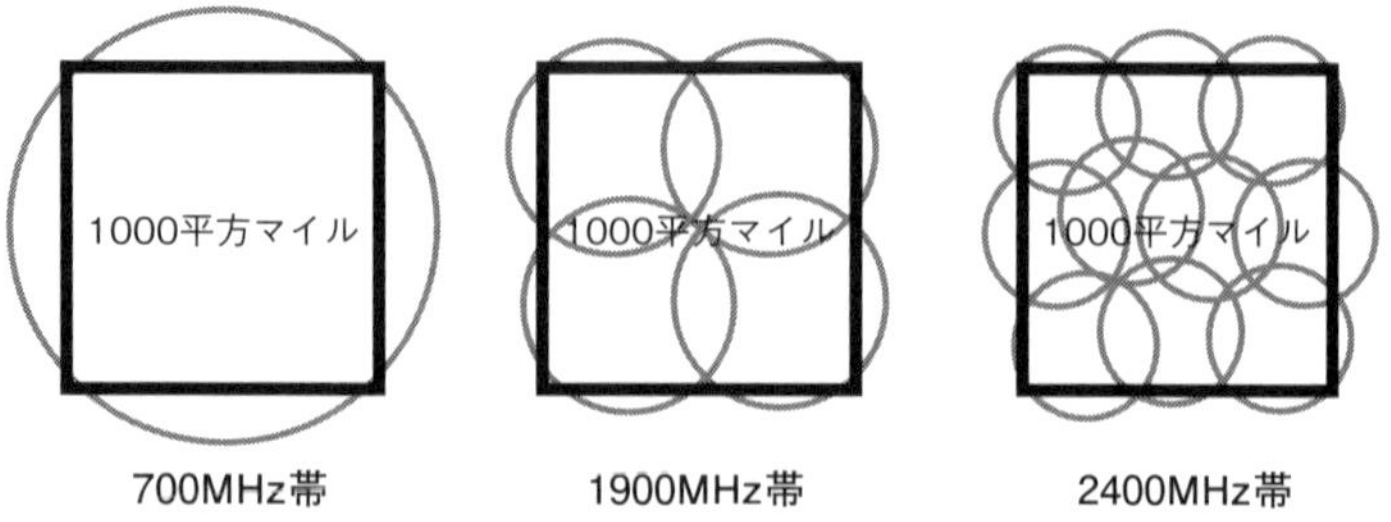

図4-4　周波数の違いによる携帯電話基地局の受信可能範囲

長距離電話網において、競争力が高くなっている。彼らのネットワークは一九八〇年代に分配された八〇〇メガヘルツ帯に大きく依存する形で構築されている。これに対してスプリント社とＴ‐モバイル社は、一九九〇年代以降に集めた高周波数帯で、何とかやりくりしなくてはならなかった。[45]

　七〇〇メガヘルツ帯のオークションは「海辺の一等地」、そして「最後の大無線オークション」と呼ばれてきた。[46] 七〇〇メガヘルツの周波数帯によって、新規参入の競合企業は、次世代高速ワイヤレス通信を支える（比較的）安価で、高速、かつ強力な全国ネットワークを構築できる。既存の携帯会社なら、その地位をもっとゆるぎないものにできる。だからこそオークション規定をめぐる戦いが激烈になった。ＦＣＣは国庫に入る歳入と、アメリカ経済全体への利益とどっちを最大化すべきだろうか？　周波数帯の所有に上限を設けて、Ｔ‐モバイル社やスプリント社などがＡＴ＆Ｔ社やベライゾン社に追いついて、もっと強い競合相手となれるようにすべきだろうか？　ＦＣＣは既存のケーブルやＤＳＬなどの幹線ネットワークに対し、全国規模の無線による競合が加わるよう奨励すべきだろうか？

周波数帯の一部を治安維持目的に確保しておくべきだろうか？（七〇〇メガヘルツ帯のオークションで唯一成立しなかったのは、官民共同の安全目的に共用される部分だった――所有権断片化の危険に対する警告と考えるべきかもしれない）

所有権が最初に生まれるときには、常に激しい活動が見られる。ヘルスケアや防衛をめぐるロビイングが激しいと思うなら、生産者と消費者の厚生利益（または損失）が何兆ドルにもなる、電気通信を見るといい。私たちのハイテクの未来がその結果にかかっているのだ。

合意ゾーン

図4－1と図4－2を振り返ってみよう。改善の余地がたくさんあることがわかるはずだ。試しにもっと多くの周波数帯を活用してみよう。多くの国で柔軟な使用ライセンスへの移行がうまくいっていることも考慮して欲しい。これは政治的意図の問題で、技術的な限界ではないのだ。例えば英国では二〇〇四年、主要周波数帯のうち私有財産とされているのは一一パーセントだったが、二〇一〇年までには六九パーセントまで私有化を進める計画が採択された。[47] 元FCC委員長リード・ハントと経済学者のグレゴリー・ロストンが書いたように「よい周波数帯政策を実現するには、政府はすぐにもっと多くの周波数帯を提供すべきだ。これを実現する二つの重要な方法は、そもそもの周波数帯の供給を増やすことと、周波数帯の用途と利用資格規制を廃止することだ」。[48] 周波数コモンズ支持者、私有周波数帯支持者の両方が賛同している――グリッドロックを終わらせよ。このことについてローレンス・レッシグがうまくまとめている。

周波数帯を政府の支配から解放するのは、周波数帯利用におけるイノベーションの重要な第一歩だ。この点に関しては、周波数コモンズ推進者から、(トーマス・)ヘイズレットのように周波数帯市場の完全私有化を唱える者まで広く同意している。政府支配の周波数帯が果たした役割は、単に古参者に対し、新参者から簡単に身を守る機会を与えただけだということに、だれも異論はない。政治的に支配された機関にそのつど許可を求めなくてはならないのなら、イノベーションは遅々として進まない。解決策は少なくともこれらの管理者を排除して、許可申請の必要をなくすことだ。[49]

私たちは、不透明で制約が多く、価値の低い用途を定着させてしまうような、規制当局による場当たり的な割り当てを終わらせる必要がある。その後にくるのは何か? 周波数帯の所有権をめぐる争いは、バイオテクノロジーで見られたような、(科学における共有文化を支える)遺伝子コモンズ賛同者と(バイオテクノロジーへの投資を促進させる)基礎科学の私有化支持者との議論と同じ構造だ。どちらの経済領域においても、グリッドロックを終わらせるための戦いが、目先の熱い政治論争の渦のなかに埋もれてしまっている。[50] 全体として、人がどのように周波数帯にアクセスすべきかという問題について、私はいまだに不可知論的立場にある。私有領域のなかに公共の「公園」を設える必要があるだろうか? 答えは、たぶんイエスで、あらゆる立場にそれなりの居場所はあるだろうが、まずその前に、周波数帯における権利をわかりやすくて明確な所有権として一つにまとめる必要がある。そうでないとアンチコモンズの悲劇で周波数帯が無駄になり、はじめから行き詰まってしまうことになる。

アンチコモンズの周波数帯

私のあげた数字に対する反論は多いだろう。公共、私有、免許不要が織り交ざった周波数帯の割り当ては複雑だ。それでも、どう分類するにしろ、重要周波数帯の半分以上が、私ならアンチコモンズ用途と呼ぶものにライセンスされている。この周波数帯についてはいろんな話ができる。ここでは二つだけあげておこう。アナログテレビ[※1]の周波数帯域が、現代の泥棒男爵によって人質にされてきたことと、「無線ケーブルテレビと教育テレビ」の周波数帯域の所有がビッグインチ化していることだ。

アナログテレビ放送のアンチコモンズ

何十年にわたって、アナログテレビ放送の周波数帯域の不十分な使用が、電気通信市場でのグリッドロックの大きな原因となってきた。重要周波数帯域のうちの約四〇〇メガヘルツ、すなわち

※1　二〇一八年現在、アメリカのテレビ放送はすべてデジタル放送に移行しているが、ここではその移行期に生じたグリッドロックを取り上げている。

一チャンネル六メガヘルツで六七チャンネル分が、二一〇のテレビ市場それぞれの無線放送に割り当てられている。加えて、これらは各地で累計一万四〇〇〇チャンネル分になるが、そのチャンネルそれぞれは電波の干渉を避けるために、空の周波数帯域に挟まれている。占有されているチャンネルよりも、チャンネルとチャンネルのあいだの無駄な「余白」のほうが多い。ほとんどの地域でほとんどのチャンネルが使用されていない。アメリカ国内のテレビ局は約一七〇〇局しかなく、一つの市場での平均チャンネル数はたったの八チャンネルだ。[51]

アナログテレビ放送用に確保された四〇〇メガヘルツの帯域のほぼすべてが、アンチコモンズ用途によって無駄になっている。テレビ局が実際に放送に使っている帯域ですらそうなのだ。なぜそのようなことが言えるか？　無線テレビ放送は何か価値を提供していないのだろうか？　現実にはしていない。アメリカ国内の一億世帯以上がテレビを持っている。そのうちの九〇パーセントはケーブルや直接衛星放送を通じた多チャンネルテレビやビデオを有料で利用している。要するに、彼らはお金を支払って無料放送に依存しないようにしているのだ。それでも、まだローカルの無線放送を頼りにしている世帯が約一五〇〇万世帯ある。トーマス・ヘイズレットは、無線放送に依存している残りの家庭すべてに、ケーブルテレビか衛星放送を受信できるよう整備しても、かかる費用は五〇億ドルにもならないと指摘する。[52]もしも五〇億ドル以下でだれもがローカル番組を見られるなら、それがアナログテレビ放送に割り当てられた四〇〇メガヘルツの周波数帯から得られる社会的価値すべてということになる。

対照的に、私有化された周波数帯域一七〇メガヘルツ（アナログテレビ放送に充てられた分の半分にも満たない）の国富への貢献は一兆六〇〇〇億ドル以上にもなる。[53]つまりアナログ周波数帯を別の最適な方法で使用すれば、放送に使用したときの三〇〇倍もの価値を生むことができるということだ。この比率は、このアンチコモンズの悲劇における不十分な使用の規模を示すものだ。うまく機能している私有財の市場では、過少利用資源は一夜にして再配分されるだろう。ローカル局のコンテンツはケーブルや衛星経由で配信されることになる。アナログ放送ははるか昔に消えていただろう。この価値を生み出すはずの再配分を制限しているのは、アナログ周波数帯がソビエトによる小麦生産調整さながらに、強力に政府に支配されているという事実だ。

アナログ周波数帯はグリッドロックで身動きがとれなくなっていた。帯域をただで手に入れたテレビ放送局は、それを売却することは認められていない。こうして悪循環が始まった。放送局は割り当て周波数帯を人質にした。[54]アナログ周波数帯の返還をあの手この手で拒んだ。あるFCC委員はテレビ局を「周波数帯スクワッター（不法定住者）」と呼んでいる。上院議員ジョン・マケインはFCCを監督する上院商業委員会議長を務めていた際に、「デジタルテレビへの移行は（中略）アメリカの消費者にとって深い失望であり（中略）テレビ放送局による周波数帯域の強奪に他ならない」と述べている。[55]だが議会もまた責めを負わなくてはならない。議会はFCCによるアナログ停波の日付をどんどん先送りにした。議会は最後にやっと日付を決めた。こうして、ｓｓ地上波によるアナログ送信は、二〇〇九年二月で終わると決まった。※2 この行ったり来たりで、周波数帯の再配

※2　実際に終了したのは二〇〇九年六月一二日だった。

分による潜在的な消費者の厚生利得の何年分もが失われた。

アナログからデジタルへの切り替えを実施した、テレビと携帯電話をざっと比べてみよう。放送側では、テレビのデジタル化に何十年も待たされた。これに対し、携帯電話会社は、アナログからデジタルへ、トラブルもなしにすばやく転換した。利益を自分のものにできるから、携帯電話会社は量も質も値段も優れているデジタルサービスに投資した。二〇〇七年になると、デジタル式携帯電話の利用者は二億四〇〇〇万人、これに対してアナログサービスの利用を続けていたのは一〇〇万人だけだ[56]（図4-5）[57]。アナログからデジタルに切り替えるのに、携帯会社は周波数帯を公共から贈り物としてもらう必要はなかった。携帯電話とテレビの出来の差はどこからくるのか？　根底にある周波数帯の所有権が、私有かアンチコモンズかということだ――技術的な限界ではない。

このグリッドロックの物語には、もうひとつ不幸な章がある。一九九六年の電気通信法で、議会は放送局に対し、彼らが公共に返すはずのアナログ周波数帯四〇二メガヘルツのなかから、二九四メガヘルツ分をデジタルテレビ放送向けに与えてしまったのだ。アナログ周波数帯域を回収するのはよいアイデアだったが、地上波デジタル放送用の周波数帯域を無料で与えたのは失敗だった。

公平のために言っておくと、放送局側にも言い分はある。現在の所有者たちは、アナログ波のライセンス保有企業を買収するのにお金を支払っている――無料でライセンスがもらえたのは、最初のライセンス取得者だけだ。多くの人は、補償なしに「財産」を取り上げるのは公正でないと直感的に思っている（もとのライセンスは、それを私有財産と考えてはいけないと明言していたのだが）。それ

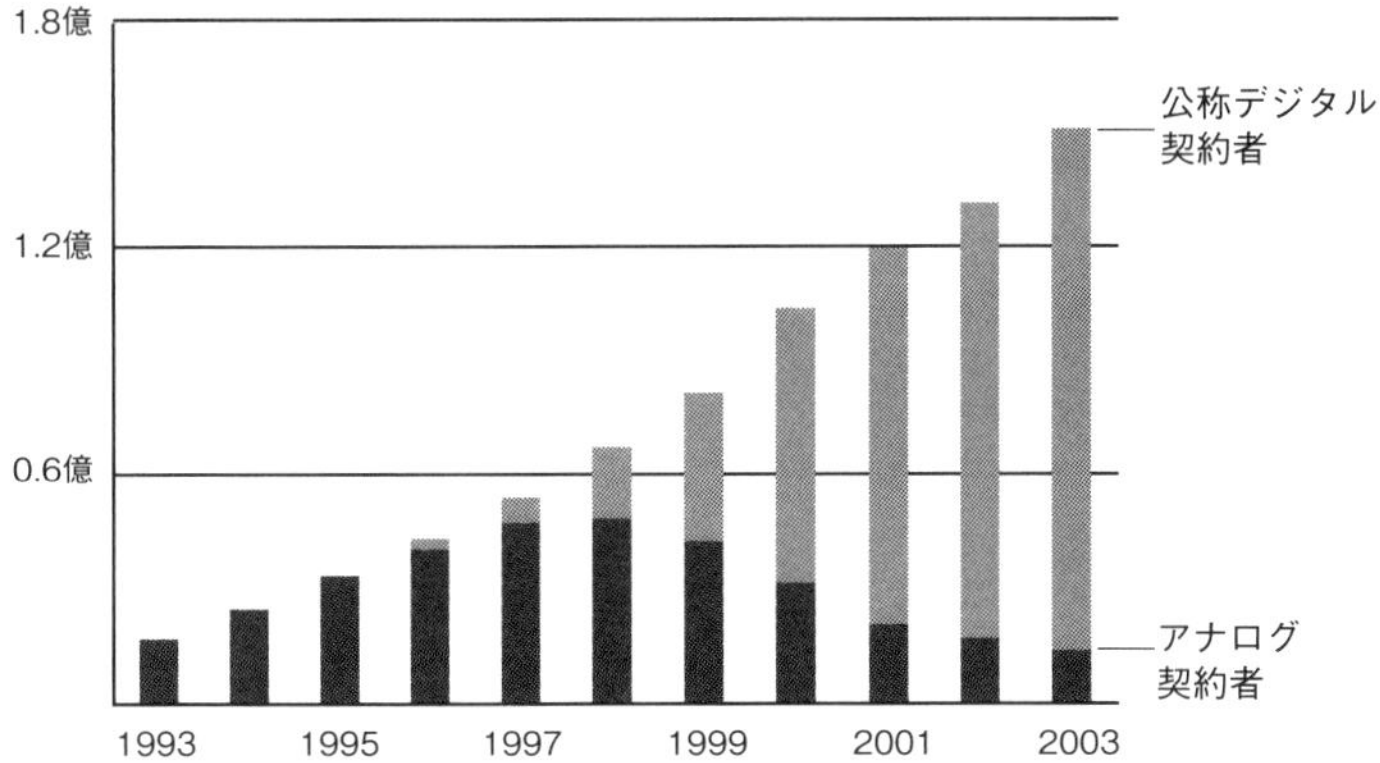

図4-5　携帯電話のアナログからデジタルへの迅速な移行

に、広告で支えられた無料の地上波通信手段があると、ケーブルや衛星放送のお金がない人々も含め、公共にとって便益があるかもしれない。

一方で、ケーブルと衛星は周波数帯域をまったく使うことなく、ほぼユニバーサルなデジタルサービスを提供している。アクセスと費用が心配だというなら、そこに比較的慎ましやかな政府補助金を出せば、本当にユニバーサルサービスになる。そして補償なしに政府が没収すると効率性が下がるという懸念は、テレビ放送局に関する限り、あまり説得力はない。何らかの補償が適切だとしても、それは地上波デジタル放送に限った周波数帯でなくてもいいはずだ。放送局が無線でのコンテンツ配信にこだわるならば、他にみんなと同じように周波数帯を買えばいい。デジタル放送周波数帯の隠れたコストはグリッドロックかもしれない――重要周波数が、きわめて制約の多い、比較的価値の低い用途にとらわれてしまい、それを他の用途になかなかまわせなくなるのだ。だから議論は結局のところ、地上波デジタル放送の公共的な価値が、その周波数帯の別の用途の価値を上まわると思うかどうか、ということになる。これまで見てきた厚生計算を考えると、私なら別の用途のほうに軍配を上げる。

ワイヤレス・ケーブルテレビと教育テレビのアンチコモンズ

利用が過少なアナログテレビの帯域は、アンチコモンズ周波数帯のごく一部にすぎない。ここで周波数帯域という富が浪費される可能性のあるもう一つの経路について言及しておこう。

免許不要の二・四ギガヘルツ帯域の上に、一九〇メガヘルツ分の周波数帯域が、当初「ワイヤレス・ケーブル」と地域の教育テレビ用にライセンスされていた。ワイヤレス・ケーブルテレビは流行り廃りはあったものの、結局運用にまでいたらなかった。地上線と衛星ケーブルテレビに押しつぶされてしまった。ローカル教育テレビ局はたいした価値を生み出すことがなかった。特にこの周波数帯域の持つ経済的潜在価値と比べればなおさらだ。最近まで、この帯域はほぼ完全に無駄にされていた。なぜそう言えるか? 二〇〇一年の売り上げデータ集合によると、そのライセンスは近接する私有化された周波数帯域内のPCSライセンスのおおむね三パーセントの価値しかない。これは一時的な不均衡ではない。[58] 二〇〇四年、ネクステル社がこれらのライセンスの一部を買ったが、業界のある幹部によると、ネクステル社が支払ったのは同程度のPCS周波数帯域にかかる「費用の二〇〇分の一」だという。「こんなに安かった理由の相当部分は、その周波数帯でサービスを提供できるようになるためのプロセスが、どれほどひどいものだったかという話と関係しています[59]」。

値段の低さの原因の一部は、物理法則のせいだ――二・五ギガヘルツでネットワークを構築するのは、比較的高価につく――そして一部はグリッドロックのせいもある。

これらのワイヤレス・ケーブルと教育テレビの帯域を使えば、無線通話、あるいは高速データネットワークも提供できる。一九九八年、FCCはこれら要望の高い「双方向」サービスが認められるようライセンスを改正した。不幸なことに、その他の部分は古い「一方向」放送モデルの規制を残してしまった。結果としてできたシステムはうまくいかない。双方向無線携帯電話を、単一方向の放送ルールの下でライセンスするのは、高くつくし複雑だ――「要するに、周波数帯域の再配分に大きな負担がつきまとうのです」[60]。旧来の規定ではまた、それぞれの古いテレビ・チャンネルの両側に、かなり広い空き周波数帯域をおく必要がある。混信を避けるためだが、そのチャンネルでの放送など存在しないし、今後も存在することはないのだ。最終的には、またもや実際には存在しない混信を避けるために、多くのチャンネルはマイクロ波利用者に割り当てられたチャンネルと「たがいちがいに」なっている。

こうした規則の相互作用で、個々の「ライセンス取有者たちは、隣接チャンネルのライセンス取有者から、どんなサービス案についても『拒否権』が発動されるため、ブロードバンドサービスを導入」できなくなっている[61]。周波数帯域を使用するには、ライセンス所有者は隣接周波数帯所有者と交渉して混信に関する取り決めを結び、規制当局であるFCCの承認も受けなければならない。帯域の共有交渉は、ライン川で泥棒男爵と取引するのに等しい。交渉はあまりに複雑で、そもそも交渉のテーブルに着こうとしないこともしばしばだ[62]。

二〇〇二年、ライセンス所有者たちは、時代遅れの用途を想定した規定によって生み出される無意味な非効率性を回避するために、FCCにこの帯域における権利を見直してくれと要請した。ライセンス所有者たちは、この周波数帯域をアンチコモンズから私有化へと移行させる方法に関して、基本的に帯域を「詰め直し」て、彼らが混信に関する規定を見極める際の裁量を持たせることで合意に達した。私がチェス盤の黒い部分を所有し、あなたは白い部分を所有していて、互いに何もできないなら、取引をして盤の上半分をあなたが取り、私が下半分を取れば、どちらも使いものになるだけの十分なスペースを持てるということだ。

この解決策はうなずけるものに思えるが、そこで出てくるのが周波数帯再配分の政治力学だ。[63] 教育用テレビ周波数帯にいる大学、高校、宗教団体などのライセンス所有者たちは、自分たちの周波数帯域補助金が続くようロビー活動をしている――彼らに直にお金を払って周波数を返させるほうがずっと安上がりだ。これらのライセンスのほとんどの利用を牛耳っているスプリント・ネクステル社とクリアワイヤ社は、この動きで出る大きな儲けの分け前にありつきたい。でも他の無線事業者は、競合が増えるのはいやだ。そしてアナログテレビ周波数帯の場合と同じく、公共も権利主張ができる。どこかで手打ちができる余地があるはずだ。現行の時代遅れの制度はだれにとってもつらい。この周波数帯域が、隣接する私有周波数帯に比べて九七パーセント割引で取引され続けているというのは、みんなが損をしているということだ。重要周波数帯域のうちの一九〇メガヘルツ(PCS全体の周波数帯域よりも多い)が、無意味な規制の迷宮で立ち往生していることで、どんな電気通信上のイノベーションが失われていることだろう?

目に見えない川

周波数帯域は現代経済のなかを目に見えない川のように流れて、経済を加速させたり減速させたりしている。共和党と民主党のどちらの政権もＦＣＣを締め上げて、携帯電話、テレビ、ブロードバンド、インターネット、そしてまだ生み出されていない産業におけるアメリカのグローバルな競争力を損なわせるような周波数政策を作り出してきた。議会は不十分な使用による見えにくいコストに気がつかず、アメリカ経済は通信コモンズへと追い込まれてしまった。結果としてアメリカの情報インフラは、無用に遅く、高価で、信頼性に欠け、時代遅れなのだ。

ワイヤレス特許のバトルロイヤル

釘がないので蹄鉄が失われ
蹄鉄がないので馬を失った
馬がないので騎手がいなくなった
騎手がいないので戦いで負けた
戦いで負けたので、戦争に負けた
戦争に負けたので王国がなくなった

どれも蹄鉄の釘がなかったばっかりに

中世の童謡より

ある一つの産業が、複数のグリッドロックに直面する場合がある。第2章で見たように、空の旅の黎明期には特許戦争が航空機産業を阻害する一方で、断片化した土地所有権が上空通過を妨げる恐れがあった。電気通信も同じだ。通信における上空通過妨害にあたるのが、使われない周波数帯域だ。ライト兄弟とカーチスの戦いにあたるのが、電話通信の最前線における特許戦争だ。

社運を懸ける

電気通信王国においては、ベライゾン社やAT&T社、スプリント社といった今日の偉大なる無線騎手たちは、何か消費者サービスを一つ提供するにも、何百という特許のライセンスを取得する必要がある。既存の市場においてさえ、たった一つのハイテク蹄鉄釘を見落とすと、ネットワークすべてが脅かされかねない。もっと悪いことに、特許を見落とすかもという恐れが、投資を抑制してしまう。新技術が何か他の特許を侵害していないかは、必ずしも明白ではない。無線設備業者とサービス提供業者は常に原告、被告としてあるいは利害関係のある第三者として幾多の訴訟に関わっている。

その多くは社運を懸けた戦いとなる。私たちはつかの間、ブラックベリー（モバイル・メール端末の商品名）の特許侵害で、そのサービスが使えなくなるのではと心配した。結局ブラックベリーの製造元であるリサーチ・イン・モーション社（現ブラックベリー・リミテッド社）は特許トロールのＮＴＰ社に、問題の特許（これは結局無効だとされるかもしれないのだが）についてライセンス料として六億ドル以上も支払って、この問題を解決した。[64]同じような特許の戦いによってヴァーニッジ社のインターネット電話事業は頓挫寸前となった。

韓国と日本でもおそらく先端技術企業は、アメリカと同じくらいまちがえるはずだが、彼らはネットワークのスピードと容量を高める方向に、規制や競争をうまく専念させてきた。それに対してアメリカでは、企業は競合他社の足を引っ張ることを目指すことが多い。市場でシェアを勝ち取るには、イノベーションと投資よりもロビー活動と訴訟のほうが有益かもしれない。私がロシアで世界銀行の仕事をしていたとき、市場創出の困難にまつわる、ジョークをよく聞いた。

精霊がロシア人起業家に一つだけ願いを叶えてやると言った。どんな願いでもかまわない。大きな微笑み。そして精霊は一つだけ条件をつけた。「何を望んでも、あなたの隣人にはあなたの二倍を与えよう」。しかめ面。起業家は考えに考えた。そのうち、微笑みが戻った。「では私の片目を見えなくしてください」

企業は、もしも規制当局や裁判所が競合相手の両目をつぶしてくれるなら、自分の片目が見えなくなってもいいと考える。グリッドロックは既存企業にとっては有利かもしれないが、消費者にとってはコストが大きい。

社運を懸ける話としては、ブラックベリーやヴァーニッジ社の物語ほど有名ではないが、桁違いに大きなものがある。二〇〇三年、ベライゾン・ワイヤレス社の最高技術責任者リチャード・リンチは同社が3G技術に移行するのを推進した。これは何十億ドルもの投資が必要だ。[65] サムスン社などサードパーティーの供給業者は、それを上まわる金額を、先進携帯端末など3G対応製品の開発につぎこんだ。それを受けてクアルコム社などの企業が何百という特許化された技術を集め、3Gネットワーク向け端末の制御用マイクロチップを開発した。[66]

競合他社にとって、これで儲けたり追いついたりする最も手っ取り早い方法は、3Gネットワークを妨害することだ。ベライゾン社の場合はクアルコム社のチップが弱点だった。チップメーカーのブロードコム社が（バッテリー電力を管理する）いくつかのマイナーな特許を買い取り、特許侵害を主張してクアルコム社を訴えた。ブロードコム社が勝てば、クアルコム社によるチップの販売を差し止めることができ、すると携帯端末市場が停止し、次にベライゾン社の3Gネットワークも停止してしまう。すべては、ネットワークに対する投資に比べたらほんの些細な価値しかない特許のせいで。

それぞれの訴訟は厳しい戦いで、通常は消費者の目には触れない。ブロードコム社が特許訴訟の道を進み始めた後で、最高裁は解決策として差し止め命令を出しにくくするような判例を出した。アンソニー・ケネディ判事は、裁判所の判断に賛同して次のように述べている。「特許化された発明が、企業が生産しようとしている製品のほんの小さな要素でしかなく、差し止め命令の脅しが単に、交渉における不適切な材料としてのみ利用されている場合には、法律上の損害賠償（つまり、金による解決）によって侵害行為を償うだけで十分だろうし、差し止め命令は公益にそぐわないと思われる[67]」

これでブロードコム社は手口を切り替えた。彼らは通常の裁判所には見切りをつけて、連邦政府の「国際貿易委員会（ＩＴＣ）」の裁判というあまり知られていない場に戦いを移した。ＩＴＣの行政法司法官はブロードコム社の特許が一部侵害されていると決定し、クアルコム社のチップとそれを使った携帯端末は、アメリカ輸入から排除する命令を出した。[68]控訴法廷は一時的にＩＴＣの命令の一部を留保したが、ブロードコム社の手口の有効性は示された。ＩＴＣによる排除は、差し止め命令に負けないくらい競合他社を屈服させた。特にこの場合、チップや携帯端末はすべて外国で作られていたからだ。ブロードコム社は通信のグリッドロックへの新しい道を開いた。

なぜＩＴＣがアメリカのイノベーション政策の重要な部分に対して司法権を行使して、最高裁による差し止め命令の制限を回避できたりするのだろう？　ある評論家が言うように、ＩＴＣはブロードコム社に「国際貿易法の保護主義的な迷宮に競争相手を巻き込む口実として知的財産権争いを利用すること」を許した。[69]『ウォール・ストリート・ジャーナル』紙は次のように言っている。「いまやＩＴＣは、（最高裁の差し止め命令制限を）免れることのできる特許裁判の選択肢となった。（中略）ＩＴＣの職員はこれで自分たちの縄張りが広がって喜んでいるとしか思えない。官僚天国に生まれ変わったとでも言わんばかりだ[70]」

リンチによれば、ＩＴＣの排除命令は「ベライゾン・ワイヤレス社の先進ブロードバンドサービス展開能力に深刻な打撃を与えた」という。[71]排除命令が発効したことで、リンチは次のように述べている。

ベライゾン・ワイヤレス社が現在取得を計画しているような、広い帯域の周波数を追加で獲得するのは、無用に投機的でリスクが高い。それらの周波数帯は何十億ドルもしかねないからだ。だがその周波数帯域を追加で獲得できなければ、それと関連しているベライゾン・ワイヤレス社のネットワーク改善能力と（中略）未来の成長はかなり制限されることになる。

ベライゾン・ワイヤレス社は現在の技術開発の道筋を大幅に改訂——縮小修正することを強いられる。ブロードコム社が勝てばベライゾン・ワイヤレス社の技術革新能力を長きにわたって損なうことになるだろう。新しいネットワーク技術の開発に必要なリードタイムはおおむね二、三年かそこらだが、（この訴訟の）影響は今後三年をはるかに超えるものになりかねない。（中略）

要するに、ベライゾン・ワイヤレス社のすべての技術ロードマップ、設備投資計画、事業計画は、契約者に（クアルコム社のチップを内蔵した携帯端末が）使えるようにできるかどうかにかかっているのだ。（クアルコム社が裁判に負けることによって）生じる崩壊、混乱、失われる収益は莫大で、何百億ドルもの収益と株主利益を失うことになる。[72]

この脅威に直面したベライゾン・ワイヤレス社はブロードコム社と取引した。このワイヤレス通信事業者は、ＩＴＣによる排除命令の撤回を求めて争わないこと、争点となっている特許のライセンス料としてブロードコム社に最大二億ドルを支払うことで同意した。[73] リンチによると、「これは我々のビジネスからリスクを取り除くための方策である。顧客と自分の事業のために、解決しなければならなかった」のだ。[74]スプリント社のような他のワイヤレス通信事業者も同じような計算に直面し、同様の取引で手を打ったかもしれない。クアルコム社だけは、ＩＴＣの最初の判決と排除命令を撤回させようと努力し続けている。

グリッドロック税

どちらが優れた特許法上の主張や通商法上の主張をしているのか、だれにわかるものか。私には特にこれという立場はない。ただ、グリッドロック経済のコストを避けたいとは思っている。訴訟一つではアンチコモンズにならないことに留意して欲しい。すべての訴訟と訴訟を起こすという脅迫の総和が、イノベーションを萎縮させてしまうのだ。バイオテクノロジー産業と同様に、通信産業も根本となる知的財産制度に依存している。潜在的なイノベーターは、ライセンスの必要な数多くの特許のうち、何か一つでも些細な特許を見落としていないか心配しなければならない。また医薬開発と同様に通信にまつわるすべてに、致命傷となりうる未解決の訴訟や訴訟を起こすという脅しがついてまわる。

ブロードコム社とクアルコム社はたくさんの訴訟をお互いに起こして係争中だ。クアルコム社はブロードコム社のものと似たような訴訟で、ノキアと互いに特許侵害を主張して訴え合っている。[75]これらの訴訟が解決しても、またすぐに同じくらいの訴訟がもち上がり、さらに多くの訴訟ももち上がることだろう。万人が万人を、サプライチェーンの上から下まで訴え合い、産業をまたいで訴え合う。最高裁がグリッドロックの脅威を抑制しようとしても、ＩＴＣのような好戦的な裁定機関が現れてイノベーションを差し止める。

規制同様、訴訟の不確実性は高い税金のようなものだ。リスクが増えるにつれみんなが投資に関してもっと慎重になる。訴訟という不確定要素は医薬研究の場合と同様に、通信に関する実現性の薄い試みに大きいな打撃を与える。長いあいだ、イノベーションの最先端だったアメリカは、二〇〇六年には一人あたりのブロードバンド普及率の順位が先進工業国中一五位にまで低下した。またアメリカはブロードバンド・ネットワークのスピードにおいても世界のエリート集団から抜け落ちている。[76]

いわゆる４Ｇ技術はすでにアジアでは進行過程にあるが、アメリカではまだ実現には程遠い。※3 特許は技術革新を促進するが、また同時に技術大国を失墜に導く蹄鉄の釘になりかねない。

アンバンドリングと規制アンチコモンズ

周波数帯の断片化した所有権と、電気通信特許の藪は、アンチコモンズの悲劇としては昔ながらの高価なものだ。ここで手早く、規制によるアンチコモンズを見よう。これは地上線による電話ネットワークのアンバンドリングという複雑な実験の話となる。

一九九六年、議会は電気通信法で市内電話の競争を推進しようとして、地域の独占ベル会社にネットワークの開放を強制した。[77] ＦＣＣは、古い独占企業が自社の統合設備やサービスを解体して

「個別ネットワーク構成要素（UNE）」にして、それを新しい競合他社に提供しなさい、と要求した。新規参入企業は必要な要素を組み立て、それを独自の投資で補い、新しいサービスを提供する、というのが発想だ。ネットワークの断片を開放すれば、新企業、新規投資、新規設備、競争的な市内電話市場につながるはずだった。

少なくともそう期待された。日本などの国では、アンバンドリングは成功したように見えた。だがアメリカでは、ほとんどの人にとって競争は起こっていない（ただしビジネス顧客の選択肢は増えたが）。その理由はややこしい。一部は政治的な約束がどんどん変わったという話で、そのために議会や行政府やFCC、法廷を前にしたとき、守旧派たちが再び新規参入組より優勢になったのだった。例えば連邦控訴裁判所は、守旧派と一緒になって、「要素のアンバンドリングはそれぞれ独自のコストを伴い、イノベーションへの投資に対するためらいを広げ、共有設備を管理するという複雑な問題を作り出す」と述べた[78]。

話の別の一部は、規制によるグリッドロックだ。この取引は強制されたものなので、断片化したネットワークの価格は市場決定にはまかせられない。そのかわりに議会は、手の込んだ政府管理による価格設定案を作り出すようFCCに義務づけた。重複する連邦、州、地方の規制当局までが、価格や用途、「相互接続協定」など無数の運用上の細部を承認する責任を負った。経済学者二二人がアメリカ大統領宛の手紙に署名し、「現在のレジームは州の規制当局が決定的なルールを定める

※3　二〇一八年現在では、アメリカでも4Gは実現しているが、通信速度が遅いことでも有名。

ことを許しています。つまり従うべき電気通信政策は、一つではなく、五〇もの違った、しばしば一貫性のないものとなってしまうということです。問題は、こうした不確実性が投資を控えさせてしまうということです」と述べた[79]。

規制当局は、ライン川沿いの料金所のようになってしまう。製品開発のためには、それぞれの男爵の承認が必要だ。だが競合他社もすべてそれぞれ自分の利益を狙っている。規制のアンチコモンズは、新規参入者と守旧派の両方を、ロビイングと訴訟の無限スパイラルにひきずりこんでしまい、もっとよい製品やサービスをめぐる競争に向かわせることはないのだ。

グリッドロック仮説再訪

電気通信は、その経済部門が所有権の動向に敏感なため、グリッドロックを見つけやすい。電気通信には、光ファイバーケーブルの配線や人工衛星の打ち上げといった大きな固定資本の先行投資が必要なことが多く、それらに続いてそのネットワークを拡張し新たな使用者を加えるために、比較的安価な周辺投資が行われる。そういう意味では電気通信は、安全で効果的な医薬を発見し、それを市場に出すために大規模な初期投資を行って、その後とるに足りないような周辺的コストをかけて錠剤を作る製薬産業に似ている。

そのような高額の固定コストと低額の周辺的コストによって成り立つ産業においては、投資や技術革新へのインセンティブは一番最初の仕様と所有権の確保に大きく左右される。気まぐれな金融市場はそれにさらに拍車をかける。資本投資を支援する長期貸付がなければ、電気通信のイノベーションなどほとんど期待できない。銀行は将来たっぷりと利息をつけて返済されると確信できなければ、次世代ネットワーク開発に何十億ドルも貸してはくれない（例えとして、もしも長期住宅ローンがなければ、自分がいくらの家を買えるか考えてみればよい）。

電気通信がいかに不十分になるかを見るにつけ、私は自分の当初のグリッドロック仮説をもっと改良したくなる。いかなる経済の最先端領域においても、グリッドロックに陥ったり、そこから抜け出したりする道筋は複数存在するものだ。生死に関わる薬が多数のビッグインチと幻の料金所による悲劇のため、世に出られない。同様に、一世紀ほど前の航空機産業は、相互に工作する過少利用の悲劇に陥っていた。特許戦争が航空機製造を阻み、不法侵入防止法が領空侵犯をやめろと脅す。今日の空の旅は新空港の建設、既存設備の拡張、そして航路の合理化におけるグリッドロックによって制限されている。どうせボーイング社とエアバス社は、特許による妨害のおかげで新しいエネルギー効率や安全高度化などの技術を飛行機に採用できずにいるはずだ。グリッドロックへの複数の道筋の存在はごく当たり前のことである。残念ながら、ハイテクの最前線には電気通信のグリッドロックに似通った物語が多数存在する。

・半導体産業の企業は、「マイクロプロセッサの設計時に意図せずして特許を侵害して、何十億ドルもの損害賠償を抱えたり、そして／あるいは差し止め命令によって生産中止を強いられることは簡単に起こりうると知っている」[80]

・ソフトウェア産業においては、「ソフトのプログラムを構成する多くの特許化された技術のうちの一つでも所有していれば、革新的な新しいソフトの生産を中止に追い込める」[81]
・ナノテクノロジーの最先端では、「量子ドット」「カーボン・ナノチューブ」にはすでに特許の藪が存在し、事情通のあいだでは「ナノワイヤー」のグリッドロックについても心配され始めている[82]。

これらの領域における影響は現実問題として、バイオテクノロジーや電気通信と同様に、投資が安全なところにばかり集中するという形で現れている。イノベーションへの情熱は鈍化する。その結果は？　新しい技術はアメリカの外で出現し、国際基準から見て時代遅れとなった後になってやっと国内に入ってくる。

＊

あなたの携帯電話は通話が途切れがちで、音質も悪く、海外旅行で目にした様々な便利なサービスを提供できない。その理由はもうおわかりだろう。善意の政策がグリッドロックにつながったのだ。ＦＣＣが槍玉にあげられているが、すべての非がＦＣＣにあるわけではない。その専門スタッフはとても有能だ。しかし規制当局は懐柔されるし、全国の通信政策を監督しているはずの政治家たちには、選挙活動への献金が降り注ぐ。

放送局がＦＣＣをありがたがるのは、ＦＣＣが価値ある周波数帯への保護アクセスを与えてくれるからだ。大手電気通信企業は、混乱をもたらすような新技術をＦＣＣなら締め出せるから、その存在を許している。戦略的な訴訟でさらにグリッドロックが強化される。特許の藪は反競争の強力な手段となりうる。たとえ裁判所が特許法の暴走を抑えても、企業はまた別の方法を見つけるだけだろう。ブロードコム社がＩＴＣを見つけたように。電気通信業界における競合他社は、今日のアメリカで最も収益が上がる方法は、たいていの場合イノベーションを進めることではなく、他社が投資するのをやめさせることだと知っている。

アメリカのブロードバンド普及率が世界のトップテンから落ちても、まだそれに気づく人は少なかった。そしてついに一五位以内からも脱落した。いずれ人々は「いったい何が起こっているんだ？」と疑問を抱き始めるかもしれない。その答えは電気通信政策によって、不十分な使用によるグリッドロックとインフラのグリッドロックを伴った特許の藪とが折り重なったということだ。電気通信の悲劇は目に見えないかもしれないが、それは失われた富や市場、起業の機会に形を変えているのだ。

第5章
ブロックパーティー、シェアチョッパー、バナリパブリック

この土地を掴め！　しっかり持って、離すなよ、兄弟、さあやんな、兄弟、揺すって、絞って、ひっくり返して、捻って、打って、蹴飛ばして、鞭打って、踏みつけて、掘り返して、耕して、種をまき、刈り取って、貸して、買って、売って、自分のものにして、建てて、増やして、次に伝えて――聞いてるか？　次に伝えるんだ！

トニ・モリソン『ソロモンの歌』

それでは、一番ローテクな資源、土地の話に移ろう。遺伝子断片や周波数帯の配分とは違い、土地は具体的でなじみやすい。私たちはみな土地を所有、売買、開発し、そしてそこに住むということがどういうことか知っている。まさか、グリッドロックが土地の価値を損なうことはないはずだ。しかし現実にはそれが起こる。私がこれまで明らかにしてきたアンチコモンズの悲劇のなかでも最もコストが大きいもののいくつか――それもだれもが見える形なのに気がつかれていないもの――は、土地と関係している。

土地についてのグリッドロックを象徴する、「ブロックパーティー」「シェアチョッパー」「バナナリパブリック」と名づけたい三つの物語についてこれから語っていこうと思う。バイオテクノロジーや電気通信のときと同様に、アンチコモンズの悲劇が直接影響を及ぼす過程に注意を喚起したいのだ。資源が無形か、堅固なものかは問題ではない。

不動産グリッドロックへの窓口

一九九〇年代末、ニューヨーク・タイムズ社は新本社屋を建てようとした際に、ニューヨーク市当局にタイムズスクエアの用地を没収させた[1]。市は即座に一四人の土地所有者と五五の企業を「土地収用権」と呼ばれるものを行使して強制退去させた。土地収用権とは、行政が資産を接収して、公共利用のために取得し、私有者に公正な補償金を支払うプロセスのことだ。これは地上げには手っ取り早い手段だが、土地を接収された者にとっては著しく不公平な制度だ——「公正な補償」は、これから見ていくように、必ずしも常に公正とはいかない。残念ながら、もっと公正な手段である公開市場で土地を買収するというやりかたは、コストが高くつくうえ成功しないことも多い。アメリカは必要な経済開発のために土地をまとめる、有効で手早い方法を持たないのだ。

タイムズ社の土地収用が報道されると、多くの人がそれを強大企業による弱い者いじめの一例だと考えた。私はそれがビッグインチ・ジレンマの見本だと思った。そこにあったのはタイムズスクエアのいかがわしい一街区で、駐車場、のぞき部屋、みやげ物屋といった価値の低い多くの区画で構成されていた。無価値とは言わないが、世界でも有数の高価な不動産としては、すさまじい過少利用だ。タイムズ社は隠れた価値を解放する洒落た新しい摩天楼を建てて、断片化したものを一つにまとめることを目論んだ。タイムズ社が弱小所有者をいじめて、区画を地上げするやりかたは利己的かつ不公平ではあったが、生まれたはずの新しい価値は本物だ。タイムズスクエアに立ってみれば、ちょっと頭を働かせるだけで、ビッグインチによる土地の断片化、すなわちブロックパーティー問題が全国的に一般化していることに気づく。

私が土地に関するグリッドロックの二つ目の形態を認識したのは、共同所有と分配法について教えていたロースクールの授業における、ある学生の発言のおかげだ。その学生はグリッドロックによって自分の一族が農場を失うことになった話をしてくれた。土地が世代を経て相続されていくうちに、所有権はかなり断片化されることになる。一度多くの所有者が生まれてしまうと、協調できなくなって、農場は売られることになる。ビッグインチのイメージを使えばその学生のジレンマを明らかにできる。所有権が小規模（例えば分割所有形式の共同所有権）に断片化され、通常の利用は大規模（例えば農場）にされている場合、シェアチョッパーのジレンマに悩まされることになる。[2]

後に私は、アメリカ先住民の家族がこのジレンマに直面しているのを見たし、アイルランド系アメリカ人の家族の歴史の奥底に同じような物語が存在することを知った。多くのアメリカ先住民所有地は、政府が一世紀ほど前に部族居留地を分割した際の方法が原因で休眠状態にある。最近の最高裁の判決で指摘されたことだが、ノースダコタ州とサウスダコタ州のシセトン＝ウォーペトン湖横断居留地では、「一区画（四〇エーカー、約二〇ヘクタール）に平均一九六人の所有者がいて、一人の所有者は平均して一四の区画に土地を持っている」という。[3]たいていの場合、断片化された土地は売ったり抵当に入れたり、何か生産的な用途に利用したりできない。悪法により土地にグリッドロックが作り出されると、人々は文化的、社会的、そして経済的にひどい痛手を受けることになる。

ブロックパーティーとシェアチョッパーは、アンチコモンズの中核的な例だ。多数の所有者が、それぞれ互いを資源の最も有益な使用から排除してしまうのだ。グリッドロック化した土地の第三の形態は、不動産開発事業において生じるもので、アンチコモンズの概念を規制領域にまで拡張するものだ。資産法を教えている関係から、私は不動産デベロッパーと話す機会が多い。彼らに尋ねてみたのだが、最初にアイディアが生まれてから、実際に開発に着工するまでのあいだにいくつの監督機関が介在するのか？　多くのデベロッパーが一連の果てしない監督機関による認可を待っているあいだに倒産している。そのような障害が積み重なって、結果としてできた法的環境だと、彼らは「だれか他の人のそばには絶対に何も建てるな（Build Absolutely Nothing Anywhere Near Anyone）」と不満を漏らしている。　略してBANANA、バナナリパブリックである。[4]

アメリカ全域で、バナナリパブリックによって家の購入コストや事業コストが徐々に上昇してきた。コストが最も高い都市部では、「手頃な住宅」が建てられるかと悩んでいるが、本当に問題なのはあまりに多くの一貫性のないだめな規制によって全般的に価格がつり上げられていることだ。列を成す監督機関がライン川の泥棒男爵もどきになると、それはバナナリパブリックだ。バナナリパブリックは断片化した所有権そのものとは無関係だ。むしろそれらは断片化しグリッドロック化していく政策決定の好例だ。　料理人が多すぎると、スープはだめになってしまうのだ。ブロックパーティー、シェアチョッパー、そしてバナナリパブリックは経済上の無益な足かせで、多くの家族にとって悲劇の主な原因となっている。しかしよい報せもある。もしもグリッドロックにはまりこんだ土地を開放できれば、価値を再び流動させられる。

ブロックパーティー

不動産グリッドロックにおける経済、政治、道徳的な利害関係をより細かく検証しよう。まずはブロックパーティーからだ[5]。一九九〇年代末、ニューヨーク・タイムズ社はニューヨーク市当局に対し、八番街の四〇丁目から四一丁目のあいだの土地は、新しい本社屋にもってこいの場所だと申し出た――そしてもしもそこへの移転がかなわないならば、七五〇〇人の従業員をニュージャージーに移すかもしれないと脅した（そんなことができるわけないのに！）ジュリアーニ市長とパタキ州知事はその土地を市が所有しているわけではないにもかかわらず、すぐに土地を明け渡すことで同意した。それで市当局は不動産を取り上げるために土地収用権を行使した。テレビ番組『60ミニッツ』が調査に乗り出したときには、タイムズ社の重役はカメラを避けてコメントを拒否した[6]。

ニューヨーク市当局は用地をタイムズ社（そしてジュリアーニの主要な資金調達者であるデベロッパー、ブルース・ラトナー社）に「適正な市場価格」である八五〇〇万ドルで譲った。その金額は、その用地に含まれる区画と賃貸契約の価格を個別に見積もったものを足して算出されたものだ。しかし、地上げされた用地の本当の市場価格は、いくつかの標準的な査定方法によれば、最大でその三倍の二億五〇〇〇万ドルになる[7]。このタイムズスクエア一街区の一部について、この一億六五〇〇万ドルの差額が、グリッドロック化された土地によって凍結されている価値の規模を示している。

土地収用は価値を解放する一つの方法だ。でも粗雑な解決法だ。用地内の、管理のいきとどいた一六階建てのビルの所有者であるシドニー・オーバックやその隣人たちに、なぜ彼らの土地が「公

図5-1　タイムズスクエア用地（左）とニューヨーク・タイムズ社に奪われた自分の16階建てビル内のシドニー・オーバック（右）

益」のために気まぐれに犠牲にされなければならないのか説明してくれる者はいなかった（図5－1）[8]。オーバックは売却の意志はあったのに、タイムズ社は彼と交渉しなかった。行政にどこでも望む土地を接収させることができるのに、自発的な市場取引なんかすることもあるまい。加えて、タイムズ社はオーバックのビルの長期賃貸契約を破棄するよう求めた。テナントの一人スコット・コーエンは一九五八年以来このビルで家業である名の通った「B&Jファブリック」を経営していた。コーエンは言う、「こんなことがこの国でまかり通るとは思わなかった。一生懸命働いて何かを築き上げたと思ったら、もっと大きなやつがやってきてそれを奪ってしまうなんて」[9]。アメリカの法では、接収のテナントに対する補償金はたいてい雀の涙だ。

　ストラットフォード・ウォーレス一家も用

地内の別のビルを一世紀以上所有してきた。市当局はウォーレスのビルが「荒廃している」ことを根拠に収用を正当化したが、それは私の見たところ、内実を伴わない法的ごまかしにすぎない。ウォーレスは『60ミニッツ』に次のように語っている。「私は彼らに異議を申し立てた。これは荒廃物件なんかじゃない」[10]。だが荒廃指定に異議を申し立てても勝ち目はない、と私は法学生に教えている。この件だと「荒廃」指定はタイムズ社が市当局と取引を成立させた後に出されているのだ。

市はそれまでの居住者による法的異議申し立てをゆっくりとひとつひとつ解決していった[11]。そのあいだにタイムズ社の新社屋が建った。いまやタイムズ社の本社ビルは見事な建築だ。社員は使い勝手のよいすてきな仕事場を得た。最大一億六五〇〇億ドルの不動産価値がまるで魔法を使ったかのようにして生み出され、帳簿外で、気前よく市からタイムズ社とラトナー社に譲渡された[12]。

一方向のラチェット

土地は元通りにまとめるのは大変だが、ばらばらにするのは簡単だ。土地取引は一方にしか進まないラチェット（爪車）のようなものだ。土地の断片化はどんどん進み、時代は変わり、所有権の規模がもはや利用に最適な規模に見合わなくなってくる。衰退中の一般的な住宅コミュニティを考えよう。市は、必要不可欠な経済再開発用地としてそこに目をつける。民間デベロッパーはショッピングモールや自動車工場（あるいはタイムズ社屋）の建設に意欲的だ。ただしこれらの経済成長の動力は性急なタイムテーブルにのって稼働する。彼らはすぐにでもまとまった建築可能な土地を必要としている。私が仮定する（ごく普通の）近隣環境は、一区画が小さく、建物はおんぼろ、あるいは土地開発用語では「荒廃」状態だ。投資家がこういった土地を地上げするにはどうしたらいいだろう?

元祖クエーカー・オーツのビッグインチの際にとった解決法のように、税の不払いを理由に土地をまとめることはできない。一般的に言って、人々は価値の高いまとまった用地の税ぐらいは払う。ブロンクス、あるいはミシガン州フリント市の一部では、大規模な税滞納差し押さえを行った結果、市の所有地のなかに荒廃した私有地が碁盤の目のように点在している。都市開発的には最悪の結果だ。たとえ区画がまとまっていても、税金未納による接収地が大半を占める荒廃した地域は、ショッピングモールやスタジアム、工場、あるいは住宅分譲地としては魅力を持たないことが多い。市は大きな価値ある区画が差し押さえられるのをただ待っているわけにはいかない。

断片化の禁止はどうだろう? 全面的な再分割禁止はあまり筋が通らない。通常、所有者による土地分割の決定は、少なくとも短期的には価値を生み出す。これが市場における個々の意思決定の特質だ。ただし、再分割の規制なら、筋が通ることもある。市は断片化や開発によって市民が蒙る追加コスト、例えば警察、学校、インフラ、道路、公共施設の追加、環境悪化などのコスト用に「強制徴収税」制度を作って、デベロッパーに負担させている。ただ多くの都市で強制徴収税は増額されてきた。政治家にしてみれば、再分割によって生まれたコストをはるかに上まわる利権を要求して何がいけないのか? 新築住居の値上がりの負担は、まだその地域で選挙権を持たない新参者にのしかかる。恩恵に浴するのは既存の自宅所有者と有権者だ。再分割などの土地利用に対する規制が重荷になってくると、結果として再分割は減少し、それは逆に手頃な価格で買える住居が減るということだ。私たちは既存の住戸における過密状態と不法な再分割を、低価格住宅制度の危機だと誤解しがちだが、こうした社会病理は単に規制のいきすぎによる派生物にすぎない。

全米で五〇万人以上の人々（そのほとんどがテキサス、ニューメキシコ、アリゾナ、カリフォルニア州の住民）が違法に再分割された「コロニア」に居住していることを知って驚くかもしれない。[13]生活水準も低く、掘っ立て小屋が立ち並ぶそういった地区は、ラテンアメリカのいたるところで見られる光景とよく似ている。ベネズエラ、ホンジュラスなどの国で働いていたときに目にしたことだが、多くの貧しい居住者たちはがんばって法を遵守しようとするのに、再分割規定やその他の都市規制のためにとても守りきれない。[14]再分割はもっと簡易で手頃であるべきで、面倒だったりコストが大きくてはいけない。断片化の解決策は、再分割を面倒にすることではない。

価値の低下した不動産を再開発したいと考えている投資家にとって、どんな手が残されているだろうか？　どうやって土地をまとめ、ブロックパーティーを克服すべきだろうか？　これから論じるように、最善の方法は、いつでも好きなときに利用できる、簡単な地上げ手段を提供することだ。多くの国でこの手段が各種提供されている。これに対し、アメリカでは大きな用地をまとめる手段は伝統的にたった二つしかない。民間の自由意志による契約と土地収用だ。どちらもうまく機能しているとは言いがたい。

自由意志による地上げ vs 土地収用

自由意志による市場では、デベロッパーは架空の購入者や「サクラ」の企業をでっちあげて、何年も、ときには何十年もかけてこっそりと土地を買い集める。[15]なぜこっそりと？　地上げが行われていることを土地所有者が知ると、たいていの場合交渉が決裂するからだ。それぞれの所有者（バイオテクノロジーにおける特許所有者によく似ているが）は、たとえたった一つしか余りがない場合でも地上げによるすべての利益を独占しようとするかもしれない。近隣住民のうちのほんの数人があまりに高い買取額を要求したり売却を拒否するだけで、結果はブロックパーティーになってしまう。低価値、あるいは中程度の価値しかない区画の土地を所有する少数が、その他多数が土地を売って高価値のまとまった土地の実現を阻害するのだ。

図5-2　中国の不動産における孤独な抵抗

自由意志による合意は不可能ではないが、めったにうまくいくことはなく、それはアメリカだけでなく世界中どこでも同じだ[16]（図5－2）。[17]タイムズスクエアの例では、一四人の土地所有者のうちの数人は、何十年にもわたって区画をまとめようと努めてきた。しかし他の者がゴネた。そして地上げ業者も互いにゴネ合った。ブロックパーティーとは少数派による暴政の一種だ。ゴネるかどうかを決める際に、それぞれの区画の所有者はその決定が他者や社会全体に強いるコストを考慮する必要などない。

自由意志による地上げは少数派（反対者たち）による暴政が原因で失敗に終わりかねない一方で、土地収用は多数派の暴政による成功の危険を抱えている。タイムズ社のために市が行った接収はそうとしか思えない。デベロッパーはいまや自分たちのために不動産を接収してくれるよう政治家を口説き落とすことに専念している。例えば、タイムズスクエアの件でタイムズ社と組んだブルース・ラトナー社は、ブルックリンのダウンタウンのど真ん中、アトランティック・ヤードの七三区画、八・九ヘクタールの土地をまとめた。用地を集めるにあたり、ニューヨーク市が地域を「荒廃」と指定し、抵抗する土地所有者から土地を接収した。そのなかには通常住宅一戸が一〇〇万ドル以上で取引されるような古くて美しい区画も含まれていた。[18]ラトナー社はこういった家々を取り壊して、一六棟の高層ビル、六〇〇〇戸の共同住宅、一万人収用のブルックリン・ネッツ（NBAのバスケチーム）の専用アリーナ、その他諸々を含む総事業費四二億ドルにも及ぶ巨大プロジェクトを立ち上げた。[19]

私が教鞭をとるコロンビア大学はラトナー社やタイムズ社と同じ状況に置かれている。学生一人あたりの敷地面積が狭い。おそらく悲劇とまではいかないが、学校は新たな教室、科学研究専用棟、寮などを必要としている。どこにそれを作ればよいか？　何年にもわたって、学校は密かにマンハッタンヴィル（「ウェスト・ハーレム」とも呼ばれている）の現在のキャンパスよりも数ブロック北で土地を買い集めていた。でもコロンビア大学の場合は、不思議な駐車場のビッグインチ（あるいは後に述べるアメリカ先住民の土地）と同様に「市松模様」状態に終わった。自由意志による取引ではそれが限界だった。そこで大学当局はマンハッタンヴィルで抵抗している人の土地を接収するようニューヨーク市当局に依頼した。大学は市松模様の空欄を埋め、新しいキャンパスのためのまとまった建築可能な用地を得る必要があった。地域住民の反対をなだめるために、コロンビア大学はハーレム近隣と市に、雇用、学校、その他の魅力ある施設何百万ドル分も提供しようとしている。[20]これまでのところ大学は、規制手続きの第一歩をクリアして、市や州の主要部局の承認を得たところだが、土地収用ですら開発の前途にはたくさんの幻の料金所が置かれることになる。

土地収用を使えば、売却に応じない少数による専制は克服できるが、一方でそれは必ず長期にわたる政治闘争や腐敗、そして不公平な財産の再分配を引き起こす。なぜ人々は土地収用に声高に抵抗するのか？　土地を接収する際に所有者には「公正な市場価値」による対価が支払われている。何が問題なのか？　人が土地を「売り物」ではないというときは、必ずそれが「公正な市場価値」以上の価値を持っていると考えているのだ。そうでなければ、「売り出し中」の看板を出すだろう。自分の家の立地条件、共同体の強いつながり、あるいは仕事で築いてきた地域内での友好関係などに対して、個人的かつ主観的な価値を見出しているかもしれない。こういう価値は実在するが、その評価は難しいし、接収の際に補償の対称にはならない。また地上げ自体によって生じた利益に対する権利も与えられない。たとえ金銭的に完全に補償を受けられるとしても、他人の命ずるままに立ち退きを強いられたとしたら、それに反対することもあるだろう――それは個人の尊厳、自立性に対する損害だからだ。[21]こういった金銭面、非金銭面での損害のため、裕福な土地所有者は、あまり政治的に組織化されていない地域、多くの場合は近隣の低所得地域や少数民族の地域に接収を向かわせるような投資を行う。きわめて脆弱なコミュニティは、それ以下のところに接収を誘導できない。こうして彼らのところにブルドーザーがやってくることになる。

当然のことながら、こういった強制的な土地転用はやたらに議論を集めてきた。現代のダイナミックな経済では、経済発展のために地上げが必須だ。だが、土地収用はこの仕事を露骨に政治的な措置で遂行してしまう。基本的に地方自治体は、税基盤強化のため、グループAからグループBに土地を移譲して、政治的に無力な市民をよそへと追い払っているのだ——それも厳しい法的制約がまったくないのをいいことに。デベロッパーに接収した土地を提供することは、都市と近郊の発展競争の一部となり、各州が競って法的優遇によって開発を誘致するという悪循環を生み出している。都合のよいことに、これらの譲渡には公的予算が必要ない。

接収権の行使には一進一退があるが、それはアメリカという共和国の初期から国家権力の重要な一部分として存在してきた。私たちは、だれか他人の土地ならば、断片化されたものが整理されると歓迎する。特にそれによって経済成長が進み、雇用、税収が増えるといった便益を見込めるときには。しかし大切に思っている人が怪しげな開発計画のために土地を接収されたときには激怒する。よりよい解決策が見つかるまでは、いまのところ土地収用が都市におけるコストの高いブロックパーティー問題に対して、市が持っている最良の答えとなっている。

スゼット・ケロの家

裁判所が土地収用権の濫用を取り締まれるかもしれない。だが私は疑問だと思う。スゼット・ケロの例を考えてみよう。

一九九七年、私はあちこち家を探しまわって、とうとう美しい水の流れが見渡せるこの完璧なヴィクトリア朝風の小さなコテージを見つけた。そして空いている時間のすべてを、その改装と常に夢に描いてきたような家を作り上げるために注いだ。外壁はお気に入りの色であるサーモンピンクに塗った。

一九九八年に匿名の買い手を代理して不動産業者がやってきて家を売却しないかと持ちかけた。私は彼女に家を売るつもりはないことを伝えたが、もしも売却を拒否すれば土地収用によって私の家は接収されてしまうと言った。彼女のアドバイスは？　あきらめなさい。政府は常に勝つと。[22]

一九九八年ニューロンドン市当局は彼女の家屋を接収して民間デベロッパーに譲渡した（図5－3）。[23]自由主義を標榜する弁護士グループの公正協会（ＩｏＪ）は、土地収用に関するテストケースに最適な原告として、ケロを選んだ。公正協会は市による開発計画を阻止するために彼女にかわって訴訟を起こし、全米有色人種地位向上協会、米国退職者協会、ケイトー研究所といった、まったく無関係と思われるような訴訟支持団体のまったく意外な取り合わせを揃えた。このような協力関係は混沌としたグリッドロック政治学の証しでもある。

ケロとニューロンドン市との戦いは連邦最高裁判所にまで持ち込まれたが、二〇〇五年に出され

図5-3　スゼット・ケロ（左）と彼女のコネチカット州ニューロンドンの家

た判決では、この接収は容認できると結論して五対四でケロが敗訴した。[24] 憲法的観点から言えば当然の結果だが、この裁定は政治的な論争を呼び起こした。「最高裁では敗訴したが、私たちは最終的にはこの国における土地収用権の使われ方を変えることに成功するだろう」と公正協会の上級弁護士ディナ・バーリナーは言う。[25] 裁判所による判決以来、経済発展を目的とした土地収用権を縮小する立法案がたくさんの行政府で提出されている。[26] ケロの家屋は取り壊しを免れた。かわりに、ニューロンドン市当局は近くに家を移転することで合意し、そこに公正協会の訴訟（そして資金集め）戦略を記念する看板が飾られる。

潜在的に厄介な問題を抱えていたにもかかわらず、ごく一般的な憲法問題として最高裁はケロに対して正しい判決を下した。いつの時代にもケロのような訴訟が最高裁に持ち込まれてきたが、そのたびに最高裁は憲法により州には土地収用権をどのように行使するか決定することが許されているとしてきた。連邦や司法による介入の余地はほとんどなかった。[27] これが当然あるべき姿だ。連邦裁判所よりは、州や地方の議会のほうが地域の有権者の利益を見極め、彼らの全体的な福祉の向上を促進することに長けている。もしも土地収用の行使に不満がある場合は、苦情を訴える相手として適した対象は立法のレベルだ。

ケロが起こした騒動にもかかわらず、ここ最近は一〇年ほど前に比べると土地収用権はほとんど行使されなくなってきた。一九五〇年代のハイウェイ建設の最盛期を振り返ってみよう。大量の土地が接収されたが、たいていは共産主義と戦う（アイゼンハワー大統領は州間ハイウェイ制度を国防計画の一つとして売り込んだ）ために必要なことだと正当化された。ハイウェイや鉄道のようなネットワークの構築のための土地収用には通常激しい反対は起きない。人々はネットワークを憲法でいう「公共利用」としてまともなものだと認めた。ハイウェイや鉄道などの基幹となるインフラは、土地接収なしで構築されるとは想像しがたい。しかし一九五〇年代、六〇年代、七〇年代には貧しい少数民族の都市コミュニティを中心に、建物を接収して解体整理する大規模な「都市再開発」計画も行われてきた。

もしも格別目新しいことでないならば、ケロのケースはなぜ大衆の関心を集める訴訟事件となったのか？　問題を「土地収用権の濫用」と規定することで、このケースは文化的なツボをついた。しかし、連邦政府や司法の監視によって土地収用を削減しても解決にはならない。政治的に無力な人々の利益を尊重しながら土地をまとめるもっとよい方法があるはずだ。

解決法：再開発区域

反土地収用活動家が何と主張しようとも、今日のアメリカでは経済発展のための地上げがあまりに少なすぎる。少なくとも多いとは言えない。地上げした区画に対して払わなければならない上乗せ分の費用――タイムズ社の用地獲得では、最高で一億六五〇〇万ドルも値段がつり上げられた――は、この国における大規模建設用地の深刻な不足を裏づけている。公共政策のジレンマを別の言葉に置き換えるなら、抵抗する地権者との自由意志による契約か無軌道な破壊を伴う土地収用の二者択一しかないのか？　ということになる。答えはノーだ。そのような選択肢の設定はまちがっている。アンチコモンズ用語集をひもとけば、古くからの議論を克服する助けとなるはずだ。

パズルを解く鍵は、土地の地上げにはグリッドロックが伴うことに気づくことだ。それさえ知っていれば、自由意志による契約と土地収用のよいところを組み合わせた別の解決法がだんだん見えてくる。これまでこの本を通じて私が提示してきた、「アクセスの限られた」コモンズとアンチコモンズのジレンマに対するハイブリッド解決法を思い起こして欲しい。魚が乱獲された際に、オーストラリア政府は「取引可能な漁獲量」を設けたが、これは漁師に乏しい水産資源を保護する動機を与える、新しい私有財産のありかたとなった。他にも特許プールや著作権管理団体、周波数の取りまとめなどの試みもすでに見た。

土地という伝統に縛られた分野でも、グリッドロックが見つかれば人は新しい財産形態を作り出す。[28] 新たな形が定着すれば、最小限の政府の介入だけでグリッドロックを克服できる。例えば五〇年前には、分譲マンションや住民組合は珍しかった。それらはヨーロッパからプエルトリコを経由してアメリカに入ってきて、結果的には住まいのありかたを激変させることになった。一九六〇年には、分譲マンションがアメリカにおける新しい住居の形態の主流になるなどとは想像できなかった。でも一九七〇年には「共有利益共同体」に住むアメリカ人は一パーセントにも満たなかったのに、二〇〇六年にはアメリカの全人口の二〇パーセントにあたる五七〇〇万人以上にまで増えた。[29]

マンション住まいの急増は、それらによってグリッドロックに埋もれた価値が見事に解放されたことを如実に反映している。マンションならば――コモンズとアンチコモンズの悲劇を修正する管理しやすい手段によって――住居の必要な区域に密集した重なり合う所有権を設定することを可能にしてくれる。今日、アメリカにおける新たな住宅供給のほとんどで、住宅購入者はマンション管理組合、あるいは住民組合を要望するし、デベロッパーもそれを提供している。人々はたとえその見返りとして自分自身が管理されることになっても、隣人を管理したいと思っているのだ。

マンションだけが新たな土地のグリッドロック打開策ではない。いくつかのダウンタウンの区画に、とてもすてきなゴミ箱やベンチが置かれ街路樹もあって、専用の警備員や管理スタッフがいるのはなぜかと疑問に思ったことはないだろうか？　ゴミ箱をよく見てみると、そこに「メインストリート商業改善地区提供」といったプレートがついているのがわかるだろう。「商業改善地区（ＢＩＤ）」は一九七〇年代にカナダからニューオリンズにかけて広がった新しい不動産形態だ。[30]一九八〇年台にはニューヨークにも導入され、現在では全米に一〇〇〇以上のＢＩＤが存在する。

ある意味でＢＩＤとは、マンション管理組合を商業地区に当てはめたもので、公共が整備する以上のアメニティを作り出すことを目的にしている。隣接する事業主の多数によってＢＩＤの設立が投票で決定される、ＢＩＤがその地域のすべての事業主の委任団体となる。ただ乗りはなし。すべての事業主がアメニティ向上のためにお金を出し合わなければならない。ＢＩＤは、快適なショッピング体験を提供するために資金を集めて使うのだ。ＢＩＤの導入以前には、市当局から地域への公共財の供給が不十分でも、それによる損失は見えにくかった。それでも徐々に消費者はそのような都市部から広大な駐車場、安全で清潔な環境を備えた近郊のショッピングモールへと流れていた。ＢＩＤは小売商に、都市におけるショッピングアメニティの提供に関する目に見えないグリッドロックを解決する手段となった。古いダウンタウンがいまや新しいショッピングモールと競争できるようになったのだ。

これと同じような所有権形態の戦略によって土地開発のグリッドロックを解決できないだろうか？　できる。ケロの判例を適切に解釈すれば、最高裁は州政府に対し、用地をまとめるのは彼らの問題であり、いろいろ試して解決を試みるべきだと告げていることになる。そして州が試せる手法の一つがここにある。

私は最近『ハーバード・ロー・レビュー』誌の論文で、同僚のリック・ヒルと共に、既存の近隣環境に適用可能な「土地整理区域（ＬＡＤ）」の創設を提案した。[31] ＬＡＤの鍵は、近隣住民に彼らの土地が経済開発のために地上げされる際に発言権を与えることで、グリッドロックを解決することにある。[※1] 行政は分譲マンションやＢＩＤの創設を可能にする法を可決したのと同じやりかたで、ＬＡＤも認可すればよい。団結し、土地開発による利益の分け前を協議し、共同体を売却するための迅速で手軽な手段を必要とする住民は、LADが使えるようになる。LADを簡単に設立できるなら、「荒廃」地域の住民にも自分たち自身で用地をまとめるか否かを決定することができるし、行政も彼らの財産を接収する必要がなくなる。グリッドロックに終止符を打つことで、LADは経済開発のための土地収用を時代遅れなものにしてしまうだろう（ハイウェイやその他の交通網のための土地収用は続くが、そのような土地収用の実施が問題視されることは少ない）。

LADはブロックパーティーの問題を、最も影響を受ける人々に決定権を直接与えることで解決するものだ。住民の側としては、ひたすら反対して変化を嫌うかわりに、コスト的につり合う開発なら支持する動機ができる。LADでは、住民がマンション住民組合のような組織委員会を結成し、潜在的なデベロッパーによる近隣の買収を協議する。もしも住民が開発によって生まれる価値よりもより現在の価値を大きく見積もっている場合には、取引の申し出に反対する決議を出して、開発はどこか別の場所で行われることになる。だが住民の多数が取引の申し出を受け入れた場合には、全員がそれに従うことになる。開発によって生じた余剰利益は、みんなに比例して割り当てられる。LADによってほとんどの人がもっと裕福になる。特に貧しい少数民族のコミュニティではなおさらだ。土地開発したことにより現在の制度下よりも暮らし向きが悪くなることはない。反対者は通常の接収を選択することも可能だ（まずは開発をさせて、後から正当な市場価値を受け取る仕組み）。

LADの詳細はややこしい。これは新たな法形式が生まれたときの常だ。でもそれはインサイ

※1　日本の再開発組合制度や区画整理制度に相当するもの。

ダーやデベロッパー、あるいは行政による搾取を避け、ＬＡＤの内部のすべての住民に公平な待遇を保証し、地域ごとの政治的な違いを尊重するように設計されている。例えば、ＬＡＤの細部の多くは、他の各種グリッドロックに対してとられてきた解決法が採用されている。ＬＡＤは「土地調整」と呼ばれる複雑な法的手段の要素を取り入れている。「区画整理」はドイツ、台湾、日本、韓国やその他の国で土地に関する問題をある程度解決している。[32] また、企業買収法、破産法、集団代表訴訟など、人々がこれまでに他の形態のグリッドロックを克服するために作り上げてきた法的手段からも要素を取り込んでいる。ＬＡＤは何にでも対処できる万能の手段ではないが、それを採用する都市のニーズに合わせて調整できる。例えば多くの貧しい借家住まいの人を抱える都市では、ＬＡＤの規則によって彼らに特別な保護を与えることが必要かもしれない――例えば、そうしたテナントにも提案された協定の賛否についての投票権や、生じた余剰利益の分け前などの形で。

近隣住民には、自分やコミュニティにとって何が一番いいか、自分で決める法的手段を与えよう。やがてＬＡＤは、マンションやＢＩＤと同じくらい当たり前の所有権形態となるだろう。むろん、マンションやＢＩＤと同じような特徴と限界を持つものにもなるが。足りない法制度は、あまり苦労せずに修正できる――ただしそれは、何が必要かわかっていればの話だが。ブロックパーティーの場合、グリッドロックのジレンマがどこにあるか見極めるのが問題の半ばを占める。残りの半分は、所有権の分布におけるアンチコモンズの側で実験してみるだけの自信を持つことだ。一九六〇年以前にマンション法などなかったし、一九八〇年以前にＢＩＤ法はなかった。今後、もう一つのアンチコモンズの悲劇を解決するようなＬＡＤ法もできるかもしれない。

シェアチョッパー

シェアチョッパーもまた、高くつくグリッドロック化した土地形態だ。[33] シェアチョッパーのジレンマが生じかねない状況とは、土地所有者に土地をビッグインチのレベルにまで細分化させる強い動機を与える一方で、細分化された土地を生産的に利用できるレベルにまでまとめ直すような相殺メカニズムを用意していない場合だ。これまで私の働いてきた世界中のあらゆる場所で、シェアチョッパーを目にしてきた。バングラデシュの田舎の村、火事で焼けたジャマイカのスラム、もがき苦しむエクアドルの貧民街、地震後のアルメニア。これらはグローバルな現象なのだ。

黒人所有農場の終焉

法学科の教授として、重要な法学論争を個人的体験と結びつける学生たちから、洞察に満ちた話を聞くことが多い。数年前、共同所有不動産の分割に関する法律——無味乾燥なテーマだ——を教えているときに、あるアフリカ系アメリカ人の学生が、一家所有の農場の話をクラスで語った。子供の頃彼女は、全米各地から親戚の集まる素晴らしい集いに何度か参加した。彼らが集まるのはミシシッピ州の古い農場で、そこを管理しているのはその土地を一度も離れたことがない高齢の叔母だった。あるとき、農場の共同所有権のごくわずかな一部を持つ遠戚の者が、現金が欲しくて自分の持ち分を売却した。そしてその買い手は農場全体の売却を強いた。家族の農場は郡の裁判所の措置により地元のある白人弁護士に売られた。その売却以降、その学生の家族は二度と再会の集いを開くことはなかった。

この物語は私にとって、共同所有権法に生気を吹き込むものとなった。その後にも幾人かの黒人学生が、何世代にもわたって家族のものであったのに「分割売却」によって失われてしまった南部農場の遍歴について詳しく語ってくれた。これらの物語は、グリッドロックの社会的コストを私が目の当たりにする最初期の例となった。さらに詳しく調べると、アメリカにおける黒人の農地所有権はビッグインチの悲劇に苦しんできたことがわかった[34]。

南北戦争後、アメリカの黒人は熱心に土地を購入するようになった。一九二〇年には一〇〇万近くの黒人家族が農場を所有するようになった。彼らは一九三〇年代から四〇年代にかけて南部地方の経済に不可欠な存在となった。でも現在では、黒人家族が所有する農場の数は全国で一万九〇〇〇を下まわる。わずか一世紀にも満たないあいだに九八パーセントも減少したことになる（これに対し白人の経営する農場は五五〇万戸から二四〇万戸へと半減にとどまる）。効率の悪い小さな農場の合併や、農場への融資の際の激しい人種差別などによってある程度説明することもできる。だが話はそれだけではない。グリッドロックによる追加コストがあるのだ[35]。

ジョン・ブラウンの農場

ある家族の物語を語ろう[36]。一八八七年、ジョン・ブラウンはミシシッピ州ランキン郡で一六ヘクタールの土地を買った。彼は蓄えを農地に投資した大勢の解放奴隷の一人だった。ジョンは長生きして一九三五年に他界したが、その際に遺言を残さなかった。それで彼の土地の所有権は彼の妻と子供で分けられた。やがて彼らも遺言を残すことなく他界し、土地は彼らの子息、孫へと受け継がれた。その子供の一人、ウィリー・ブラウンはジョンの九人の子供のうちフランシス、ミニー、アッダ、ジョー、リジーの五人が持つ所有権を買い取って、土地の所有権を一つにまとめ始めた。ウィリーは死ぬまでのあいだに、七二に分割された所有権のうちの四一を買い集め、それを妻のルースに遺した。

一九七八年、ルースは農場のうち自分の持ち分を明確にするため、農場の分割を裁判所に求めた。ブラウン家の残り六六人の相続人が持つ所有権は、農場の一八分の一から一万九四四〇分の一までと様々だった。裁判所は土地の分割を却下した。あまりに複雑だからだ。そのかわりに、裁判官は土地を売却しそのお金を相続人で分けるよう命じた。こうした強制売却にありがちなことだが、入札したのは外部の企業が一社だけ。それは地元の白人が経営する材木会社で、材木目当てだった。

一家が全体として考える農場の値段は、落札価格よりずっと高いものだったのに、ブラウン家の相続人はだれも入札しなかった。なぜか？ 理由の一部として、アメリカの法律ではたいていこうした競売の際には、落札代金は現金一括払いを求めていることがある。これでほとんどの通常の所有者は入札できない。ブラウン家の相続人のだれ一人として、材木会社のつけた安値の入札額を超える額で入札できないのだ。相続人が迅速に協同して入札できるような簡便な仕組みは存在しない。散り散りになった遺産所有者の多くに一般に影響する、法的な欠陥だ。ルースはわずかばかりのお金を売却によって得た——それは他に農場を買い求めるには程遠い額で、彼女の一族が絆と伝統の場所を失ったことを埋め合わせるにはまったく足りない金額だ。どこかで聞いたような話だって？

私たちは「主観的価値」の喪失を土地収用の話で見てきたが、この話のルースは適正な市場価値（裁判所による強制売却の際には一般的に通常の市場価値よりも低い額での取引となってしまう）さえ得ていない。

ブラウン家の物語は、アメリカにおける黒人の農地所有権の軌跡を忠実にたどっている。ジョン・ブラウンが農場を購入したのは、黒人の家族が急速に土地を買い集めた時期のことだ。だが一世紀後にルース・ブラウンがそれを失う頃には、アメリカにおける黒人による土地所有は急速に減少していた。減少は一九七〇年代以降も続いた。現在アメリカには一万九〇〇〇人の黒人農場主がいるが、それはアメリカの全農場主の一パーセントにも満たないし、黒人は白人の三倍の速さで農場を手放し続けている。

これはグリッドロック経済の一例だ――アメリカ土地法と遺言状の作成にまつわる文化的慣習の交錯によって引き起こされたものだ。多くの貧しい黒人農場主は、無理もないが地元の弁護士を信用せず、このため遺言を残すことなくこの世を去った。各世代ごとに農場は複数の相続人によって分割された。中東部で黒人が所有する土地の四分の一以上が、現在平均して八人の共同所有者によって所有される「相続財産」であり、その所有者のうち五人は不在地主だ。『ワシントン・ポスト』紙によれば「ミシシッピ在住の黒人よりも、シカゴ在住の黒人のほうがミシシッピ州の土地をたくさん所有している」という[37]。ある報告では（ルース・ブラウンの土地が譲渡されたのと同じような）財産分与のための売却が「多くの相続遺産を失わせる司法手段であることは疑いの余地がない」と結論している[38]。

相続遺産と財産分与法は、どのように相互作用して黒人から土地を取り上げているのだろうか？ジョン・ブラウンが遺言なしで死亡したとき、彼の子供たちは一六ヘクタールの九分の一をそれぞれ分割して相続した。たいてい最初の世代は何とか親の財産を維持管理できる。しかし次の世代、そしてそれ以降の世代では、人々は地元を立ち去り、家族の絆も弱くなり、解決不能の現実的問題が生じてくる。アメリカの共同所有法下では、土地は分割所有する所有者全員の同意がなければ運用できない。ある報告によれば「財産分与のために売却されかねないのと、物件に対する部分的な権利だけでは融資が得にくいため、相続財産が修復や開発されることはほとんどない。実は非相続財産に比べて、相続財産の未利用部分は三分の一以上も多い」という。そして「そうした土地の売却は避けがたく、その引き金となるのは、普通は最初に購入した人物から一世代以上離れた世代である」ともいう[39]。

もしも相続人のうちのだれかがが共同所有をやめたい場合には、法的には二つの選択肢がある。裁判所が共同所有権比率に従って土地に線を引いて分割する方法と、裁判所が土地の売却を命じて売却益を共同所有者で分配するやりかただ。法律はおおむね物理的な土地の分割を主眼に制定されてはいるが、それを実行に移すのはなかなか難しい。土地の測量士や鑑定人を雇うのは高くつく。分割された土地は経済的に効率よく利用するには小さすぎる場合がしばしばだ。だから現実には裁判所は、通常は土地の売却を命じることになる。相続人の数が多ければなおさらそうだ。

アフリカ系アメリカ人農場の場合にありがちなこととして、一族以外の者が遠くに住む相続人を見つけ出して、ごく小さな区分所有権を少額で買う。アメリカの法律では、区分所有権者ならばいつでも分配を強いることができる。ある学者によれば、相続財産は地方の黒人のあいだではごく一般的なことなので、「黒人コミュニティは、ある一人の相続人の所有権を買い取って土地の売却を要求する者による、汚い売却分配要求に対してはきわめて脆弱だ」[40]。分配目的の競売はたいてい、ほとんど何の公示もないまま、ごくわずかの買い手しかいない操作された市場で行われる。ある識者によれば「これらの売却の購入者はほとんどいつも白人で、地域の弁護士だったり、その地方の役人の親戚だったりする場合が多く、彼らはどのような財産が競売にかけられ、だれが競売に参加して買い取りを狙っているかに常に目を光らせているのだ」という[41]。

黒人家族に対するコストは大きい。家族農場を管理して得られるお金は、その世代だとごくわずかだ。売却が行われると、たいてい家族内の目に見えない絆が引き裂かれてしまう。農場が維持されていれば、年老いた家族が子供たちのだれかをその土地に一緒に住ませ、後にその子供たちが年老いた者の面倒を見ることができる。土地を持たない老人はこのような援助を受けられないため、低い生活水準に苦しみがちだ[42]。ブラウン一家にとっての隠れた悲劇とは売却価格の低さだけではなく、彼らにとってその農場が持っていた特別な価値が失われてしまったことだ。家族の絆の喪失は、失われた化合薬Xや遅いブロードバンドサービスと同じくらいリアルな社会的コストだ。

最近いくつかの解決法があちこちで試された。その一つは外部の買い主の名誉を傷つけるやりかたで、沿岸の漁場からよそ者を締め出すために組合規範を設けたメイン州のロブスター・ギャングたちのやりかたとそう変わらない。例えば、メディア王テッド・ターナーはサウスカロライナ州の土地をめぐって黒人の相続人たちとの争いに巻き込まれた。相続人たちがその争いをメディアに流すと、ターナーは法的な土地所有者が自分だと黒人家族が認めれば、土地を明け渡してもよいと同意した。いくつかの郡では、地域担当官が土地の競売に赴いて、黒人所有者に勝たせるよう入札者たちに勧めたりする。だが名誉に訴えるやりかたがうまくいく場合は限られている。もう一つの方法は法に少し手を加えるやりかたである。例えば、サウスカロライナ州では農場主の家族に「第一先買権」を与えている。「相続所有地」が低い値段で落札されたら、家族には三〇日の猶予が与えられ、その間に同額を自分たちで調達できればその土地を手に入れられる。[43]

これらの方法は喪失を少しは遅らせるかもしれないが、黒人農場主にはもうほとんど失うものが残されていないし、どの方法も相続財産の管理問題の核心を解決してはいない。いくつかの公益法律グループは、既存の所有権形態を活用したもっと強力な解決法に先鞭をつけた。それが「合同会社」方式だ。[44] 遺族全員で会社を設立するには離散している所有者の同意が必要で、先行コストがかかるが、これにより土地は、その農場の新しいＣＥＯ――その土地に住んでいる一番年長の叔母など――が管理運営できる。だがほとんどの黒人農場主にとって、こうした解決策はどれもあまりに無力であまりに遅すぎる。

アメリカ先住民の割当地

黒人の土地所有権の減少は何も特異な例ではない。アメリカ先住民も同様に土地のグリッドロックに苦しんできた。破られた盟約、強制移住、そして特別居留地の制定について知らない者はいないだろう。しかし、残されていたアメリカ先住民の土地所有にアメリカ財産法がもたらしたアンチコモンズの悲劇についてはほとんど知られていない。一八〇〇年代末に連邦政府はたくさんの居留地を分割し、アメリカ先住民の家族にその土地を「割り当て」た。そして連邦インディアン法を書き換えて、割当地の売却を阻止した。時がたち、世代を経るにつれ、割当地の所有権は家族内で分割され、所有権者は増加した。

「相続財産」同様に、「断片化」した土地も無駄になりがちだ。[45] この所有権構造が原因で、アメリカ先住民が所有する多くの土地はいまも荒れ地のままで、耕作、抵当、売却など、一切の生産的な利用が不可能になっている。新聞で、インディアン事務局の役人が法廷侮辱罪で拘束されたというニュースをよく見かけるが、そこには複雑に絡み合ったアメリカ先住民の土地所有権に対する事務局側の無責任さが根底にある。割当地制度からは市場本位の価値は生まれない。またそれがアメリカ先住民とその主権領土とのあいだの特別な結びつきを維持する助けになるわけでもない。家族は生産的な管理運営のできない土地とは、つながりを感じたりできない。だれも得をしていないし、特にうんざりする無意味なグリッドロック経済に絡めとられてしまった、アメリカ先住民の割当地所有者はなおさらだ。

分断化が個々のアメリカ先住民の家族にグリッドロックをもたらしたのと同様に、「市松模様所有地」も部族自治にグリッドロックをもたらした[46]（図5-4）。居留地が割り当てられた際、先住民の統治権はまったく考慮されなかった。現在、多くの居留地は共同信託所有地、割当地、先住民以外の民間所有地が入り乱れた状態になっている。[47] こうした市松模様所有地は、部族による共同所有に簡単には戻せない。さらに最近の最高裁判決のおかげで、市松模様所有地は部族の独立主権を分断しかねない。そうした独立主権は、部族以外の者が所有する土地には及ばないことが多いからだ。インディアン土地保有基金は次のように言っている。

> 市松模様状態は部族、あるいは個々のアメリカ先住民が農耕、放牧、など大規模なまとまった土地を必要とする経済活動のために土地を利用する可能性を大いに損なっている。また部族が伝統的に所有、利用してきた土地へのアクセスも妨げている。

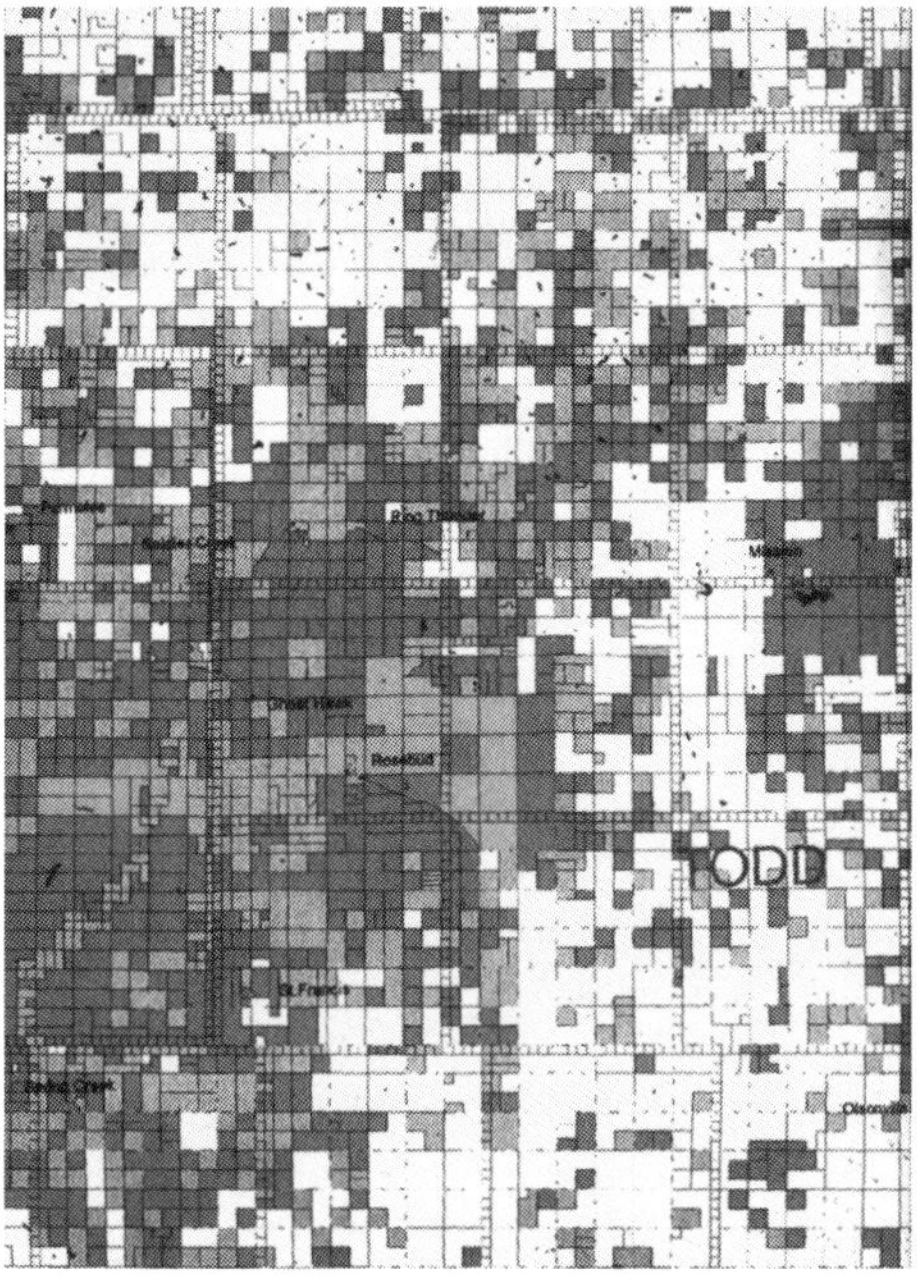

図5-4　サウスダコタ州ローズバッド居留地における混在状態（白い区画は私有地、灰色が部族所有地、黒は割当地）

市松模様の居留地については、郡、州、連邦政府、部族自治政府といった異なる管轄当局が居留地内で、土地がアメリカ先住民のものかそれ以外の所有者のものかということや、あるいはそれが単純不動産権に相当するものなのか、私的信託地なのか部族信託地なのかといったことをもとに、管理権限や課税権限を主張したり様々な活動を行うことで深刻な管轄問題を引き起こしている。こういった様々な権限の主張がしばしば衝突することによって、経済的不安定や人種的敵対意識、共同体の不和が居留地内や近隣で生じている。[48]

分断と混在への道

アメリカ先住民の土地はどうしてこんな悲惨な土地制度に陥ってしまったのか？[49] 一八八〇年代に、議会は多くのアメリカ先住民の居留地を分割することに決めた。個人に農場を所有させれば部族の同化が促進できるというのが立法府の考えだった。一家の長は一三〇ヘクタールを、その他の個人は六五ヘクタールの部族の土地を割り当てられた。そして割り当てによって広大な「余剰」居留地が生じ、それが白人開拓者に分配されたのは決して偶然ではない。割当地が最終的に開拓者の所有地となるのを避けるため、合衆国政府はこれらの土地を、アメリカ先住民を受益者とする「信託所有」下に置くことにした。信託地には譲渡に関して多くの制約が生じる。土地の売却や分割はできなくなった。財産税もかからないため、土地が没収されて部族の所有に戻ることもない。

当初は、遺言があっても土地所有権は譲渡禁止だった。所有者が死亡したら、土地は相続人によって分けられた。子供は土地を等分して受け取る。もしも所有者に存命中の子供がいなければ、財産は孫、親、その他の親戚によって分けられた。一世代後にはその土地には五人の所有者、二世代後には例えば一二人の所有者、三世代後は二五人、というふうに増える。遺言による譲渡が認められてからも、多くのアメリカ先住民の土地所有者は遺言状を作らなかったため、その土地は相続人に分割され続けた。分割相続人が何百人、何千人もいる土地を管理することを想像してみて欲しい。爪楊枝で何ヘクタールものビッグインチの土地に柵を作るようなものだ。

一九二八年にはすでに、割り当て計画がアメリカ先住民にとって悲惨な結果をもたらしていることを議会も認識していた。ある議員は下院の議場における演説で「こんな形で保有されている土地を管理するのが困難なので、大いなる貧困状態にもかかわらず、良質で生産性の高そうな土地がまったく利用されないままになっている」と語った[50]。一九三四年に、この制度の改革を試みた別の議員は次のように語っている。

　行政上のコストが途方もない。割り当て居留地では、個々の相続人が賃料から得る取り分が月額一セントというようなケースは無数にある。アメリカ先住民とインディアン事務局の職員は、意味のない細々とした土地分割制度にがんじがらめにされている。この制度では人間のニーズに応える土地利用の可能性がすべて、帳簿管理の数学的不透明性のなかで失われているのだ[51]。

驚くべきことに、この断片化問題はいまだに解決していない。一九三〇年以降にこの制度が適用された土地はないが、それまでに割り当てられた何百万エーカーもの土地では断片化が続いている。議会は一九八〇年代に、小さな断片化した割当地については、所有者が亡くなったときに部族に返還させることを定めて制度の修正をはかろうとした。しかし悲しいことに最高裁がこの賢明な改正を無効とした[52]。裁判所は断片化が「極端」かつ「異常」なことは理解していて、下記のように言及している。

第一三〇五区域（サウスダコタ州およびノースダコタ州のシセトン－ウォーペトン湖横断居留地）は一六ヘクタールの広さでその収益は毎年一〇八〇ドルである。その地価は八〇〇〇ドルと評価されている。四三九人の所有者がいて、その三分の一が受け取る一年分の地代は五セント以下で、三分の二は一ドル以下である。（中略）公分母として土地の断片化された所有権は三兆三九四九億二三八四万九〇〇〇にものぼると算出されている。最も少ない相続者では一七七年に一度一セントしかもらえない。もしもその区画が（四三九人の所有者が同意したと仮定して）売却されたら、彼は〇・〇四一八セントを受け取る権利がある。この区域の管理に要するコストはインディアン事務局によれば年間一万七五六〇ドルになると推定されている。[53]

それにもかかわらず、裁判所は議会による小規模用地修正案を却下した。裁判官たちは判断を誤ったのだ。[54] 割当地に内在するグリッドロックのジレンマを見すごしたのだ。彼らは所有権をまとめて価値を解放するかわりに、「無意味な細分化制度」をもっとゆるぎないものにしてしまった。インディアン事務局の予算の大半が、アメリカ先住民の教育、雇用、インフラなどに使われるかわりに、わずかな割当地の追跡に費やされ続けている。

土地細分化問題があるにもかかわらず、連邦政府は何年にもわたり、部族割当地にある石油、鉱物などの多額の使用料を集めてきた。だがその集めた資金を部族の所有者にどう支払うかとなると、話は別だ。一九九六年以来、割当地所有のアメリカ先住民五〇万人が、インディアン事務局と内務省を相手取って集団訴訟を起こしている[55]（Cobell v. Kempthome）。この訴訟は連邦政府が割当地の信託受託者として集めたにもかかわらず、信託財産所有者に還元しなかった一〇〇億ドル以上の地代について、政府に説明しろと要求するのが狙いだ。この裁判における連邦政府のような「信託受託者」には、アメリカの法制度において最も高い水準の誠実さと堅実な運営が求められている。この裁判では連邦政府の腐敗、誤った管理、文書廃棄、報復行為、偽証など、唖然とする話が表ざたになり、訴訟を審理した連邦裁判所判事は省の処置に対して、当時の内務長官ブルース・バビットと財務長官であったロバート・ルービンを法廷侮辱罪で拘束した。ある時点で裁判所は、政府の振る舞いを「財務、政治上のまぎれもない無責任ぶり」と断じている[56]。

物語はまだ続く。最近、この件についての判決が出たのち、『ニューヨーク・タイムズ』紙の社説は「アメリカ先住民の信託基金に関する不正処理を争ったこの裁判は、その長さ――法廷に持ち込まれてすでに一一年――といい、その不公平さといい、まるでディケンズの小説のようだ」と述べた[57]。

割当地の悲劇は法の不整備だけでなく政治的意図の失敗も提示している。これまで議会はたびたび、無意味でコストばかりかかる断片化された割当地の追跡からインディアン事務局を解放しようとして、この問題の解決に努めてきた。おそらくそこにはアメリカ先住民の人々に対してなされた歴史的過ちという考えもあったかもしれない。暫定的かつ部分的な立法措置として最新のものは、二〇〇四年の「アメリカン・インディアン遺言検認改正法」で具現化された。だが一世紀にわたる断片化と市松模様化という惨事の結果として、何百万ヘクタールものアメリカ先住民の土地が、いまだに身動きとれずにいる。作物ではなく雑草しか生えない。先住民たちの割当地所有者は自分たちの土地を暮らしや絆の源としてではなく、苛立たしい重荷だとしか感じられずにいる。

アイルランドのジャガイモ飢饉

シェアチョッパーは何もアメリカだけの現象ではない。それは人が土地を所有し譲渡するところであればどこでも、つまりあらゆるところで起こりうる。アイルランドのジャガイモ飢饉は部分的には、一部はアンチコモンズの悲劇がもたらした結果だ[58]。

封建制の英国では、長男が一家の農場を相続した。次男以降は都市に出て軍隊に入隊するか聖職者となり、娘たちは嫁いで家を出た。このやりかたには厳しい社会コストがかかったが、利点もあった。英国の農場は世代を経て継承される際に、細分化されることはなかった。英国の農場主は広い土地で多様な作物を育て、自由に新しい作物を試せた。

英国人は、アイルランドではこれと違う法を適用した。小規模農場が男の相続人全員によって物理的に分割された。平均的な農場の規模は何世代も経るうちに縮小していった。一九世紀初頭には、多くのアイルランド人農場は家族を養うのがやっとの規模にまで縮小し、それも単位面積あたり最大の栄養価が得られるジャガイモを育てた場合だけだった。現実性のある作物が一つに限られたため、アイルランドの農民たちは環境面からの打撃や病気にきわめて弱くなっていた。

一八四〇年代後半に、葉枯れ病によってジャガイモが全滅すると、アイルランド人には代替作物もなく、セーフティーネットもなく、英国人による助けもほとんどなかった。貧しいアイルランド人が細かい農地を元通りまとめ直し、多様な作物を作る規模の農地を実現する仕組みも存在しなかった。もしもアイルランドの財産法がもっとうまく設計されていたら、国はジャガイモ飢饉による苦難と転地を避けることができたかもしれない。現実には一〇〇万人にも及ぶ人が餓死し、一〇〇万人から二〇〇万人が餓死を逃れるためにアメリカに移住した。

合理的な個人と集団の悲劇

細かい法の仕組みは違えど、アメリカ先住民、黒人、アイルランド人のケースにはすべて共通のテーマがある。法律は農場主に財産をビッグインチのレベルにまで断片化することを促し、土地をまともに使える規模にまで統合する手段は提供していない。これらすべての集団において、グリッドロック経済は最も弱い一族やコミュニティに厳しい犠牲を強いてきた。

ここで留意して欲しいのは、黒人土地所有者、アメリカ先住民の割当地主、そしてアイルランド人農場主たちは、一族の数が増えることで共同経営が不可能になりはしたが、各世代の行動は合理的だったということだ。彼らの決定の合理性は、ライン川の泥棒男爵たちが城を建てて料金所を設けたときに、ヨーロッパ全土の貿易を妨害しようというような意図はなかったことと同じだ。現代にも同じような必然的結果はある。バイオテクノロジーの新興企業は発見を特許化する際に、それによって生じる難攻不落の特許の藪など考えない。どの音楽レーベルも著作権を主張する際に、DVD、マッシュアップ、リミックスなど、それにより妨害されるもののことは考えない。

ビッグインチと幻の料金所のどちらのイメージに惹かれるにせよ、共通のテーマは一つだ。所有者が増えれば、どこかで合理的な個人の選択の総和が集合的な悲劇となるのだ。グリッドロックがボードゲームならば、それはサイコロをふってどんな数が出ても、全員が負けになるようなゲームなのだ。

ルールを変えなければならない。シェアチョッパーのグリッドロックを解決するには、政策立案者は法制度、金融制度に手を加える必要がある。そんなに複雑に手を加える必要はない。例えばドイツは、相続人が不在地主化して所有権が断片化し、農場の離散する問題に長いあいだ直面してきた。家族のなかには先祖代々の土地を守りたいという人もいるので、ドイツのある地方政府は、一人の家族がローンを組んで市場価格で他の家族の土地を買い取り、その農場に残れるようにするような法的モデルと金融制度を作り上げた。シェアチョッパーのグリッドロックは解決可能だ。ただそれには積極的な取り組みが必要なのだ。

バナナ（BANANA）リパブリック

「バナナ」は不動産業界用語のなかでも私のお気に入りの一語だ。それは「だれか他の人のそばには絶対に何も建てるな（Build Absolutely Nothing Anywhere Near Anyone）」の略語で、あまりに多くの規制が重なりあって、新たな開発が不可能な状況を言い表したものだ。

バナナリパブリックは社会全体には悪影響を及ぼすが、多くのグリッドロック同様に、抜け目ない投資家、この場合だと規制を利用したさや抜き業者たちには収益機会を与える。数年前、

『ニューヨーク・タイムズ』紙は次のように書いている。

上場している最大手の不動産投資企業はみな、アトランタやダラスよりもボストンで土地を所有するほうがよいと言う。ボルネード不動産信託の最高責任者であるスティーブン・ロスは、一見するとパラドックスに見えるこの現象を説明する簡単な方法があると言う。土地が不足していて、住民が権利を主張して建築規制に関する議論が何年も続くボストンでは、建築は難しい。アトランタやダラスはその反対だ。「供給がほとんど不可能なところでこそ、私は投資をしたい」とロスは言う。[59]

ボルネード不動産信託の投資先を追っていけば、アメリカ最悪のグリッドロックの例を目にすることができるだろう。

バナナリパブリックを理解するために、まずはおそらく土地所有者の第一の本能と言えるニンビー（NIMBY）反応から始めてみよう。ニンビーとは「うちの裏庭以外で（Not In My Back Yard）」を意味する。だれでも、市にホームレス保護施設を建てて欲しいと思っているが、ただ自分の近所に作られるのはいやだ。低所得者向け住宅供給の必要性にはみな同意する。どうぞ建ててください、でもうちの街区じゃないところに。住宅所有者は、低所得者アパート、教会、更正訓練施設、あるいはごみ処分場など、自分の住宅の価値を下げるものが近所に建てられることを嫌う。もしすべての住宅所有者が自分のニンビーな心配事を法文化できたら、集合的にはバナナリパブリックが生まれる。これは土地の所有権に基づいたアンチコモンズではない。それはだれが規制手続きを主導し、どのようにして承認を得るかという過程が断片化して生じるアンチコモンズなのだ。

アメリカの郊外では、住宅所有者が有権者の多数派となる。都市部では賃貸物件入居者が重要な圧力団体となる[60]。投票者のご機嫌をうかがう地方公務員は、開発を規制する仕組みをどんどん作っていく。環境影響評価、建築評価委員会、敷地分割規制、歴史保存地区、名所旧跡委員会、規制適用除外委員会、建築許可条件、家賃統制など、これらすべてがアメリカにおける土地利用を法的に規制する重層的な壁と化しているのだ。これらの仕組みのそれぞれを不動産開発の過程に設けられた料金所と考えてみよう。個々の料金所は、最初に設けられたときはそれなりの意義があったかもしれない。しかし全体としては結局、規制の重層化によって社会に膨大なコストを強いるグリッドロックを生み出すことになった。法律理論家リチャード・エプスタインはこのようなグリッドロックについて次のように述べている。

二〇あるいはそれ以上の――これは架空の数字ではない――機関が、環境保護、反開発、水質汚染などの名目で建築を差し止める力を持っている。原則としてこれらの許認可権は、その資源の一部を規制当局が私有しているかのように開発利用を止めるだけの力はない。だが都市計画担当の役人に、自分たちの職務記述の厳密な規定以外のものに口を出すなと強要する能力は、土地所有者のほとんどはなかなか習得できない技だ。複数の規制機関それぞれが拒否権を行使すると、資産価値はアンチコモンズの潜在能力によって破壊されてしまう[61]。

「このマンション、すごいお買い得だったんだけど、鉱物採掘権は含まれてなかったんだ」

図5-5　鉱物表層の所有権分割のジレンマ

天然資源のバナナリパブリック

バナナな規制は都市開発だけでなく、どのような状況でも起こりうる。一九九六年にアラスカ州議会は、ガスや原油のための深層掘削を支配している既存のバナナ規制を回避できるような「浅層天然ガス（ＳＮＧ）」のリース事業を開始した[62]。わずかな期間だったが、掘削企業は地方自治体の干渉もなく、また地表の地主には前日に通知するだけでよいというリース権を、浅層の天然ガスについてはほぼその場で確保できるようになった（図５－５）[63]。立ち並ぶ幻の料金所が河口のたった一つの料金所に置き換えられ、そこから先は何の邪魔もなく航行できるようになったのだ。

アラスカの所有権推進派とされる有権者にとってこの計画はいきすぎだったようだ（人はたいてい自分にとっていやなことを隣人がしよ

うとしない限り、「所有権賛同者」を自称するものだ）。二〇〇四年、地表の地主たちはこれに反発して議会に圧力をかけ、天然ガス計画を撤廃させた。振り子は反対に振れて、再びバナナ規制が採掘を支配した。新たなリース契約は、競争率が高くて面倒な入札手続きに委ねられることになり、それぞれの契約には「最高の利益成果」をもたらす行政過程が必要となり、無意味な地域限定の規制が州の決定によって覆されることはなくなり、長期にわたる「公示と意見」の期間が探査、開発、輸送の各段階に付け加えられ、地表の地主との交渉も必要となった。[64] ある地表地主の権利擁護団体の委員長によれば、

新たな（州による）基準は、分割された土地所有権に関する複雑な規制を改善するというよりは、それをより複雑にしている。国、州、区、そして地下資源の権利を保有する様々な個人所有者にとって、だれが何を規制しているのかを見極めるのはほとんど不可能である。[65]

政治家の自己利益追求が彼らのグリッドロックのコストへの留意の欠如と交錯する、天然資源採取のバナナリパブリックにようこそ。アラスカにおける浅層天然ガスの開発は一歩も進まなくなった。財産権推進路線のフロンティアというお話もこれでおしまい。エネルギー自給のお話もこれまでだ。

水平、垂直のバナナリパブリック

水平のバナナリパブリックが生じるのは、許認可を得るのにデベロッパーがあちこちの部局参りを強いられるときだ。図5－6[66]の写真（古今東西の報道写真のなかで私の最もお気に入りの一枚）に添えられた『ニューヨーク・タイムズ』紙の記事は次のように書かれている。

> 平日の朝ならたいてい、そう五時半とか六時くらいにニューヨーク市建設局を訪れると、エレベーターから無人の廊下に出たときに、おもちゃの兵隊のように一列に並んだブリーフケースに躓くことになる。持ち主はどこにも見当たらない。だれが最初に建築審査官に面会できるのかという順番を示したこのブリーフケースの列は、建設局との日々の戦いを有利に運ぶよう、許認可促進人のあいだで進化してきた多くの部族的習慣の一つだ。
>
> 促進人って何、と思うかもしれない。それは建築、修復の許可を得るために、建築家や建物の所有者に雇われる人々だ。彼らはどの書類に記入し、どの列に並び、何が個々の建築審査官を満足させるかといったことを熟知しているのだ。[67]

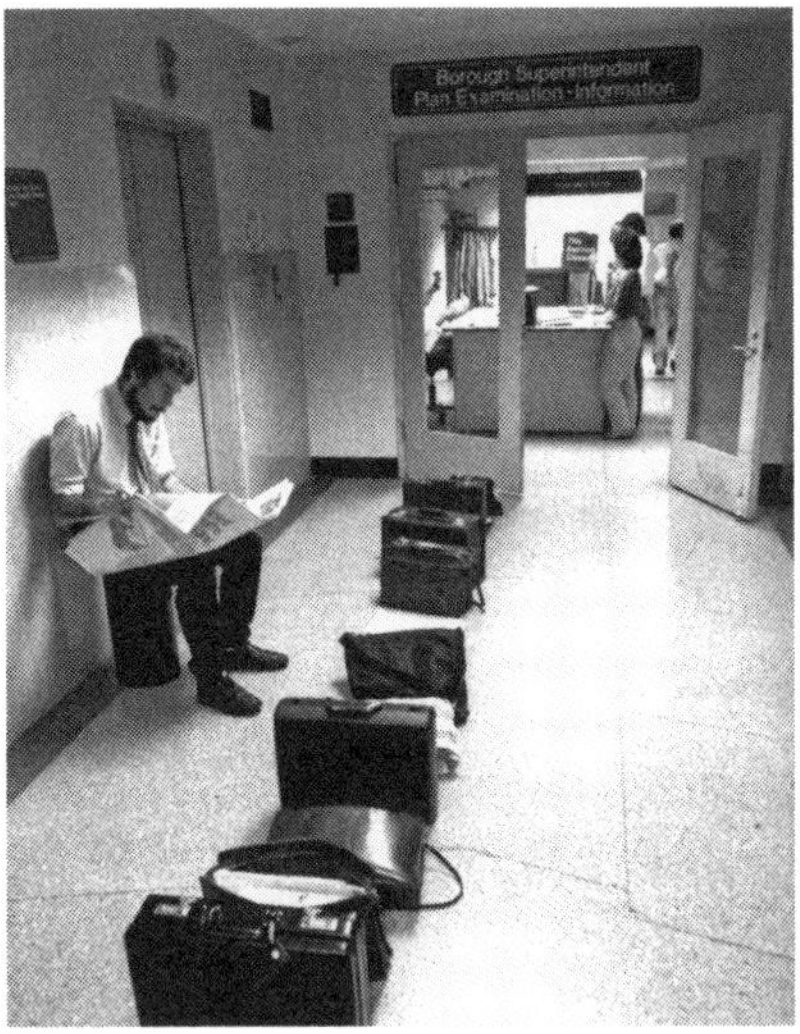

図5-6　一列に並んだニューヨークの許可促進人のブリーフケース

これはニューヨークだけの話ではない。ワシントンDCでも、大繁盛の建築許認可促進サービス会社社長ジェラルド・クラークはこう語っている。「我々はそのままで許可の得られるような図面をもらったことは一度もない――必ず何かが欠けている」[68]。ワシントンでは、標準的な建築計画に建築許可をもらうには、一一種類の承認が必要になる。ロサンゼルスでも同じように複雑である。一九九五年、ロサンゼルスの前市長リチャード・リオーダンは「我々の複雑怪奇な制度はオーバーホールしないと、いまやエンスト寸前である」と言っている[69]。ロサンゼルスは二〇〇〇年に改正案の採択に成功したが、それでもまだ手続きはあまりにややこしい。実質的にはロサンゼルスにおけるすべての建築計画は、市の複数の意思決定機関による各種の評価に左右される。建築許可一つ得るのに、デベロッパーはいまだに市の一三の担当部署から承認を得る必要がある[70]。

二つ目のタイプは垂直方向のバナナリパブリックだ。同じレベルの複数の部署から許認可を得るのではなく、行政の複数の層から許可を受ける必要があるのだ。建築のためには、建築許可だけでなく、市の用途規制の承認、州の環境評価、連邦政府による水質汚染防止法の許可、その他諸々許可承認を受ける必要がある。これら必要条件はまっこうから矛盾することもある。そして行政のそれぞれのレベルで、承諾を得るにはかなりのコストがかかる。例えばカリフォルニア州で一つ開発を進めようとすると、デベロッパーはほとんどのケースで必要となる環境影響調査（ＥＩＲ）に最低でも一〇万ドル、たいていの場合は一〇〇万ドル以上のコストを強いられる[71]。ＥＩＲには最低でも六ヶ月、ときには何年もかかり、そのあいだに開発の根拠となる財務上の見通しは変わってくる。

ＥＩＲの要件は環境保護というきわめて崇高な目的のために制定されたが、現実には近隣の住民がこっそりと抱いている、環境保護とは無関係の理由で採算性のある開発を遅らせ、結局はつぶすための武器として使われてしまう。貧乏人が近所に住むのはいやだと主張すると、社会的に受け入れられないが、空き地を守れと運動しても何の問題もない。[72] 環境調査は幻の料金所となりうる。その犠牲になるのは、手頃な価格の住宅である。

バナナリパブリックから生じたグリッドロックの物語は無数にある。ニューヨークの例として「オイスターベイのモール戦争」がある。一九九〇年代初頭、大手デベロッパーがロングアイランド近郊の裕福な地域に高級ショッピングセンターを建てる計画を発表した。「結果は……」『ニューヨーク・タイムズ』紙は書いている。「ロングアイランド版百年戦争の勃発だ。（中略）この戦いの武器となったのは、最新鋭の郊外土地利用政策だ。弁護士は訴訟を起こす。市民団体は騒ぎたてる。行政は討議を重ねる。デベロッパーが使った資金だけでも一億ドルにものぼった。結果、何も起こらなかった」。記事は経済学者クリフォード・サンドロックの次のような話を引用している。「開発の難易度を一〇〇点満点で採点すると、ロングアイランドのケースは九か一〇点だ。まるでキューバで開発を進めるようなものだ」。[73] 彼はまちがっている。キューバでの開発のほうがまだ簡単だ。独裁政権が何かを建てると決めたら、それはすぐに建つのだから。

バナナリパブリックにはコストが伴う。バナナリパブリックは競合する新参のデベロッパーを破産させるか、追い払ってしまい、戦えるのは大企業だけにしてしまう。競争が減るとさらに価格がつり上がり、デベロッパーは反対が少なく投資の回収が簡単なもっと豪華な計画へと移行する。デベロッパーが促進人や土地利用を専門とする弁護士を雇わなくてはならないという意味では、バナナリパブリックの直接的なコストは高い。だがそれは、グリッドロックがもたらす損害の一番小さな部分にすぎない。バナナリパブリックは手頃な値段の住宅を締め出し、起業家の活力を砕き、成長を阻むことで経済全体に損害を与えているのだ。

世界規模のバナナリパブリック

ジェームズ・ブキャナンはユーンと共同執筆したコモンズとアンチコモンズの数学的対称性を証明した論文のなかで、一九九九年にイタリアのサルディーニャに旅をしたときのことを例にあげている。

ある起業家候補が、海辺の狩猟許可リゾート地に投資をしようとした。でも、いくつかの地域関係部署（例えば観光局、ホテル・レストラン局、野生動物保護局）から許可を受けなければならないため、実現化は阻まれた。これらの部局はどこも、その計画に対して実質的に拒否権を持っている。もしこの計画が実現されれば価値を生み出したかもしれないのだが。[74]

日本はバナナリパブリックで名高い。その都市居住者は豊かな国のなかでは一人あたりの居住面積が最も小さいが、その原因の一部は「世界有数の複雑に絡み合った不動産法、ニューヨークの家賃規制の迷宮でさえ単純に見える法の藪」にある。これらの規制によるコストは、一九九五年の阪神・淡路大震災で目に見えるようになった。三〇〇億ドルが迅速にこの都市につぎ込まれ、高速道路（分割されることなく国の所有権下にある）は早急に再建されたが、市の残りの部分は何年もがれきのままだった。「一人の怒れるテナントが都市再生を妨げることは可能であり、実際に妨げた」からだ。[75]

日本でアンチコモンズ化した所有権が目立つ理由の一部は、戦後のアメリカ占領時代に成立した法だ。都市計画理論はアメリカ最高の輸出品とは言いがたい代物だ。これらの法制度下で、神戸の土地は「アメリカのガレージぐらいの大きさの何千という敷地」に分割され、建物は「デベロッパーがかき集めたたくさんの小敷地で構成された建設用地に建っていることもある」。たった一つの敷地で、家を貸す人、借りる人、地主、転借人が三〇〇人以上も重複して権利を所有する場合もあり、再建計画を進めるにはその全員の同意が必要となる。市当局の職員によると「ある一つの計画に何千人もの中小企業の社長から同意を取りつけるようなものだ」という。[76] 新しいバナナリパブリックな規制により、地震以前の建物の規模を再現すると違法となる例も多い。深刻な被害を受けた一〇七の分譲マンションを調べた調査では、現行の規制を遵守して再建可能な建物はそのうちの二八しかなかったことが明らかになっている。[77]

ビッグインチやバナナリパブリックはいったん生じると、なかなか抜け出せない。ある記者によると「市は土地収用法に従ってテナントや土地所有者を立ち退かせて土地を買い取ることもできたが、日本の行政当局は調和と意見の一致を好む国民性から、不動産収用をなるべく避けようとする」という。その結果、阪神大震災から二年が過ぎても、一〇のうち七の建物が壊れたままか、がれきのままだった。再建計画が確定しても所有者によって阻止されてしまう。その影響は住宅価格以外にも波及している。

制度全体が経済上の障害で、貿易障壁にすらなりかねない。日本が不良債権問題から立ち直るのに何年もかかる原因の一部は、無断居住者や故意の債務滞納者でも居座れる強い権利を持っていることにある。成田空港が開港以来一八年たっても完成しないのは、農民が第二滑走路の予定地の明け渡しを拒否しているからである[78]。

バナナリパブリックの隠れたコスト

最近の『ニューヨーク・タイムズ・マガジン』誌に、ジョン・ガートナーが記事を書いていて、ハーバード大学の経済学者エドワード・グレイザーによる、アメリカ都市部におけるバナナリパブリックの研究を紹介していた。グレイザーは都市経済学者にはよく知られている事実、すなわち住宅の値段が高いのは、土地の不足では説明できないという事実を指摘している。ニューヨークやボストン、サンフランシスコのような都市にさえも、利便性が高くて人口密度の低い、あまり建物が密集していない土地がたくさんある。例えば、ニューヨークではここ三〇年の新築建物の平均的な高さは、住宅需要が高まり、環境保護の観点からも高密度化に利点が多いにもかかわらず、徐々に低くなっている。ガートナーはグレイザーとその共著者が、「マンハッタンを詳細に観察して、この区内のマンションの価値の半分かそれ以上が、住宅の新築を妨げる何らかの規制から生まれていると見積もった」ことを述べる。グレイザーは言う。「私は別に、だれがどこに何を建ててもよいデベロッパー天国を望んでいるわけでは全然ないんですがね。でも、現状は偶然の産物で、法的規範の改正によって生じたもので、それはどう考えても社会的に望ましい結果を生み出すとは限らないとは思っちゃいますね[79]」

グレイザーの言う「偶然の産物」は、先述したグリッドロックの水平、垂直タイプ以外にもいろいろな形で現れる。土地利用許認可や建築許可のプロセスが、どんな形で次第に積み上がるかは都市によって様々だ。市民から抗議の声が出るたびに、それぞれの都市は新しい規制を可決する。環境影響評価の調査範囲も拡張される。それが環境をあまり改善せず手続きを遅延させるだけだったとしても、何だというのだ？ 他に子供の健康促進に役立つ安上がりな計画があるにもかかわらず、我々は含鉛塗料の利用禁止を規制条件に加える。アパートから真っ逆さまに子供が落下するのを防ごうとして、窓に落下防止柵を義務づける。どの洗面所も同じように利用できるように障害者アクセス規定を拡充した。これらはすべて役には立っている。でもそれを言うなら、スタチン製剤であるリピトールだって同じように役に立つ。リピトールはコレステロール値を下げ、命を救うのだ。でも第2章で見たように、アメリカ人全員にリピトールを摂取するよう命じたりすることはない。それでは使いすぎになってしまう。むしろ最適な使用レベルを探求するのだ。同じように、衛生、安全、その他あらゆる規制だって、最適なレベルを考えるべきなのだ。

これらの要求条件のなかには、まったく無意味なものはほとんどない。個別に見ると、最も厳しい土地利用規制であっても、私有財産の違法な「奪取」と言えることはほとんどない。だから、裁判所がこれらの規制をうまく抑える手はほとんどない。地域の規制当局もよかれと思って始めるのだが、その善意の総和は政治的に最も強いコネのあるデベロッパー以外を全滅させてしまうことになる。立法者たちは家賃統制、あるいは「中間所得層向け都市計画」（デベロッパーに、多大なコストのかかる不必要に地価の高い都市部に「手頃な価格の住居」を建てることを強制する規定）といった反生産的な計画の下方スパイラルにとらわれてしまう。それぞれの規制のまわりには利権が生まれ、官僚機構は自らの存続を正当化すべく戦う。なぜ単純化するべきなのか？　それは、蔓延する汚職、促進人、海賊建築が現実に経済成長の足かせとなっているからだ。多くのデベロッパーはだまって開発をあきらめるだけだ。

バナナリパブリックの原動力は茹でガエルの逸話のようなものだ（これを家で実際に試したりしないこと）。カエルを煮え湯に入れるとすぐに飛び上がって逃げようとする。でも冷たい水のなかにいれてそれをゆっくりと温めていくと、飛び上がることなく茹で死にしてしまうというのだ。

バナナリパブリックの修正

バナナな規制を阻止するのは不可能かもしれない。そのためには有権者とメディアが規制当局を異様に厳しく監視する必要がある。一方、バナナリパブリックの修正ならば安価にすむこともある。別に環境や衛生規制のある分野を丸ごとあきらめる必要はない。むしろもっとうまくいくように許認可の過程を協調させて、新たな規制の便益がグリッドロックのコストよりも大きいかを検証すべきなのだ。

例えば、市は許認可の「窓口一本化」を義務づければいい。デベロッパーは市の官僚機構の窓口一つだけに書類を出せば、そこが関連部局すべての回答をすばやくもらってくるのだ。もう一つはデベロッパーに対し「みなし認可」を認めることだ。決められた時間以内に規制当局側が異議を唱えなければ、デベロッパーの申請は自動的に承認されることになる。このやりかたで、規制当局、そして最終的には議員と有権者に、相互に調整されていない規制のハードルからくるコストをいくらか負担させようというものだ。第三のアプローチは「アンチスノッブ建築規制法」と呼ばれるもので、ニューイングランド地方のいくつかの州で、低価格住宅開発計画の申請に対する認可を効率化するために利用されている[80]。

これらの解決策の問題点は、政治家がまずはグリッドロックを特定できるようになり、現在容認していたり、場合によってはひそかにこれ幸いと受け入れているグリッドロックを終わらせようと思う必要があるということだ。グリッドロックは利益供与の義務と政治献金の流入を生み出す。危機に対応するときには、規制を取りはらうよりも、規制を加えるほうが容易なのが常だ。マンハッタンのダウンタウンにおける9・11以降の世界貿易センタービル跡地近辺の再建計画にさえ、グリッドロックによる遅れが生じた。ニューヨーク州、市当局、港湾管理委員会、借地人、保険会社、その他のたくさんの関係者が自分の利益を守ろうとし、全体として再建計画を遅らせることになった。

＊

リチャード・リオーダンがロサンゼルス市長だった頃に規制の合理化について議論したことがあ

る。彼はバナナリパブリックの解決というのは「ＮＩＭＴＯＯ」だと語った。ＮＩＭＴＯＯとは、「素晴らしい立法改革だが、『私の任期中は無理（Not in My Term of Office）』という意味だ」とのこと。[81] 彼の名誉のために言っておくが、彼はロサンゼルスで事態を改善した。それでもロサンゼルスでの建物の建設はいまだに悪夢に等しいほど大変だ。

市レベルの改善が不十分でも、すべてが失敗というわけではなく、州議会が介入して地方行政による用途地域権限を改めることで、バナナ規制を押し戻すこともできる。しかしＮＩＭＴＯＯへの誘惑は州レベルでも見られ、州もまた独自の一貫性に欠ける善意の規制をさらに重ねていることが多いのだ。

政治家によって個人所有者が貴重な資産を無駄にするよう強いられたとしても驚くにはあたらない。まずい決定を下したからといって規制当局が破産することはないし、よい決定を下しても彼らが金持ちになれるわけではない。しかし、最終的にはバナナリパブリックに堕すのを容認してしまった市（そして国）は、市場によって罰せられるのだ。

ブロックパーティー、シェアチョッパー、バナナリパブリックはどれも回避可能だ。その第一歩はまず問題に気づくこと、次に解決のために創造的かつ粘り強く問題に対処することである。何も魔法を使うわけではない。ただそのためには個々のやる気と政治的な根性が必要なだけだ。

第6章

モスクワの空っぽの店頭

ベルリオーズの訃報は、建物中にある種超自然的な早さで広まり、木曜の朝七時からボソイのところに電話がかかり始め、次に故人の居住面積を至急要求する内容の申請書持参で人々が直接訪ねてきた。そして二時間のあいだにニカノール・イワノーヴィチはそうした申請書を三二通受け取った。そのなかには懇願あり、脅しあり、中傷あり、密告あり、また部屋の修理は自己負担で行うからという約束あり、窮屈で耐えられない、強盗どもと一緒には住んでいられないと書かれたものもあった。なかには舌を巻くほどの文才を発揮して、三一号室でペリメニをちょろまかして直に背広のポケットに忍ばせた描写があり、部屋をくれないと自殺するという誓約が二通、実は密かに妊娠しているという告白も一通あった。

ミハイル・ブルガーコフ『巨匠とマルガリータ』より

市場を追放した国々ほどグリッドロックのツケが高い場所はない。ソ連は天然資源と人材に恵まれていたが、経済は倒錯していた。一九九一年末、ソ連が崩壊するなか、私は世界銀行チームの一員としてモスクワに飛んだ。ボリス・エリツィンの新政府は、だれも資本主義のなかで暮らした経験がない国で一から市場を作り上げるにはどうすればいいか知りたがっていた。

私は社会主義ですべてが倒錯しているのに驚愕した。冬のモスクワでは、友人たちはアパートが暖まりすぎないように窓を開けっぱなしにしていた。[1] なぜか？　エネルギーが無料だったから、温度調節のサーモスタットがついていなかったのだ。みんなものすごい長距離通勤していた。なぜか？　土地や交通に価格がないため、都心部近くに別荘があって、遠く離れた郊外に高層団地の林立する区画がある。[2] 何百万もの人が古い居住区域に押し込められていても、中心部近くの土地が再開発されることは決してない。これらのコストは、ロシア政府が土地、エネルギーといった各種資源に世界市場に応じた価格をつけ始めるやいなや、目につくようになった。その変化は苦悶に満ちたものだった。

だがそれですら、ロシアにおける住居の私有化は比較的成功したほうだ。一九九〇年代初頭に、一億以上の人が自宅所有者となり、住居を売ったり、買ったり、貸したりできるようになり、そしてこれが一番重要だが、引っ越しも可能になった。こういった変化が始まった頃に、ソビエトの一流の経済学者であるロシア人の同僚は、暴力的なKGB職員である前夫と息子と共に、三七平方メートルのアパートに住んでいた。[3] これは何も特別なことではない。引っ越しが許されておらず、親のところに戻る以外に行くところなどどこにもないため、離婚したカップルはたいていそのまま一緒に住み続けていた。住宅供給の民営化に伴ってほとんど一夜にして活気ある不動産市場が出現し、それはシベリアの果てにまで波及した。これはマンション法や、居住者保護、建築規制、歴史保護区域、抵当権融資、財産税、担保権執行、立ち退きなど、各種の現代の不動産所有権と運営に関する要素をロシアが取り入れる前の話だ。[4]

ロシアにおける住宅私有化の成功は、企業民営化のすさまじい失敗の陰に隠れて目立たない。[5] 一九九〇年代初頭にはソビエトの国営企業の支配権がごく少数の人の手に渡った。ロシアの天然資源が新興財閥による大規模な略奪にあったことはニュースにもなった。商業用不動産の民営化は住宅供給の成功と企業の失敗の中間ぐらいの成功だった。その中間地点で、私はアンチコモンズの悲劇をはじめて見出したのだった[6]。

アンチコモンズの発見

一九九二年、ロシアの副首相エゴール・ガイダルが私のチームに、なぜ路上には何でも売っているトタン張りの屋台がたくさん出ているのに、民営化された店の店頭はいまだに空っぽなのかを調査するよう依頼してきた。その対照ぶりは目を見張るものがあった。路上で商売が賑やかに行われている目の前では、薄暗い照明の下で店内の棚は空っぽのままだった。部分的な説明ならたくさんあったが、見落とされていたのはロシアにおける新しい所有権制度の問題だった。モスクワの商人と話してみると、屋台を開くのは簡単だが、まともな店舗を開くのは悪夢だということがわかった[7]。やがて空っぽの民営化した商店の光景は私のなかで、「アンチコモンズの悲劇」という概念として具現化した。多くの所有者が互いの邪魔をして、貴重な資源を不十分な使用で無駄にしてしまうという状況のことだ。

通常の市場経済なら、民営化の定跡は、普通の空間について明確にまとまった所有権の束を譲渡することだ。例えば国有のパン屋を新所有者アレクサに、大きな書店を新所有者ボリスに、角の食料品店を新所有者カタリーナに売却するという具合に。これは英国でマーガレット・サッチャー政権が、公営住宅を民営化してその時点の借家人に払い下げたときの方法で、現在イタリアで国営企業や国有資産を処分する際にもこの方法がとられている[8]。

しかしながら、ロシアの改革派指導者たちは、ソビエト支配がいまにも復活するのではないかと恐れて焦っていた。ある訪問の際に、私はロシア議事堂（通称ホワイトハウス）がクーデターの際に砲撃を受け、くすぶっているのを目撃した。[9]またあるときには、仕事相手の一人である住宅改革省副大臣が、戦車縦隊のモスクワ突入に備えて省所有のダンプに大通りをブロックするように命じるために徹夜して、朝のミーティングに遅刻したこともあった。みんな神経質になっていた。早急に改革を固めることが最優先の目標だった。

商業用不動産の民営化にあたり、政府はソビエト時代の役人、すなわち共産党政治局員に、個人的な経済利権を即座に与えることにした。改革派は社会主議下での既存利権を「私有財産」と改称して、それぞれの利権を民営化した。[10]パン屋の場合には、政治局員アレクサは社会主義法制下での「販売権」を受領し、ボリスは「賃貸権」を、カタリーナは「経営権」を受領するという具合に。書店と街角の食料品店も、これとまったく同じ奇妙な方法で私有化された。以前の社会主義下での管理者と団体に、同じ場所で重複した新しい「私有」権が与えられた。新しい権利は私有財産の断片でしかなく、標準的な所有権の束ではなかった（図6－1）[11]。

アレクサ、ボリス、カタリーナは社会主義復興のために団結するかわりに、金持ちになろうと互いに競い合うこともできたはずだ。だが必要以上に複雑な私有化案は、予期せぬ悲惨な結果を招いた。パン屋に安心して投資しようと思えば、野心的な商売人ドミートリィは、アレクサ、ボリス、カタリーナなどが持つ断片化した所有権をすべて獲得する必要がある。しかし新たな所有者たちは、賃借料や物件価格の大部分を自分がもらうのが当然だと思っているため、あまり協力的ではない。

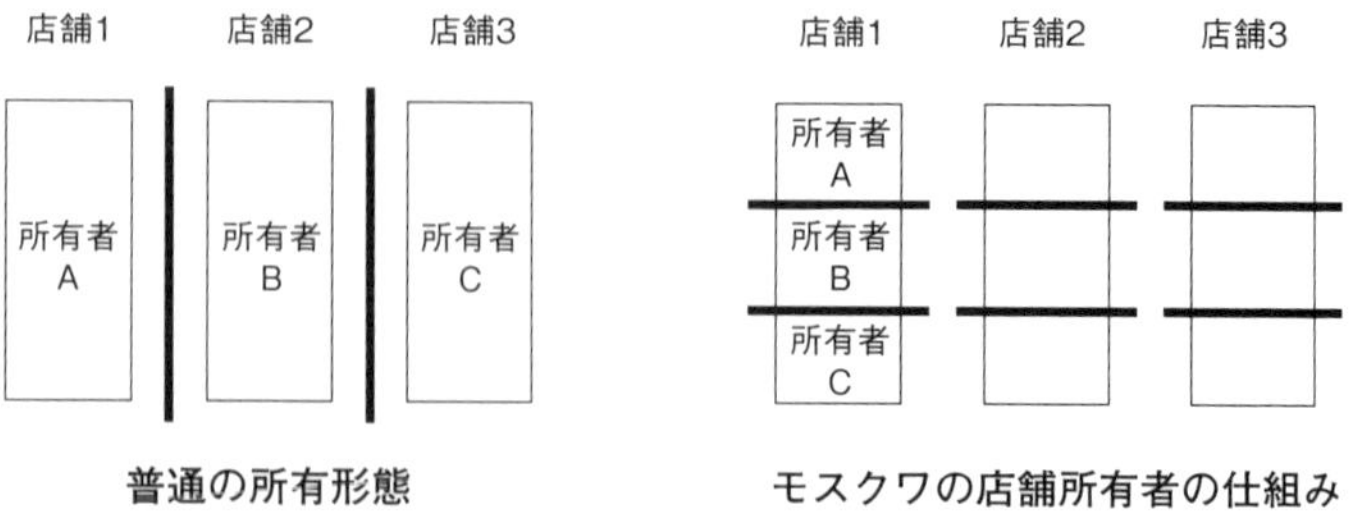

図6-1　対照的な私有権とアンチコモンズの所有権

こうして、多くの店舗が空っぽのままにされる。賃貸契約は遅々として進まず、乱暴な手段がとられる。争いのいくつかは手榴弾と車からの銃撃で解決された。駆け出しの起業家ドミートリィにとっては、屋台のほうがずっと安全だ。

屋台は、資本主義移行の象徴となった。屋台が街角から消えることが、アンチコモンズから私有化へと進歩したという視覚的な指標となった。ポーランドでは一九九〇年代初頭に一瞬だけ屋台が現れたが、商業店舗についてのまともな私有財産権がすぐに成立したので、衰退した。私の屋台指標で見ると、ポーランドの商業用不動産のグリッドロックは一年も続かなかったことになる。しかしロシアでは、ソビエト共産主義崩壊後数年たってもなお、屋台が多くの歩道に列をなしていた。[12]

ハンプティ・ダンプティ式グリッドロック

ロシアの改革派（あるいはその世界銀行のアドバイザー）を手厳しく批判する前に、空っぽの店頭が失われた化合薬Xの物語にそっくりだということに注目して欲しい。どちらのケースでも善意の改革派たちは、私有化のいきすぎがうっかりグリッドロックを生み出してしまうことを考慮していなかった。政府は標準的な新古典派経済学の方針に従った。明確な所有権を設定し、あとは身を引いて所有者にそれらの権利を取引させるというやりかただ。理論的には、市場における見えざる手がこれらの権利を明確な資産としてまとめ、それらの資産を最も価値の高い利用に移行させることになっている。

しかし権利をまとめるのは決して簡単ではない。最初の権利付与はやがてくっつき合うが、適正にくっつくとは限らないのだ。ロシアの店頭についての経験は、所有権に関する重要な教訓を与えてくれた。所有権の明確性もさることながら、所有権の中身も重要だということだ。

モスクワの商店の空っぽの店頭は、私が「ハンプティ・ダンプティ式[※1]グリッドロック」と呼んでいるものの好例だ。規制当局が調整のとれない私有権をうっかりたくさん作り出してしまったために、国ですら個々の所有権をもとの卵にまとめ直すことはできなくなった。ロシアでは、アメリカ同様に、一度何かに「私有財産」とラベルが貼られると法的保護が効力を発揮して、国が「適正な補償」をしないとそれを取り上げることはできない。ロシアの法律はこの点ではかなり強固だ。私は、アメリカ憲法における「収用」条項に該当するロシアの法律の初期草案について、副大臣とある夜じっくり話し合ったので、それについてはよく知っている。

※1　マザー・グースに出てくる卵の形をしたキャラクターのこと。塀から落っこちたハンプティ・ダンプティはばらばらになってしまって、大勢の人たちの手にかかっても「元に戻せ」なかったと詠われる。

「努力が足りなかったんじゃない?」

図6-2　ハンプティ・ダンプティ再構築のジレンマ

第5章で論じたバナナリパブリックは、ロシアにおける不動産グリッドロックと違うことに注目しよう。複雑で重複した規制制度のなかでは、人はある程度までなら権利の移行を受け入れる。政治的意志さえあれば、このグリッドロックを解きほぐすのはそう難しいことではない。対照的に、ハンプティ・ダンプティ式グリッドロックを修正するのは難しい。接収は政府にとってはお金がかかるし、所有者も怒る（図6-2）[13]。だからできれば所有権のグリッドロックは事前に予防するべきだ。政府が一から所有権を作ろうとしているときには要注意だ。そういうときこそ、最も危険なグリッドロックが生まれやすいのだ。

　ポスト社会主義改革はその過酷さ故に、有用な例を生んだ。ロシアなんてずいぶん縁遠い話に思えるかもしれないけれど、経済体制を丸ごと移行させるのは大きな教訓を与えてくれる[14]。進歩した市場経済では、過ちはロシアより目につきにくいかもしれないが、そのコストはロシアの場合より大きくなる。法制度が新しい資源を管理するために改正されるたびに、富がアンチコモンズの悲劇のなかに消えてしまうリスクが生じる。イノベーションの最前線のいたるところでは、政府は毎日のように所有権を作り出していることを忘れてはならない。会社法、株主権、M&A、破産法、インターネット規制――そのどれもが目に見えないアンチコモンズを作り出しかねない。

ソビエト式所有権から店頭アンチコモンズへ

不動産はあらゆる経済で重要な要素だ。市場経済では商業用不動産の価値は、工場や設備の価値を上まわることもある。住宅は経済のより大きな比率を占め、再生可能な国富の最大三分の一にも及ぶ[15]。ロシアでは、商業用不動産と住宅不動産を合計すると、価値の高い資産基盤となる。しかしロシアは市場経済への移行を始めるときに、財産権の境界も不明確で、所有権も重複していた。何が起こったかを理解するには、ソビエトの法律についての基礎知識が必要だ。ここでごく簡単に、四つの重要な要素をあげておく[16]。

1．不動産は存在しない。第一にソビエトは、土地と建造物を明確な経済的資産として一緒に所有できるという考え、すなわち「不動産」という概念を認めなかった[17]。ソビエト社会主義の核心は、国がすべての土地を一体的に無制限に所有することだった。第二に、原則としてすべての生産的資産は「人民全体」の所有物だったため、二つの敷地境界を厳密に決める必要はなかった。ソビエトでは土地の登記など、ある土地を他と区別するような法的手段は却下された。国はまた、すべての建物も所有していたが、管理上の理由から、土地とはまったく別の制度でそれらを記録した。国は建物のわかりにくい「使用権」を国の組織に配分した。要するに、所有権の境界は奇妙なことになっていたのだ。一九九〇年代初頭に、「いま立っているこの土地の使い方を決めるのはだれ？」という問いに対し、住民も役人もまったく答えられないのを見て、私は衝撃を受けた。

2．政治的ご都合主義とヒエラルキー。 境界が不明確なことに加え、「国有財産」は政治的な便宜主義とヒエラルキーという原則によって管理されている。所有者間の争いは、市場取引を通じて解決したり、あるいは難解な法原則に訴えたりすることで解決するのではなく、社会主義の政治的ゴールを最大化するように解決される。判事はときとして「電話法」に従って判決を下す。党の役人が判事に電話してどのような判決を下すべきか告げるのだ。加えて、社会主義法は所有の形態や権利の範囲といったことよりも、所有者がだれかを気にする。国有財産は、共同所有財産よりもより大きな保護を受けている。この二者が争った場合、国の利益が優先されるのが常だ。個人が所有する私有財産には最低限の考慮しか払われない。

3．機能停止。 取引可能な所有権を作るために、ロシアの改革派はまず社会主義法体制を解体する必要があった。この任務一般にはピラミッド状に積み重なった資産所有者を撤廃し、資産を法的に分割、取引可能にし、私有権を国有権と対等な立場に置くことが含まれていた。移行を支持する改革派は、所有者や物件を市場経済のそれを真似るようなやりかたで再定義した。要するに、彼らは土地と建物を「不動産」の個別の一単位として再整理する必要があったのだ。ロシアの法制度には、不動産、抵当、差し押さえといった基本的な用語を表す最新の言葉がなかった。第一歩として、副大臣は所有権についての新しい言葉を考え出して、それらの新しい法的定義を法令に書き記さなければならなかった。[18] これまで見てきたように、適切な用語を作ることが、所有権に関する争いを解決するための第一歩なのだ。

4．保護と私有化進捗の反比例。

ロシア滞在中、私はある奇妙な傾向に気がついた。社会主義の法的ヒエラルキーのなかで高い位置にあった資産ほど、移行の過程でグリッドロックにとらわれてしまいやすいということだ。[19] 反対に、社会主義下で最低限の法的保護しか受けていないまま移行期に入った資産が、最もスムーズに正常に機能する私的財産へと移行した。だから、(社会主義の法秩序のなかで強く保護されていた)小売店は屋台(あまりいい顔をされていなかった)に比べて浮上するのに時間がかかったのだ。公営共同住宅の市場(そこそこの保護)は単世帯用の住宅(低い保護)の市場に比べ、生みの苦しみが大きかった。そして最も断片化した所有権を伴い社会主義下で最も手厚い保護を受けた状態で移行期に入った国有企業が、市場経済へ乗り移る際には最もつらい時間を過ごすことになった(図6－3)[20]。

私有化の初期過程で、不動産をめぐる実権は中央政府から地方政府省庁、企業、個人の手に移された。競合する四つの権利者のカテゴリーが生まれた。「所有者」「利用者」「バランスシート所有

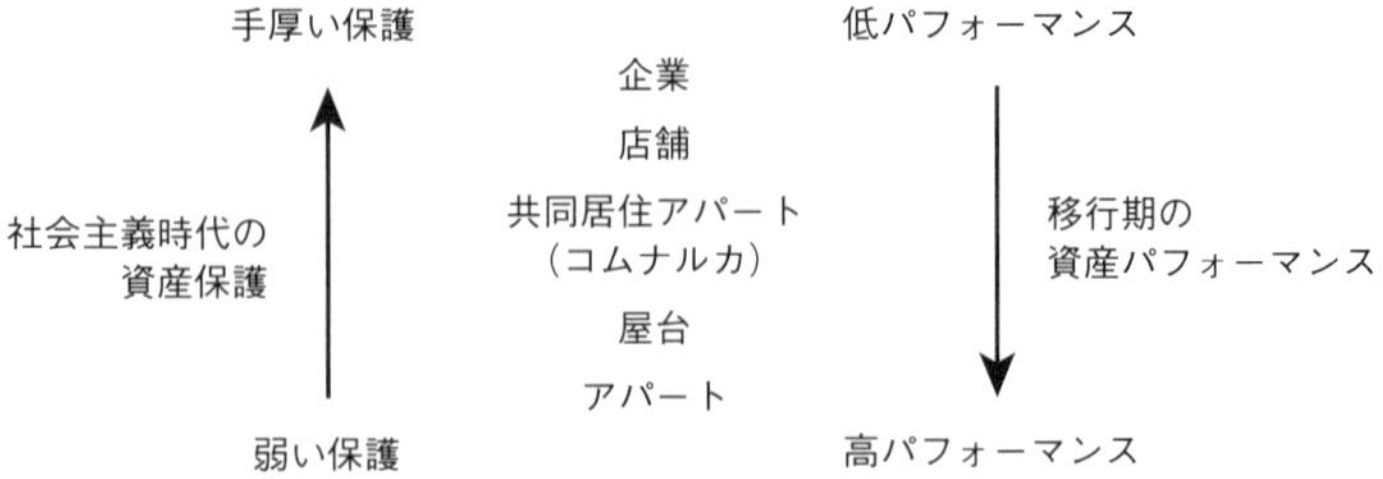

図6-3　移行期における資産の勾配

者」、そして「規制当局」の四つだ。[21]「所有者」は市場経済移行期の当初、市場経済の場合より脆弱な権利しか与えられていなかった。例えば販売と賃貸の手続きを定め、予定価格の範囲を決定する権利はロシア政府が持ち続けた。「利用者」は、たいていその場所に割り当てられていた旧国営企業の労働者集合体だった。彼らの権利は所有者の権利と同様にあいまいで、七〇年間続いた社会主義法と慣行による、今後も自分がそこを占有できるという強い見込みに基づいていた。労働者たちが通常のテナントになれるのかだれにもわからなかったし、その際の条件もわからなかった。「バランスシート所有者」は西側諸国の「信託」関係に似た、ソビエトの風変わりな所有権形態に基づいたものだ。このバランスシート権を売買可能な所有権へどこまで転換できるかは、場合により異なっていた。より強いバランスシート所有者は共同賃貸人にのし上がるかもしれず、弱いバランスシート所有者はそれ以下の存在となった。そして最終的には、販売や譲渡を阻止できる新たな「規制当局」がいろいろ誕生した。

　これら権利保有者のだれ一人として、店舗開業を単独で許可できる力はなかったが、他の者が店を開くのを阻止することはできた。図6－4[22]はある店舗について権益を持ち、他者の利用を排除できる国営企業、研究機関、維持管理組織、地域、地方、そして国家の行政機関の典型的な交錯状態を示している。

この図を見ると、事態はもっとややこしいことがわかる。まず第一に、それぞれの権利を複数のグループが分け合っている。例えば「賃貸権」といった利害を行使するときも、彼らはそのやりかたについてお互いの同意を得る必要がある。次に政府機関は、現実に資産を管理する役人とは別物だった。公式賃料と市場賃料とが乖離していたので、賃貸権は権限を持つ地元役人の小遣い稼ぎに使えた。もっと露骨に言えば、担当官は賄賂をとって、市場価格よりも低い値段で物件を賃貸できたのだ。

店舗の利用はどんな形のものであれ、複数の団体から承認を必要とする。どの団体が反対しても、他の団体の権利行使を阻止できる。このようにモスクワの店舗は、アンチコモンズの定義そのものとなる。私がこの概念を思いついたのもこれを見た結果だった。店頭アンチコモンズの悲劇は、所有者が同意にいたらないと資源が無駄にされるということだ。空っぽの店は最終的に失業と経済機会の喪失という結果を招く。移行期の最初の一年は、ロシアにおける商業用不動産の約九五パーセントが多少なりとも分割された所有権形態のままで、その多くが利用されていなかった。

モスクワの店舗：アンチコモンズから私有へ

店舗をアンチコモンズによる無駄から、うまく機能する私有制へと移行させるには、断片化した

財産権	所有者
売却権	地元政府 財産委員会 建築歴史保存委員会 予算組織 国営企業／国家機関（バランスシート所有者として） 関連評議会
売り上げ受益権	連邦政府 地方政府 地元政府 財産委員会 建築歴史保存委員会
賃貸権	財産委員会 国営企業／国家機関 維持管理組織
賃料を受けとる権利	関連の役所 財産委員会 建築歴史保存委員会 維持管理組織
用途決定権	都市計画委員会 財産委員会 バランスシート所有者
入居権	労働者協同組合

図6-4　モスクワの店舗の権利の「所有者たち」、1992年

所有権を一つにまとめる必要がある。言い換えれば私有権を作り出すということは、互いに排除可能な多数の所有者制から、資産の売却、賃貸する権利、売却賃貸による収入の受領権、占有権、賃借人がどのように資産を利用するかを決める権利など、従来の権利を一括して管理する一人の意思決定者制へと移行することだ。

市場取引と政府による一括販売

ロシアでは市場経済移行で、政府が意図せずアンチコモンズ物件を作り出してしまったが、その後断片の新たな所有者はどうやって権利を一つにまとめたのか？　それには二つの手段があった。市場取引と政府介入だ。

市場取引では起業家精神にあふれた資産整理屋が、すべての断片化した権利所有者と合法、非合法の取引を通じて交渉し、店舗に対する管理権を整理する。合法取引の場合は、資産整理屋はそれぞれの権利をその所有者から正式な法的強制力のある契約を交わして買い取る。だが店舗の場合、整理屋は賄賂を使って役人と裏ルートで交渉することが多かった。店舗で得られるはずの儲けがあまりに大きかったからだ。こうした賄賂の常態化にも、それなりのコストはある。収賄は、その規模は計測しにくいが、これまた経済発展の足を引っ張ってしまうのだ。それにより長期投資が差し控えられてしまうという被害が大きい[23]。だがやがて、一店舗、また一店舗と、個別取引によって店頭アンチコモンズは克服された。一九九〇年代に入ると、明かりはついていても店頭は空っぽという不気味な商店が並ぶ街路は見かけなくなった。

政府も、所有権の見直し、あるいは再配分に介入することで、グリッドロックの克服を支援できる。例えば土地整理のために収用権を行使したり、航空産業のための特許プールを強制したり、ラジオでの再生に楽曲著作権の使用許諾を強制することによって。ロシアでは連邦政府が、断片化した店舗の権利を撤廃し、管轄政府機関が持つ管理権を廃止することも可能だった。あるいは地方自治体が、競合する地方機関の持つ権利を一つの公的な意思決定機関に合併整理することもできた。だがこれらの改革が行われることはなかった。各省庁は、激変する環境下で自分たちが官僚として生き残る唯一の手段となるかもしれない権利にしがみついた。

私有化されたアンチコモンズ的権利を補償なしで廃止するのも、政府にとっては大きなリスクだっただろう。そんなことをしたらロシアへの投資家は、なおさらロシア市場への参入をしり込みしたはずだ。しかし、ほとんど破産寸前の国庫から補償金を支払うのは不可能だった。だからロシア政府は小手先の対応しかしなかった——契約、収賄、暴力、そして規制のわずかな改訂を通じ、市場は断続的にしか出現しなかった。改革の初期条件を考えれば、政府としてもこれが精一杯だったかもしれない。でもこのおかげで、緊張をはらんだポスト社会主義への移行期の初期に生じたグリッドロックを克服するための、蛮行と腐敗の被害を蒙ったのは、一般のロシア人となった。

答えは汚職か?

店頭のアンチコモンズと活況を呈する屋台の対照ぶりの原因は何だろう?[24] 移行期の最初の数年は屋台商人たちもアンチコモンズに直面した。多くの団体がその場所に屋台を出すのを妨害できる権利を持つような所有権制度ができていた。しかし一九九〇年代初頭には商人たちは、商業店舗を立ち上げるための非公式の（すなわち違法な）権利を得る方法を見出した。屋台の店主たちは地方自治体の権利保有者にお金を握らせ、地元のマフィアにみかじめ料を払ってアンチコモンズ体制を迂回した。当時ある記者は次のように書いている。

マフィア・グループは屋台所有者にとってますます重要になってきた。彼らは役人たちと違って、勤勉な所有者として振る舞った。例えば政府は利益に対して五〇パーセント、あるいはそれ以上の税を課したが、マフィアはわずか五パーセントか一〇パーセントの取り分しか求めなかった。また、マフィアは敵対するギャングから商人を守ってくれた[25]。

小売店が壊滅的に不足している国で、屋台は商業的販路を確立するという問題に部分的な解決をもたらした。それどころか屋台市場と店頭の不動産の問題は関連していた。屋台の成功は、当初は商店の失われた市場の問題を克服するという困難を緩和したかもしれない。屋台商人たちは幾人かの地方自治体の担当官と、所在のはっきりした犯罪組織だけにお金を握らせればすむ「限定排除」のアンチコモンズに直面した。ある屋台所有者アンドレイによれば、店を開くには次のような手順が必要だったという。

税検査官を買収し、マフィアの無法者にみかじめ料を払い、営業許可取得で承認のいる役人たちに「贈り物」をする必要があった。屋台の届く日が決まると、私にはやるべき大事な仕事があった。モスクワに縄張りを持ち、抵抗する者を痛めつける「保護」強請屋《ゆすりや》と話をつけることだ。[26]

決まった買収ルートを作ることで、起業家たちは屋台出店場所の不法なアクセス権をまとめるコストを減らした。別の屋台所有者カラモフは記者に次のように語っている。

地域の役人と力を持つマフィアには定期的にお金を支払う必要がある。（中略）融資を受けるには賄賂が必要だ。見込みのありそうな場所に屋台を開く許可を得るには賄賂を払う必要がある。そしてすべての準備が終わって開店した後も、店をつぶされないために賄賂を払う必要がある。

そのなかでマフィアは一番取引しやすい。法外な要求はしないし、前もっていくら欲しいか正確に教えてくれるし、一度合意したらそれを遵守する。後からもっとよこせと戻ってくることはない。（中略）

一番大変なのはだれに賄賂を渡すべきなのかを見極めることだ。（中略）最初はだれに何ができるのかさっぱりわからなかったので、地域監督官の事務所をほとんど毎日のように訪ねた。そこで会った人にキャンディやその他の贈り物をするうちに、やっとだれに頼めばよいかを教えてもらえる。[27]

賄賂やみかじめ料によって得た商業用地でも、手続きが確立して起業家が役人の自制心をあてにできるならば、そこそこ安定する。それでも屋台方式では、まともな小売制度が機能したときの経済活動レベルには及ばない。問題の一つは、屋台が簡単に盗まれてしまうことだ。夜に商売敵がやってきて、屋台ごとトラックの荷台に載せてそのまま持ち去り、翌朝街の反対側で品数たっぷりの店を開くかもしれない。どんなにがんばったところで、屋台は通常の固定店舗に比べればサービスは劣るし、商品の品揃えも劣る。

法と経済発展の関連に関する優れた理論家であるエルナンド・デ・ソトは、活発な地下経済は経済活動全体にとって、障害ではなく大きな貢献とみなされるべきだと論じている。[28] 屋台所有者たちは社会に貢献をしており、悪党などではない。ただ、活況だからといってそれが最善だと思ってはいけない、と彼は強調する。人々が地下経済に向かうのは法律がそのようにしむけるからだ。屋台店主が合法的に働ける法制度ができれば、社会への貢献もずっと高まる。

デ・ソトによれば「第三世界の発展不全」は、法的な財産権の設定がまずくて、それが非合法な手段により再分配されることで生じるという。[29] 彼が論じるように（そして私が一九八〇年代にラテンアメリカで働いていたときにスラム街で目撃したように）、地下経済は「次善の解決法」だ。悪法に直面した貧しい人々が創意によって勝ち取った成果である。デ・ソトは、貧しい人々にとってもっとよい解決法とは、成功した経済の特徴である財産登記、土地所有権、長期契約の安定した施行のための条項といった「良法」を作ることであると論じている。[30]

ロシアにおける屋台の蔓延は、商業用不動産におけるグリッドロックを克服する一つの方法が、非公式な汚職を容認することだと示唆している。確かに何もないよりはましだ。しかし、デ・ソトの研究によれば、それによって生じる所有権は、うまくまとまった合法の所有権と比べて効率が低いという。非合法の財産の場合、店舗改善や拡大への誘因は鈍くなってしまう。ある屋台所有者はこう話してくれた。「地元の役人を買収するのは簡単だが、それを続けるのは難しい」。そしてさらに重要な点として、別の場所に店を開くための資金を借りるのに、違法屋台を担保にはできないし、店舗拡張の建築許可も受けられないし、富裕客層を増やすために電気や水道の契約を結ぶこともできない。非合法資本をテコにして新たな富を生み出すのは難しい。合法的な店舗によって生み出される経済乗数と屋台の提供する頭打ちサービスの差が、店頭グリッドロックの隠れたコストということになる。

屋台の例は、所有権形態がいかに互いに密接に関係しているかを示している。路上のグリッドロックの解決と店舗の過少利用の持続は相互に強化し合っている。収賄で屋台のアンチコモンズは克服できるが、その代償の一つは第三世界的市場構造が固定化されてしまうことだ。一九九五年、ある評者が次のように書いている。

経済学者は、屋台はその所有者がもっと安定した設備へと移行することで、自然に廃れるのが理想だと主張する。モスクワでは、そうはならなかったとのこと。「商業用地という実に大きな課題があった。それはとてつもなく高価だったのだ」と市の中小企業振興局長セミヨン・

ベッカーは語る。「ある意味で、いずれ通常の店舗にとってかわられる屋台は自然に制限されるはずだとも言える。だがそれはいまだに起こっていない」[31]

アパート市場の活況

小売店舗とは実に対照的なものとして、ロシアで活況を呈するアパートの民間取引がある。[32] アパートが店舗との比較になぜ有益かというと、立地が店舗とまったく同じことが多いからだ。ロシア都市部の典型的なアパート棟は、一階が商業用途で二階以上は居住用だ。だから物件取引の違いは、もっぱら物理的な状況よりも法体制と文化的制度の違いだと考えられる。

一に立地、二に立地、そして三には明確な所有権

社会主義体制下ではアパートにおける権利は民間と公共の主体に分割されていた。店舗と同じようにアパートでもアンチコモンズの悲劇が起こる可能性は確実にあった。ソビエト法制下では地方自治体か企業が家族にアパートを割り当てれば、その家族には生涯、居住権が認められた。この所有制には強い占有権と子供にその住居を譲る権利が含まれていた。それ以外の権利は様々な行政部署が持っていたが、どの部署もアパートを売ったり貸したりはできなかった。

住居民営化法によって、それまで行政機関や企業が保有していた決定権が、無償、あるいはとても安い対価で住民に与えられた。売却権や売却益を受け取る権利、賃貸権と賃貸益を受け取る権利、

占有権、抵当権のすべてが、地方自治体、国有企業といった他の潜在的な要求者とほとんど競合することなく住民家族のものになった。政府が保有するのは、土地の用途規制権や土地収用権など、発展した市場経済に見られる限られた規制権のみだった。既存の生涯にわたる借地権と合わせると、アパートの住民は民営化によって、西欧のマンション所有者と同じような、一括した所有権を支配できるようになった[33]。

新たな住居市場は、旧社会主義圏で目を見張る成功をおさめた。それは単に売買された物件数というデータだけの判断ではなく、もっと重要な点として、私有財産をもとにした関係が育まれたという意味において成功だった。別にこれらの市場が完璧に機能したというわけではない。多くの国が、住居の私有財産制の基本的枠組みを作るのには苦労した。都市は不動産税、登記所を作り、土地境界線を引き、所有権をめぐる争いを解決し、コンドミニアムなどについての規制を制定しなければならなかった。近代的不動産規制の仕組みをすべて作り出す必要があった。そして彼らは、差し押さえや立ち退き制度など、抵当権融資制度を運営するための必要条件を欠いていた。現金取引しかできないと、不動産市場は阻害される。

このような法的インフラ不足にもかかわらず、一九九〇年代初頭のロシアではほぼ一夜にして活気あるアパート市場が形成された。シベリア奥地のアルタイ地方の中心都市バルナウルを訪れたときに、私は駆け出しの不動産ブローカーに会った。ソビエト崩壊後のごく早い時期に、モスクワとは何時間もの時差がある地方で、新進のブローカーたちは不動産市場の原動力を十分理解していた。彼らは「一に立地、二に立地、そして三には明確な所有権」をスローガンとしていた。

公正さのトレードオフ？

それでも、それなりのトレードオフはあった。うまく機能するように所有権をまとめる過程で、政府は公正性に関わる他の目標は無視した。多くの人々が、維持管理が悪く、光熱費が高くて、都市周縁というひどい立地のため市場価値がほとんどないアパートを与えられた。さらに悪いことに、住む家が欲しくて何年も待ち続けている人々、特に親の狭いアパートに押し込められている若い家族は、何ももらえなかった。対照的に、ソビエト時代にはコネのある少数の政府の役人たちが、手入れのいきとどいた都市中心部のアパートを手に入れた。私有化の過程で、これらの共産党政治局員（そして何十年も前に部屋をもらっていたそのご近所の高齢者たち）は最も価値の高いアパートを確保した。

住宅私有化はルーブルに換算するととても公平なものとは言いがたかったが、改革政府にとっては政治的メリットがあった。価値の高いアパートを得た政治局員は、すぐに新体制化を支持する理由ができた。また借家人を単純に所有者に変えるのは、まだ力のない新政府でも行政手続きとして十分に処理できるほど簡単だった。グリッドロックの観点から言っても、住宅私有化は一貫したプロセスだった。アパートは、部分的な権利を多くの集団が取得した店舗の場合と違い、ほぼ標準的なまとまった私的財産として扱われた。

無理もないが、西側の学者の一部は、市場活性化と個人の公平な待遇とのあいだで、もっと違った妥協点を探るよう政府を説得しようとした。例えばある提案は、地方自治体が私有化されたアパートに対する抵当権を保持し、それらの部屋が再販された際には物件価格の上昇分が政府の懐に入るようにする、というものだった。[34] これらの意見は、私有化により差し引きで損をすることになる賃借人にさえあまり受け入れられなかった。彼らはいかなる形であれ、政府が彼らの生活に介入してくるような提案には反対した。

一九九二年、ハンガリーで働いていたとき、私は改革派のブダペスト地区長二十数人に会って、古い大きなアパートの更新改修への世界銀行融資について相談した。改修で得られた収益を使い、高齢低所得住民の住宅ローンを助成しようという計画だった。私たちはブダペスト当局に、貧しい人々を強制退去させなくても住人が更新改築費用を負担できることを示したかった。しかし住宅ローン助成の提案を聞いたある区長は立ち上がって、「あんたたち世界銀行は共産主義者だ！」と断じた。それはとても奇妙な瞬間だった。ハンガリーの地方役人は、ロシアのテナント同様に、アパートの権利を断片化しかねない計画を却下したのだ。

最初に所有権を設定する際に、アンチコモンズ回避と公平性実現とのあいだにはトレードオフがあるかもしれない。政府は標準に近いまとまった権利を認めることで、基本的な不動産法を制定したり、しっかりと機能する裁判制度を作り出す前でも、市場を活性化できる。公平な分配の達成はもっと困難だ。取り残された者にとって、代償はかなり高くつくことが多い――小さなアパートに暴力的な元配偶者と住むことを強いられていた私の同僚のことを思い起こして欲しい。

共同居住アパートのドラマ

ロシアで「コムナルカ」と呼ばれる共同居住アパートは、店舗におけるグリッドロックとよく似ている。[35] 多くのコムナルカは革命以前に建てられた大きなアパートで、ダウンタウンのアパートのなかでも好立地条件にある。ソビエトの歴史のいくつかの時点で、一家三世代にたった一部屋の割り当てというような状況で、数十人の人々がコムナルカの共有を強いられてきた。キッチン、洗面所も共用だ。[36]

この仕組みはソビエト連邦全土でことさら毛嫌いされていた。住人たちによれば、共同居住アパートには「少なくとも一人のアル中とあらゆる年代の子供たちが住んでいてい、プライバシーの欠如が居住者を徐々に狂気へといたらせるのが常だった」という。[37] ソビエト連邦黎明期の、勢いにあふれていた時期でさえ、共同居住アパートでの暮らしは苦労の連続だった。風刺作家ミハイル・ミハイロヴィチ・ゾシチェンコは一九二五年の短編『神経質な人々』に次のように書いている。

最近、私たちの共同居住アパートで喧嘩があった。いや、ただの喧嘩ではなく、全面戦争だった。(中略)主な原因は——住民がとても神経質なことにある。些細なことにもすぐかっとなるのだ。興奮して気を悪くする。そしてそのために彼らの喧嘩はがさつで、まるで霧のなかで戦っているかのようだ。[38]

私有化に伴って、共同居住アパートのテナントはそれぞれ個々の部屋一室だけに対する所有権をもらった。つまり、だれかがアパートの一住戸全体を家族単位で使用できるよう改修しようとしても、住民だれもが間接的にそれを阻止できる権利を得たのだ。個別の部屋の所有者が、他の者が住戸全体を最も価値の高い形態で売却するのを止めることも可能だ。

社会主義の終焉後十年以上を経ても、なお共同居住アパートのグリッドロックは存在する。二〇〇六年、サンクトペテルブルクだけで一二万住戸ある共同居住アパートに、七〇万人が住んでいる。[39]サンクトペテルブルクの共同居住アパートでは、市による長期にわたる住民のよそへの再定住政策にもかかわらず、おおよそ三〇〇億ドルの価値が凍結されたままだ。

空間アンチコモンズ対法的アンチコモンズ

共同居住アパートの権利分割は、空間アンチコモンズの概念を法的アンチコモンズ体制と区別する際に役立つ。共同居住アパートは幻の料金所というよりはビッグインチにより近い。どちらもグリッドロックにいたるが、それまでのメカニズムは違うし、結果も違ったものになる。空間アンチコモンズにおいては、所有者の持つ権利は比較的標準的にまとまったものだが、通常の利用にはあまりに空間が小さすぎる。法的アンチコモンズでは、通常の広さを持った空間について、低水準な法的権利の束が、競合する所有者によって所有されている。

コムナルカの所有権だと、所有者の一人でも取引に反対すればアパートの販売は不可能となる。所有者全員が同意したときのみ、アパートを一つの不動産物件として売却できる。ロシアの起業家たちは、好立地のコムナルカの部屋の所有者が持つ権利を、都市周辺の小さくても設備の整ったアパートの権利と交換することで、そのコムナルカを通常の私有財に転換できることをすぐに発見した。[40]ある記事に次のように書かれている。

（モスクワ）中心部ではその傾向は特に顕著で、由緒ある地所がロシア国内の新興商業階級の人々によって買いあさられ、それに金持ちの外国人も加わって値をつり上げている。その地域は、かつて立派な邸宅がたくさんあったのに、それをボルシェビキが一九一七年の革命後にバラックのような共同居住アパートに改築してしまったところだ。再開発に積極的なデベロッパーたちが、こうしたかつてはエレガントだった建物を高級な私有住宅に戻す際に、ただ一つだけ障害があった。現在の住民である。[41]

いくつかのモスクワ中心部の古いコムナルカの場合は、アパート住戸一つの市場価値が一九九〇年代半ばには五〇万ドル（現在はもっと高いだろう）に達していた。コムナルカの所有者は、「プロピスカ」と呼ばれるもので割り出せる。これはソビエト政府が移動を支配し、各住居の個人を識別するために利用した国内パスポートだ。地上げ実業家としては、そのリストにあがった全員を買収したり、殺したりすれば、他に権利を主張する人がいないことが確実になる。

あるコムナルカに住民登録した人物が四人いて、それぞれが一つずつ部屋を占有しているとしよう。コムナルカ住まいの不快さと苛立ちが原因で、それぞれの部屋の市場価値はたったの二万五〇〇〇ドルしかなく、アパート住戸全体でも見かけ上の価値は一〇万ドルだ。だが同じ場所が一人の所有者に所有されたら、その価値が五〇万ドルになる。だからコムナルカをアンチコモンズから私有財産に転換すれば四〇万ドルの利益が出る。ニューヨーク・タイムズ社がタイムズスクエアのオーバック氏の地所を建て替えたときの計算法によく似ている。

コムナルカの所有者のほとんどは、単に景色のよい部屋でなく、自分だけの場所を欲しがるものだ。[42]一度アパートが注目を浴びて交換の目算が立つと、テナントは二万五〇〇〇ドルでは売ろうとせず、たいていの場合、お金のかわりに代替のアパートを要求する。条件を満たすアパートは通常市の周辺部で、七万五〇〇〇ドルぐらいで見つけられる。四人の部屋所有者を立ち退かせるために起業家にかかるコストは三〇万ドル。この単純化した例の場合、四人のテナントは得られた利益の半分を獲得したことになる。所有者に払う費用以外に、起業家は地上げにかかる費用を負担する。これらの費用には、コムナルカの所有者を見つけ、交渉したり、代替のアパートを見つけて買うのにかかる費用、空になったアパートを改修し、新しい購入者を見つける費用、契約を実施し、その他様々な運営経費や市場リスクなども含まれる。これらコストは合計五万ドルほどになる。よってこの例においては、アンチコモンズの克服によって起業家は一五万ドルの純益を上げることになる。

このような多数の参加者が絡む取引の場合、それぞれのテナントは戦略的な行動をとるインセンティブを持つ独占事業者となる。例えば地上げによる儲けの余剰を得ようとして、ゴネたりする。また今日ですら「住民間にくすぶる反目がしばしば取引を複雑にしてしまう」ことがある。起業家はコムナルカの所有者を強制退去させてコストを下げようとすることも多い。幾人かの地上げ屋は反抗的な所有者を脅迫したり殺したりした。取引がうまくいかないと「出る杭が打たれる」こともあったと語るのは、いまでは「共同居住アパートの問題を解決するための繊細な交渉に熟達」しているサンクトペテルブルクの不動産仲介業者リーザ・クロイツだ。[43] これらすべてが住宅ローンの存在しない国で起こっていることも忘れてはならない。アパートの買収はすべて現金取引（お金の詰まった鞄）で、様々な動きが並行して起こっている。そのような取引が実現するかどうかは、転換コストを下げ、テナントを早く追い出し、高い値で売り、殺されないで生き残れるかという起業家の能力にかかっている。

共同居住の住宅私有化の過程でアンチコモンズ化した財産が生まれるという意図しない成り行きから、コムナルカのテナントたちは収奪的な地上げ屋の手口にさらされることになった。この空間的アンチコモンズではそれぞれのアパートにはたいていの場合、高齢の部屋の所有者が数人いるだけだった。推定によればそういった人々が何千人も殺されたという。

ハンプティ・ダンプティ式アンチコモンズの克服

ハンプティ・ダンプティのアンチコモンズに対処する最善の方法は、それを生み出さないことだ。だが、もしも規制当局がすでに権利をばらばらにしてしまっていたら、どうしよう？　モスクワの店舗が空っぽのままだったときにも、ロシア人たちはグリッドロックの一部を克服する手をとった（かなり強引な手ではあっても）。それは何だっただろうか？　ここに検討すべき要因が五つある。[44] 各種のグリッドロック形態は、どれも同じというわけではないのだ。

1．所有者が公か個人か？　個人所有者との交渉は、政府や法人団体との交渉に比べ安くつくことが多い。コムナルカの所有者は個人で、攻撃的な起業家たちによる断固とした圧力に抵抗するには不利な立場にあった。地上げ稼業の起業家たちは、利益分配と脅しによりゴネ得を排除できた。それとは対照的に、店舗は法人や準政府、政府の所有から始まっているのがほとんどだ。店舗の所有者は権力やその保護を得やすい立場にあり、地上げ屋の力に屈しにくかった。だから賄賂や説得で懐柔する必要があった。だれを買収すべきかを特定するのは難しく、買収し続けることも難しかった。

2．利害の相違する多くの所有者がいるか？　コムナルカのテナントは数も少なく、小売店の権利保有者に比べ利害が一致していた。アンチコモンズの所有者が少ない場合には、おなじみの取引問題が表面化することはあっても、まだ対処しやすい。だからコムナルカを地上げする取引費用は低くなり、脅迫の効果も高い。対照的に店舗の権利だと、多くの法人所有者や政府関係の所有者がいて、その関心は目先の収入から長期的に官僚体制のなかで生き残ることまで多岐にわたる。ある一人の権利所有者である官僚に賄賂を使っても、それで同じ組織内の他の官僚すら納得するとは限らない。少なくともそのような収賄ルートが恒常化するまでは。

3．新しい境界はわかりやすいか？　それぞれのコムナルカは簡単に私有財産の境界線が引けた。建物のなかの他の区域の所有権についてはよく知らなくても、人々はアパートの四方の壁がどこにあるかはわかっていた。だれが土地、共用壁、ファサード、廊下、エレベーター、ロビー、そして屋根裏を管理するのか？　だれが水漏れする配管、屋根、地下室に責任を負うのか？　人々はたいてい、自分のアパート居室こそが価値の核心だと理解していた。それとは対照的に、小売店の境界はもっと不透明だ。例えばある労働組合が、自分たちの占有するパン屋を丸ごと自分たちのものだと主張することもある。また、いまはなき国営製パン企業といった別の種類の「所有者」が、企業傘下の数十の店舗チェーンすべては自社の不可分な資産であると主張する場合もある。地方行政が地域内の小売店はすべてその政府に属し、入札を通じて私有化する必要があると主張するかもしれない。商業財産の境界はいったいどこにあるのか？

4. 断片化は空間的か法的か？

私有化されたコムナルカといった空間グリッドロックの克服は、理解したり交換したりしにくい権利に基づく法的グリッドロックの克服に比べ、あまり難しくないかもしれない。店舗の場合、問題は空間が過剰に分割されていることではなく、法的権利があまりに多くの所有者に分配されていることにある。これらの分散した権利は、コムナルカの部屋のような分離した空間に対する目に見える形での物理的支配に比べ、明確化して取引の対象にするのが難しい。

5. 初期条件がヘンテコではないか？

コムナルカのテナントは、店舗の所有者たちよりも、もっとなじみ深い形でまとまった物件所有権を持って、市場への移行を開始した。コムナルカが私有化されたとき、地方自治体はその社会主義的支配権を放棄したため、テナントは比較的標準的な法的権利の束を得られた。彼らは、物理的な部屋の所有権、排除権、販売権などを含む、人が所有権に期待するもののほとんどを獲得した。それとは対照的に店舗はたいていの場合、混迷を極める破綻した国営企業と政治組織の所有財産の一部として改革期に臨むことになった。[45]

＊

政府は毎日のように所有権を生み出すが、そのたびに彼らはうっかりアンチコモンズの悲劇を生み出しかねない。政治家はロビイング団体からの圧力に応じたり、短期的な政策課題に取り組んだり、あまりに多くの問題を同時に解決しようとしたりしていることが多い。政府は、しっかりと評価された資産における有効な権利の束を、ある一人の所有者――あるいはコンドミニアムやＢＩＤ、ＬＡＤといった集団所有体制――に与えるかわりに、それらの権利や対象を断片化してしまうことがある。規制当局は、多くの人にパイのかけらが行き渡ったほうが、人々（あるいは彼ら）が豊かになると信じているのかもしれない。彼らは所有権の断片化がいきすぎると隠れコスト、すなわちアンチコモンズの悲劇によるコストが生じるという問題を見落としてきた。

ロシアでは、私有化はあらゆる方面からの圧力にさらされた。連邦政府の支配が地方の主体に渡され、競合する権力主体を生み出した。公務員は自己防衛の手段として、そしてときには賄賂の源として、おいしい所有権を手放さなかった。改革派は、権利の束を取得した成功者と何も得られず反撃に転じる敗者を生まないために、権利を広く分配した。結果として生じた空っぽの店舗は、アンチコモンズの悲劇の明確な象徴となった。

ロシアにおけるマルクス主義から市場への移行は、遠い異国の出来事のように聞こえるが、そこでの所有権に関する力学は、アメリカなどの確立された市場経済圏の土地開発（そして知的財産の創造）と同じだ。利益集団の政治は、おおむねどこでも同じなのだ。一度最初の権利が設定されれば、資源はきちんと機能する市場で活用されるか、そうでなければグリッドロック経済で無駄にされてしまうのだ。

第7章

世界は私の牡蠣

今日中にとっちまえ！　あしたじゃだめだ！
あしたまで待ってたら、だれか他のやつがとっちまう

チェサピーク湾の牡蠣漁師の格言

乱獲は牡蠣床を破壊し、牡蠣床が破壊されると牡蠣はもう戻ってこない。それでも漁民はこう言うだろう。「チェサピーク湾最後の牡蠣を見つけた漁師は、それを売っちまうだろう」。これでは牡蠣は死滅するはずだ。でも現実はそうなっていない。なぜか？[1]

これまでの章で私はグリッドロックの無数の隠れコストを明らかにし、いくつかの解決法を提示してきた。ここで私はグリッドロックを修正するためのもっと一般的な要点について述べていきたい。牡蠣が意外にも生き残っているという事実は、人がコモンズの悲劇を回避するために歴史を通じてとってきた各種の取り組みをほとんどすべて例証している。いま私たちが法、道徳と呼んでいるもの、そして礼節といったものですら、ほとんどはそういった苦闘の経験が基礎なのだ。今日私たちが味わう牡蠣は、こういった戦いを生き延びてきた生き残りだ——その代金そのものですら、コモンズの悲劇に応えて私たちが選択した解決方法の細かい一覧の一部である。コモンズとアンチコモンズの悲劇はよく似ていることが多いため、その解決法もやはり似てくる。牡蠣の教訓はグリッドロックの解決法を示唆してくれるはずだ。

なぜ牡蠣は絶滅しないのか?

牡蠣はコモンズの悲劇を理解するための魅力的な場だ。それは牡蠣が最も早くから、最も多く争いの対象となってきた資源だからだ。駐車場、ハイウェイ、抗生物質、オゾンもよいが、私たちは有史以前から殻をむいて牡蠣を食べてきた。考古学の記録は、大きな牡蠣の貝塚だらけだ。何ヘクタールもの広さを持ち、何メートルもの深さを持つ牡蠣殻の山は、先史時代に盛大に牡蠣が食されていたことを物語っている。貧者とお金持ち両方にとっての簡単な食料、媚薬、薬、工業化合物、宝石として、あるいは通貨や取引の対象としてなど、牡蠣と人間社会との長きにわたる様々な関わりを考慮すれば、牡蠣が一つ残らず消費され尽くしていないのが不思議なくらいだ。

牡蠣の問題点は、その長所を手に入れるのが簡単すぎることにある。[2] 牡蠣は淡水が海水と混じり合う近づきやすい沿岸の浅瀬を好む。有史以前から、人はこういった場所を港、交易、釣りなどに好んで利用してきた。安価で簡単に収獲でき、栄養価の高い食べ物である牡蠣は、いわば予期せぬ贈り物だった。

牡蠣は実に豊かで無尽蔵に見えるが、人口増加と牡蠣床にストレスを与えるような収獲技術向上の影響を受けてきた。卵、いわゆる「牡蠣卵」として自由に海中を浮遊する数日間を除いて、牡蠣は逃げ隠れできない。生き延びるために卵は海底の砂利と古い貝殻でできた「牡蠣床」に付着しなければならない。牡蠣をとるのに浚渫《しゅんせつ》を使うと牡蠣床は破壊されてしまう。もしも人が古い貝殻を海に戻し、牡蠣床を再び貝殻で埋めることを怠ると、牡蠣床は「流れ（OUSE）」（「OOZE」＝滲むという語の変化形。牡蠣採取には豊富な語彙がある）てしまい、「放卵」が無駄になってしまう。

そういうわけで牡蠣の悲劇の方程式は単純だ。繁殖できる以上に牡蠣をとってしまうと収獲は減少する。牡蠣がよく育つためには、いかなる社会でも収獲量を制限し、人々が牡蠣床を修復するよう動機づけなければならない。しかし、牡蠣床は南京錠や有刺鉄線で簡単に保護できるわけではない。よい牡蠣床を持った牡蠣漁師ならば、夜にだれか他の者がやってきて獲物をごっそり盗みかねないのを知っている。この認識がそれぞれの牡蠣漁師を同じ結論に導く。たとえ明日収獲する分がなくなるとしても、今日獲れるだけとっておいたほうがよい、という考えだ。これでは牡蠣床はたった一回の漁期で破壊されてしまう。では牡蠣はいったいどうやって生き延びてきたのか？

オープンアクセスの牡蠣

人がはじめて何か新しい資源に出合ったとき、無尽蔵に見えることが多い。しかし設定する所有権の規定次第で、とても豊潤だったはずのものがすぐに消滅寸前になってしまう。これらの規定はある程度、その資源の場所、構造、生態、歴史、社会的環境に左右される。結果として生じた所有権は決して単純な私有、コモンズ、国有、あるいはアンチコモンズだったりはしない。牡蠣の物語が示すように、保護制度には常に、征服に類する手法、取引や私有化といった市場による解決策、公式、非公式の慣習規範、最小漁獲サイズ規定などの行政による直接的規制、国が認可した独占などの間接的規制など、様々な所有権の手法を巧妙かつ複雑に取りまぜたものとなる。

アメリカ史初期を通じて、チェサピーク湾のおかげで牡蠣は安価で豊富に存在した。アメリカ先住民は湾の牡蠣を思いっきり消費して、後世に空の殻の大きな貝塚を残した。入植者は湾が牡蠣であふれ、牡蠣の巨大な山があるのを見て、いくら浚渫漁をしても牡蠣が減らないと思った。「湾には牡蠣があふれていて（一六〇〇年頃）、ときには船が牡蠣床に座礁することもあったほどだ」[3]。湾内の牡蠣はコモンズのオープンアクセスの形態をとっていて、だれでもとれて、だれも明日のために投資しなかった。こうした初期には、人間による消費量が自然繁殖を超えていなかったので悲劇は起きなかった。

図7-1　19世紀のメリーランド産牡蠣の広告

しかし、一八〇〇年代中頃には、問題の兆候が現れ始めた（図7－1[4]）。収穫技術が、古代から続くトングを使ったローテクな方法から近代的な大量浚渫方式に変わった。トングとははさみのように、木の棒の先に二つ熊手をつけたものだ。図7－2[5]にはトングを使っているところが描かれている。ボートに積載できる量も少なく、トングが届く範囲も小さかったため、それが牡蠣床に与えるダメージも限られていた[6]。水中でトング作業員（トンガー）が収獲できるのは水深六メートルまでで、ちょ

図7-2　チェサピーク湾でトングを使う黒人たち

うどその深さに豊かな牡蠣床のほとんどがあった。

余談になるが、この図でトンガーがアフリカ系アメリカ人であることに注目して欲しい——牡蠣の収獲、殻むき、海賊行為は人種の壁を越えて行われた。黒人の牡蠣漁師は湾でトングを使って牡蠣をとり、白人と同等に収獲分の目方あたりの支払いを受けて、ある種の自由と平等を見出していた。何千人もの解放奴隷がこの湾で牡蠣漁師として、また加工工場で殻むき人として、牡蠣によって生計を立てていた。[7]

トンガーとは対照的に、浚渫作業員（ドレッジャー）たちはどんな深さでも作業できる、「スキップジャック」と呼ばれる大きな帆船を開発した。「引き馬」が鎖の袋を備えた歯のついたスコップで海底をひっかきまわして、通り道のすべてを巻き上げた。ドレッジャーが牡蠣床を「なめた」後は、牡蠣床は破壊し尽くされ壊滅状態となった。図7-3[8]には操業中のスキップジャックが描かれている。

浚渫屋が増えてくると、牡蠣は品薄になり始めた。その不足とともに、オープンアクセスが負の下方スパイラルを生み出した。いま収獲すれば一定の高値で売れて稼げるので、牡蠣が再生できるよう残しておくことは愚かに思えた。オープンアクセスは、海賊が秩序ある市場に対するアンチテーゼであるのと同様に、保護の敵である。使いすぎの悲劇を解決するためのツールはすべて、アクセスの制限により機能する。

図7-3　夜に浚渫する牡蠣海賊

チェサピークの牡蠣戦争

今日では牡蠣戦争のことを覚えている者はほとんどいないが、その争いは停戦協定が調停された一九六二年までの一〇〇年近くものあいだチェサピーク湾を分断してきた[9]。スキップジャックは沈められ、水夫は凶弾に倒れ、死体が岸に浮かんだ。ケンブリッジやセントマイケルズといった古風な観光地は、つい最近まで軍の駐屯地だった。牡蠣は金《きん》やバッファロー同様に殺し合いに値するものだった。

湾の利用権をめぐる戦いは、イングランド王チャールズ一世がメリーランド州とヴァージニア州の水域に境界線を引いた一六三二年にまで遡る[10]。彼は湾を流れの最も速いところ（通常のやりかた）ではなく、ヴァージニア側の最高水位の位置を基準に分割して、すべての牡蠣床をメリーランド側の水域に入れた。この最初の「不公平」が三世紀以上にわたる紛争を引き起こした。一七八五年にはジョージ・ワシントン大将が自身のマウントバーノンの農園でメリーランド州とヴァージニア州の代表者間の調停を仲介した[11]。「一七八五年協定」で、湾内の水域は再分割されたが、その境界線は両者共に満足できるものではなく、牡蠣の争奪戦は続いた（明るい話題としては、牡蠣についての交渉によって、ジョージ・ワシントン、ジェームズ・マディソン、ジョージ・メイソンはもっと野心的で永続的な州の団結、すなわち憲法制定会議を思いついたのだった[12]）。

一八〇〇年代の半ばになっても、メリーランドとヴァージニアの両州議会はまだ協力的な関係を保っていた。両者は合同して、ニュージャージー州やニューヨーク州など他の東海岸沿岸からやってきて天然の牡蠣床を台無しにしてしまう「外人」の牡蠣漁師を駆逐した[13]。これらのニューイングランドの人々は湾にやってきて牡蠣種を集め、それを地元に持ち帰って種つけしていた。メリーランド州とヴァージニア州は湾を両州民だけが利用できるようにしたが、彼らのクローズドアクセスの試みは失敗した。両州とも自州の牡蠣漁師を制限しようとはしなかった。湾の天然牡蠣床がとり尽くされてしまうと本気で思う者はいなかった。当時一流の牡蠣生物学者ウィリアム・ブルックスは、一八九一年の時点で過去を振り返り、その著名な著作『牡蠣』のなかで次のように嘆いている。「住民は、天然の牡蠣床が尽きてしまったことに突然気づいたそのときまで、それが無尽蔵だと思っていたのだ[14]」

この頃には、一〇〇〇隻以上の浚渫ボートが、湾内と隣接する河川内で操業していた。スキップジャック船団は一瞬のうちに湾内の入り江に入り込み、牡蠣を掘り、牡蠣床を破壊し、すべての牡蠣をとり尽くすことができた。北部の人々を締め出した後も、メリーランド州とヴァージニア州の人々は生計を立てるために牡蠣の奪い合いを続けた。彼らは互いに実力行使に出た。牡蠣をめぐる競争が激しくなるにつれて、それぞれの州で牡蠣の収獲を規制し、地場産業を保護するために選別法の事細かな規定と牡蠣の保護に関する多くの基準を議会が制定した[15]。

一八六〇年代は決定的な移行を遂げた一〇年だった。一八六二年に「使いすぎ（overuse）」という単語がはじめて英語に名詞として導入された——「牡蠣床は疲弊しているが、その原因の一部は使いすぎ（overuse）にある」[16]。湾内での牡蠣生産は頭打ちになり、その後減り始めた。賛否両論があるなか、メリーランド州は、州の水域にある牡蠣床を、メリーランド州内の牡蠣漁師に限ってリースすることを始めた。私有化によって、天然の牡蠣床がないところでも個人による投資と養殖を促進しようという考えだ。しかしヴァージニア州の漁師はこの保護化への動きを拒絶した。当時の研究によれば、多くの漁師は「自然の贈り物である牡蠣に関しては、その他の食物や財産のようにそのような法律に従う必要などないと狂信的に信じていた」ようだ[17]。メリーランド州では彼らは「海賊」と呼ばれた。仕方ない。ある州で「海賊」と呼ばれる者が、別の州では古来の平等原則とコモンズへのオープンアクセスの守護者ということになる（この話を聞くと、大学のバイオテクノロジー研究者が遺伝子特許に無関心だったことを思い出す）。

対立は激化し、両者は武装した。暴力沙汰が頻発するようになった。メリーランド州議会はそれを重視し、一八六八年にハンター・デヴィッドソンを海軍大佐に任命し、メリーランド牡蠣海軍を創設指揮するよう命じた。任務を遂行するにあたりデヴィッドソン大佐は、ドレッジャーは「一種の水兵であり、その自由で一ヶ所に落ち着くことない生き方の傾向から、（警察隊が作られる前は）社会のしがらみ、そして法からも離れて、自分たち自身を牡蠣の達人と考えるにいたった」と書いた。[18] 権限を与えられた大佐は、装甲外輪船「レイラ号」を購入して旗艦とし、大きな榴弾砲と連発銃を備えた武装船団を組んだ。

ヴァージニア州側もまたメリーランド州の海賊に悩まされていた。チャールズ一世とジョージ・ワシントンによって境界線が引かれたが、十分ではなかった。水上での争いに伴って、陸でも法廷闘争が繰り広げられた。例えば、一八七七年連邦最高裁判所は湾内の水域を、価値のある牡蠣床のほとんどをヴァージニア側に帰属させるよう再分割した。メリーランド州スミス島では「七七年ライン」という言葉は喧嘩の売り言葉になっているくらいだ。最も肥えた牡蠣床から切り離されてしまう彼らは、裁判所の裁定の受け入れを拒否した。[19] スミス島の海賊により、ヴァージニア州もまた牡蠣海軍を増強することになった。

おそらく湾内でも最も悪名高い牡蠣海賊は、同時代の人に「悪天候用の服を身にまとい、ぼろぼろの防水帽をかぶったおんぼろ男」と形容されたヴァージニアのガス・ライスだろう。一八七一年一月のある日の早朝、彼は子分を引き連れてメリーランド州セントマイケルズを小さな平底船で出発し、港に停泊中のレイラ号に向かった。[20] 海賊たちの目的はメリーランド州海軍大佐デヴィッドソンを暗殺することだった。海賊たちはデヴィッドソンの旗艦に乗り込み、当直の男を殴り倒して大佐の船室へ向かった。彼らがドアを壊して押し入るとデヴィッドソンは目を覚ましてコルトのリボルバーを摑み、二度発砲して海賊たちを平底船に追い返した。警報を受けた乗組員が、ライフルを取り出して海賊に発砲したため、海賊は降参して縄をかけられて船上に引き上げられた。デヴィッドソンは後に州の漁業監察官に、船乗りになったとき、まさか牡蠣ごときのために殺されかかるなどとは思ってもみなかったと語った。その襲撃以後、デヴィッドソンは海賊船団に対する追撃を強化した。しかし、メリーランド海軍は資金不足で武装と船足で遅れを取り、常に後塵を拝していた。戦いを挑まれて逃げる海賊もいたが、武装と装甲が整った船団は海軍にまっこうから向かってきた（図7-4）[21]。

図7-4　警備船ジュリア・ハミルトン号を攻撃する海賊

ガス・ライスはほぼ二〇年間にわたって牡蠣を略奪し続けた。一八八七年彼の船団はボルティモアの波止場と刑務所から集めた船員を乗せて、メリーランド側チェスター川の豊かな牡蠣床からこっそりと牡蠣を盗み出した。彼らは監視船が近づく者に警告するために明かりを掲げるのを尻目に、夜、月明かりの下で牡蠣を集めた。一八八八年初頭、追い詰められたチェスター川沿岸の漁師は、ライスのドレッジャーたちを追い払うために岸に一対の大砲を据えつけた。ライスは数ヶ月間はその大砲による砲撃を無視していたが、結局上陸隊を組織して砲台を占拠し、警備していた男の服をはぎ取り、裸にむかれ怯えた彼を近隣地域へのみせしめとして走らせた。

一八八八年の後半には、ライスは評判を落とす過ちを犯した。彼は牡蠣海軍だと思った蒸気船に発砲したが、それは実は女性や子供を運ぶ客船コルシカ号だった。ボルティモアとアナポリスの新聞はこの事件を書きたてて、知事にライスを止めさせるよう圧力をかけた。海軍の新しい旗艦マクレーン提督号には速やかに一二ポンド砲、追加乗組員、ライフルが備えられた。一八八八年一二月、ライスの船団がチェスター川で浚渫しているのを見つけた海軍は、船団から離れていたドレッジャーを捕縛した（図7-5）[22]。

だがライスの反応は早かった。彼は浚渫ボートを数隻まとめて装甲板を取りつけた巨大な筏を用意していた。彼は海軍の船に突撃しながら、「勝利か地獄かあるのみ、加われみなの者！」と叫んだ[23]。海軍の水兵は榴弾砲を発射したが、海賊たちはあまりに接近していたし、彼らの船はしっかり装甲されていた。マクレーン提督号は十字砲火にさらされ、榴弾砲についていた兵はひどい怪我を負った。海軍兵は反撃して海賊の船をいくつか沈め、無理やり船員にされた多くの人が船首倉につながれたまま溺れ死んだ（多くの船員は新たに到着したアイルランド、イタリア、ドイツからの移民で強制的に厳しい業務に就かされていた）。狡猾なライスは再び逃げおおせた。

チェサピーク湾は広大で、海賊船長はライスだけではなかった。マクレーン提督号が、チェスター川の支配権を握っているあいだに、チョップタンク川での戦いは別の様相を見せていた。海賊のスクーナー船が警備のスループ型帆船エリザ・ハワード号を取り囲んで撃退した。一八八九年一月一二日、海軍のE・B・グルーム号は別の海賊船団との長い戦いで弾薬が尽きていた。船は拿捕され、索具を奪われ、漂流するままに残された。グルーム号の一等兵は、海賊たちは「私たちの船よりしっかりと武装しているように見える多くのボートと戦うには、私たちはあまりに非力であるのを知って」進んで戦いを挑んできた、と書いている。[24] 捕まった水兵たちは家まで平底船を漕いで帰ることを許されるまでの数日間、海賊船で重労働をやらされたのだった。

図7-5　海賊船の拿捕

　同年、メリーランド州ケンブリッジでは地元の牡蠣床保護のために民兵組織が作られたが、海賊は街を砲撃して、盾突くなら町を焼き払うと脅した。保安官は「浚渫屋たちはこの冬はこれまでになく主張を通そうとむきになっている。湾では牡蠣が減っており、彼らは何としても川で牡蠣を獲るつもりのようだ」と書いている。[25] 海賊船団はチョップタンクの最後の秘蔵の牡蠣を略奪して帰っていった。その頃、旗艦マクレーン提督号は、ヴァージニア牡蠣海軍を後ろ盾にしたヴァージニア州による領海侵犯からメリーランドの牡蠣漁師を守ることで精一杯だった。このように戦争は、アクセスを閉鎖し、使いすぎの悲劇を制限する手段となりうる。だがその実力行使には、利点を相殺しかねない他のコストも伴うのだ。

陸上におけるクローズアクセスへの努力

軍事行動と並行して規制の小競り合いも行われていた。牡蠣戦争を戦うために出航するにあたって、デヴィッドソン大佐はメリーランド州議会に戦うに値する法的環境を整えて欲しいと請願した。「現在の、季節、サイズ、状態におかまいなく見つけた牡蠣はどこであろうとすべて獲ってしまうという、無分別で先のことをまったく考えない業界を抑制、規制する」法律の制定を主張したのだ。[26]デヴィッドソン大佐は、使いすぎを終わらせるには個々の牡蠣漁師に公共の牡蠣床を広くリースし、法的強制力のある漁獲量制限を設ける必要があると信じていた。

デヴィッドソン大佐同様に、科学者であり監督官でもあるウィリアム・ブルックスもメリーランド州における牡蠣漁低落の原因は「将来性を顧みない、まちがった管理と根拠のない自信」にあるとした。ブルックスは、湾の荒廃は「フランス、ドイツ、イギリス、カナダ、そして北部沿岸のすべての州」で起こってきたことと同じで、その後いずれの立法府も、牡蠣床の管理をオープンアクセスから私有管理へと積極的に移行したということを、同時代の人々に伝えようと努めていた。チェサピーク湾の牡蠣がまだ壊滅にいたっていないのはただ単に「我々の牡蠣床の途方もない大きさのため、牡蠣漁師による攻撃に、他よりもかなり長いあいだ耐えられている」にすぎないとブルックスは主張している。[27]

ブルックスもまた湾内の牡蠣床のリースを提唱している。「牡蠣の養殖は私有化された海底でのみ実現するし、それは養殖した牡蠣に対する私有者の権利を尊重しない地域では広まらない」と言っている。しかし彼はリースに関する「最も重大な障害」は、湾で一世紀以上続いてきた、牡蠣漁師の「牡蠣に関する私有権を尊重する考えの欠如」にあることがわかっていた。尊重心は法律で定めることもできないし、デヴィッドソンの砲艦で作ることも不可能で、むしろ「個人による養殖に賛成する世論を形成」することが必要となってくる。[28] 自己管理は通常は外部による管理に勝る。

ヴァージニア州は貴重な牡蠣床の管理権を、最高裁の裁定した「七七年ライン」によって獲得している。最高裁はこの管理権を一八九四年に拡張し、メリーランド州の牡蠣漁師を主要な牡蠣漁水域すべてから排除する権利を認めた。[29] 最高裁によって水域は、ヴァージニア州の共有財産として好きなように管理してよいということになった(「限られたアクセス」の共有地)。

ヴァージニア州は法廷ではメリーランド州を打ち負かし続けたが、現実には両者とも負けだった。ヴァージニア州はメリーランド州水域への牡蠣種の移植許可を拒否した。メリーランド州はヴァージニア州の牡蠣床を再生するための採苗用の貝殻の輸出を拒否することでこれに報復した。両者が互いに小規模のアンチコモンズの悲劇によって相手を妨害した。[30] 大砲、ライフル、鉤爪、その他の武器を使ってあらゆるところで戦争状態が続いた。幸い、一八九四年の『ハーパーズ・ウィークリー』誌に牡蠣戦争について書かれているように、「たっぷり砲火を浴びせあったが、狙いはあまり正確ではなく、無駄にされた鉛は大西洋沿いで使われる釣り糸のすべての錘をまかなうのに十分な量だった」ようだ[31]。湾では、だれもがあまりにも多くの犠牲を払っていたので、互いに譲ることなどできなかった。湾内の人々はニューイングランド人と戦い、メリーランド人はヴァージニア人と戦い、トンガーはドレッジャーと戦い、リース権所有者は共有権保有者と戦った。それぞれが自分たちの牡蠣をめぐる生き方を維持するために戦った。

一八〇〇年代が終わろうする頃には、事態を見守る人々から警告につぐ警告が発せられ続けた。でもだれも気に留めなかった。牡蠣専門の生物学者ブルックスは「この問題に詳しい人はみんな現在のやりかたでは、ただ一つの結果、すなわち絶滅しかないということにずっと前から気づいていたはずだ」と警告した[32]。何十年も続いた牡蠣戦争、年間漁獲量の急激な減少などを経て、一九〇〇年にいたっても、牡蠣はなお「アメリカで最も重要な水産物で（中略）他のいかなる水産物より価値があり（中略）食料供給の重要な要」であった。牡蠣はごくありふれたもので、「アメリカで最も安価な食材の一つ」でもあった[33]（図7-6[34]）。雇用主が使用人の食事に牡蠣を出す頻度を制限する法律さえあった。二〇世紀になると、客がそれなりの家に招かれると、まずは少しばかりの牡蠣が、腹を落ち着かせ、その後の食事に対する食欲をそそるために出された。

しかし一九〇〇年を過ぎるとすぐに、長いあいだ懸念されてきた牡蠣の生産量減少が加速した。価格は上昇。アメリカでは牡蠣はシャンパンと一緒に食べる贅沢品となった。消費形態の変化はオープンアクセスから私有財産への移行を反映したものだったのか？　いや、そうではなかった。いつも牡蠣漁師たちは湾内のあちこちに出没した。監視は常に困難を伴った。あなたが先見の明のある、頭脳明晰な、機知に富む、使いすぎを憂える牡蠣漁師だったとしよう。あなたは収獲した牡蠣を海に投げて戻すだろうか？　しないはずだ。一九四〇年代になっても、戦いは続いていて、湾では人々が牡蠣をめぐって銃で撃たれていた。

最近昼食の席で、この海賊の話を同僚にした。すると彼は、仕事についたばかりの頃に、牡蠣戦争のおそらく最終ラウンドにあたるものに立ち会ったという。一九六〇年、彼が最高裁で判事スタンリー・リードの法務書記として務めていた頃、判事はメリーランド州とヴァージニア州の州知事を呼び出して、湾の牡蠣の分割に関する協定に応じさせた。一九六二年、ジョン・F・ケネディ大統領が署名してその協定を法制化した。湾が最初に境界線で分けられてから三〇〇年以上、ジョージ・ワシントンが紛争を解決しようと考えてからほぼ二〇〇年、この件に関する最初の最高裁判決が出されてから一〇〇年近くを経て、ポトマック漁業法が牡蠣戦争に幕を引いたのだ。両州の牡蠣海軍は魚類海産物警備隊と名前を変えて今日まで続いている。

図7-6　ボルティモアの牡蠣行商人（1889年）

牡蠣保護のジグソーパズル

一八〇〇年代には、湾の牡蠣は多くの交錯する分水嶺の交差点上に位置する資源だった。トング漁と浚渫漁、湾内の牡蠣漁師とニューイングランド人、メリーランド州民とヴァージニア州民、船員と卸業者、海賊と免状を持つ艦長たち。しかし一番大きな分水嶺は、資源をオープンアクセスとして扱うものと、資源の管理を、征服、取引、関税、私有化、規制、そして独占といった、それとは違うやりかたで扱おうとするすべての人々との違いだ。

牡蠣戦争は、オープンアクセスとオープンな戦争は、賢い資源管理にとってはよい組み合わせとは言えないことを教えてくれた。警備艇だけによって牡蠣が保護されているわけではないし、また法律だけによって保護されているわけでもない。法律だけでは資源をオープンアクセスから私有財産に切り替えるにあたって十分に有効ではない。むしろ、減少した牡蠣が生き残れるかどうかは、同時に公共であり、かつ私有であったり個人的だったり社会的だったりしながら変化し続ける戦略のマトリックスと、そうした戦略の絶え間ない再交渉にかかっていると言える。何十年にもわたる海上と法廷での戦いにもかかわらず、湾の問題は明らかな私有制やそれとは別の制度に落ち着いて解決したわけではない。

資産に関して重要かつ普遍的なことが一つある。資源を入念に見たとき、アンチコモンズの断片に加えて、コモンズ、私有権、国有権の断片からなるジグソーパズルが見えてくるのだ。資源を社会的観点から見てある程度は適正に管理できるように、それらの断片を組み合わせることはなかなか難しい。ある一つの枯渇した資源を保護したり、新たに生じた資源に関する権利をまとめたりする際には、たくさんの研ぎすまされた手段が必要となってくる。価値や技術、課題が変化しているときは、それがなおさら重大な課題となる。同じことは遺伝子研究、通信特許、土地の地上げといったこれまで私が提示したグリッドロックの例すべてに当てはまる。必ずしも最適な利用に到達することが求められているわけではない（何が最適かという概念には、競合する各種の考え方があるので、最適に達するというのも容易なことではない）。むしろコモンズの悲劇における使いすぎやアンチコモンズの悲劇における過少利用という両極端を避けて、容認できる程度のよい利用形態を達成することが、私たちにできる最善の策だ。

今日口にする牡蠣は、自然にまかせて殻にのっているわけではない。これらはこの軟体動物の存続を確保するために古くからとられてきた戦略によって守られて生き残ったものなのだ。湾で機能してきた戦略は、古代ローマ、シェークスピア時代の英国の牡蠣漁師、そして今日資源を使いすぎている人々にもなじみのあるものだ。人々はいつも、取引と征服、私有化と養殖、慣習と規制といったごくわずかな保護手段をいろいろ組み合わせてきた。自明のことだが、これらの試みは何も一八〇〇年代のチェサピーク湾に限ったことではない。牡蠣戦争は牡蠣の物語のもっと大きなサイクルを、小さな規模で繰り返したにすぎない。ここからはチェサピーク湾の解決策を大きな流れに位置づけて、現代におけるいくつかの驚くべき類例をあげ、そうした使いすぎ修正手段が今日におけるグリッドロックの解決に役立つことを説明していこう。

古代ローマにおける強欲と貪欲

地元の牡蠣床に対する過剰な圧力を取り除くためには、取引と征服が重要な手段だということに気づいた地域は、メリーランド州とヴァージニア州が最初というわけではない。古代ローマで過剰採取によって牡蠣が乏しくなった際、ローマ人は帝国の外部と牡蠣の交易を始めた。新たな領土を征服することで、ローマ人はまだ手のつけられていない牡蠣資源を手に入れた。例えば紀元前五五年、ユリウス・カエサルの軍がブリタニア(グレート・ブリテン島)に上陸した際、ローマの歴史家サルスティウスは冷やかに「哀れなブリトン人よ、だが彼らにもよいところはある、彼らは牡蠣を持っている」と記している。[35] しかしブリタニアの征服は一時的な潤沢をもたらしただけで、ローマ人の需要はすぐにそれを超えてしまった。言い伝えによれば、一人の皇帝が一度の食事――おそらくとても長い食事だったのだろう――で食べる牡蠣は一〇〇〇個にもなったという。[36]

ローマの起業家たちは牡蠣の民間国内生産を確保するために様々な手を打った。種類豊富な美味しい牡蠣をまだ小さいうちに集め、藁と氷で包み、帝国内のはるばる遠くから運んできて、個人的に管理する水域の牡蠣床に植え、収獲して市場に出すまでのあいだ何年間もかけて成熟させた。これはヴァージニア州とメリーランド州が結託して湾から外部の者を締め出す前に、ニューイングランドの牡蠣漁師たちがやろうとした試みと同じである。牡蠣種の取引は何も新しいことではない。

牡蠣床の私有化もまた然り。大プリニウスは現代まで続く養殖手法について次のように書いている。

最初に人工的に牡蠣床を作ったのはセルギウス・オラタだった。（中略）彼がそれを手がけたのは、食欲を満たすためではなく、強欲のためである。というのもこのアイディアを実現することによって大儲けを企てたのだから。（中略）ごく最近では（牡蠣の味をよくするために）長い旅の後で腹を空かせている牡蠣に（オラタの湖で）しっかりと栄養を与えることも計画されている。[37]

チェサピーク湾で起こったように、私有管理は造反と海賊行為の原因となるが、同時に投資を促進させもする。セルギウス・オラタは私利のために牡蠣床に種をまいたが、彼の行為は間接的にみんなにとって牡蠣の保護を保証することにもなった。ローマの文献が証明するように、牡蠣は欠乏と潤沢のサイクルを繰り返す。自然に形成された場所は発見されればとり尽くされてしまう。養殖法は試練を経て改良された。起業家は牡蠣の新種を養殖して、私有する湖で育てた。古代ローマ人はオープンアクセスによる使いすぎを緩和するための手段として、征服、取引、私有化、そして養殖を用いた。

シェークスピアからディケンズまでの牡蠣採取

ローマの牡蠣宴会から一五〇〇年ほど先に進もう。通説によると「世界は私の牡蠣[※1]」というフレーズはシェークスピアが作ったということになっている[38]。でもなぜシェークスピアは世界をアサリやイガイではなく牡蠣に例えたのだろう？　この劇作家は別に初の牡蠣通だったわけではない。たぶん古くからの言いまわしを繰り返したにすぎないのだろう。古代バビロニア人、エジプト人、そしてヘブライ人の宇宙観では地球を牡蠣に例え、それが底なしの水を下に、天国を上空に持ち、その中間に大きな富があるとしている[39]。

古代ローマ同様、シェークスピア時代の英国で牡蠣は貧乏人のおやつから貴族のごちそうの材料まで幅広く利用された。シェークスピア時代の貝料理屋では、牡蠣はただで出され、ワインなどの酒だけが有料だった。例えば一六三〇年、詩人ジョン・テイラーは牡蠣を賛美して「親しみ深いその肉はみながただで（scot-free）好きなだけ食べる」と詠っている[40]（ちなみに「scot」は勘定書を指す俗語だが、意味論的にはスコットランド人とは関係ない）。

それから数十年後には、牡蠣が誘惑の際に果たす役割についての鮮やか記述が出てくる。過小評価されているグラモン公の回顧録では、いきいきとした物語が語られている[41]。王の寵愛する愛人とベッドを共にしたためフランスを追放されたグラモン公は、チャールズ二世（チェサピーク湾をメリーランド州とヴァージニア州に分割したチャールズ一世の息子）の君臨する奔放な宮廷にやってきた。グラモン公はイングランドではウォメストル嬢を誘惑した。彼女に関しては「器量も悪く、雰囲気もない。でも（中略）その目を見れば彼女が最後の軽率な行為に同意していることはあきらかだ」という評判だった。

グラモン公のライバル、ターフェ卿も同じようにウォメストル嬢を口説き落とそうとしていた。

ターフェ卿は「昼夜を問わずいつでも、彼女のところに自由に出入りしたいと考えていたが、それはなかなか難しいことだった」。ターフェ卿の障害となったのは教育係の女官で清廉潔白で有名なサンダーソン婦人だった。それでもサンダーソン婦人はターフェとウォメストルが、「二人の意図が高潔なもので、彼女も一緒ならば、ウォメストルのアパートで好きなだけ食事を共にすることを認めていた。この古めかしい婦人はとりわけ緑牡蠣に目がなく、スペインのワインがお気に入りだった。こういった晩餐の際に彼女のために必ず二樽の牡蠣が用意された。一つはみんなで食べる分、もう一つは彼女がおみやげとして持ち帰る分。そうしておけば、彼女はワインを一杯飲んだら、みんなに別れを告げて帰っていった」

　こういった物語ではお決まりの展開ではあるが、奔放なウォメストル嬢にとって事はうまく運ばなかった。妊娠してしまったのだ。女王に説明を求められた教育係のサンダーソン婦人はターフェの求愛を（都合のいいところだけ）語って保身をはかろうとした。下衆なターフェ卿は「ウォメストル嬢も彼女の腹の子も認知せず、彼女には他にも男がいるのに、なぜ自分が父親呼ばわりされるのかと反論した」[42]。ウォメストルはすぐに宮中を去って、かつて彼女が冷たくその求婚をはねつけた、そこそこの資産を持つ田舎貴族に嫁いだ。牡蠣は彼女の身を滅ぼす原因となった。いや、もしも田舎暮らしが楽しめるなら、牡蠣が彼女を救ったというべきか。

　グラモン公の時代には牡蠣は貴重で高価なものだったが、一八〇〇年代初頭には英国における牡

※1　世界では自分がうまい汁を好き勝手に吸えるのだという意味。

蠣の消費サイクルは一巡して、貧乏人の食べ物になっていた。金持ちはもはや牡蠣を誘惑や暴飲暴食のために口にしたりしなくなった。『ピクウィック・ペーパーズ』のなかでチャールズ・ディケンズは次のように書いている。

「なかなか注目に値する状況でございます」。サムが言う。「貧乏と牡蠣がいつでも一緒だということは」

「私には何のことかわからない、サム」。ピクウィック氏は言う。

「私が言いたいのは、ご主人様」。サムは言う。「ある場所が貧しければ貧しいほど、牡蠣の需要が増えてくるということです。(中略)貧しさが極まってくると、すみかから飛び出してきて死にものぐるいで牡蠣を食べるようです[43]」

しかし一九世紀後半になると、英国の牡蠣は再び「商品として出まわらなくなってしまうくらい珍しいものとなり、金持ちの食卓でしかお目にかかれなくなった[44]」。保護と使いすぎのサイクルが循環し続けた。ローマ時代の戦略に加えて、エリザベス朝時代の英国では使いすぎの悲劇に対していくらかなじみ深い解決策が脚光を浴びていた。慣習もその一つだ。牡蠣を食べるときによく言われることとして「r」のつく月(五、六、七、八月以外)にだけ食べたほうがよいとされるが、これは多くの人が今日信じているような健康に対する害を考えての警告ではない。そもそもこれは夏の産卵期に牡蠣を保護するために設けられた古い風習の名残だ[45]。また、英国の牡蠣漁師は牡蠣床を共有し保護するための凝った儀式も作り上げていた。一七世紀のある特定の港を拠点にしていた集団の記事、例えばフェイバーシャムの記録「牡蠣漁師たち」などを見ると、古代ローマや現代のチェサピーク湾の牡蠣漁師たちとまったく同時代の出来事のように思える。

また、慣習はしばしば行政による規制の基礎となった。夏季の禁漁期はエリザベス朝時代の英国では法制化されて広く行き渡り、後にアメリカの植民地やチェサピーク湾でも採用された。またこの時代に英国で合法的に採取可能な牡蠣の最小サイズ、最大漁獲量、採取方法、採取資格などの一連の詳細な規制が作り上げられた。地域ごとの牡蠣漁に関する取り決めが集約されて国によって立法され、後には国際的な条約や協定となった。牡蠣が乏しくなると、フランスへの輸出は禁止され、厳しく取り締まられ、重い制裁が加えられた。その後牡蠣が再び豊富になると、輸出取引は奨励された。輸入についても同様である。豊富な時期には禁止され、供給が低下すると奨励された。[46]

行政による私的独占措置も、使いすぎを制限するための規制手段となった。王室による勅許で、フェイバーシャムのような港の漁師たちは、牡蠣を独占採取し、ある明確な領域内から他の者をすべて排除する権利を与えられた。独占力にはコストがつきものだが、有意義な利点もあった。王室勅許は港のならず者たちに地元の牡蠣を効率よく管理する動機を与えることになった。勅許によってお墨つきを得た牡蠣漁師は、内部連携のための体制、安全に投資するための理由、他者を排除するための法的根拠を得た。それは第2章で触れた、今日オーストラリアのロブスター漁師が持つ保護への動機とよく似ている。[47]

現代における征服によく似た例

牡蠣保護のどのサイクルにおいても、同じ手段が繰り返し使われている。征服と売買、私有化と養殖、慣習と規制。これらの戦略はすべてチェサピーク湾でも試された。そしていまだに利用されている。今日、牡蠣漁師は牡蠣種の取引、貝殻についた状態での取引、牡蠣床のリース、新種の開発、湾内の港での噂話を通じた評判管理、漁獲警備隊による広範囲に及ぶ牡蠣規制などを実施している。しかし、購入、判決、完全征服などどんな手段にしろ、現代の主権者が領域内から他者を排除して支配しているのを見ることはほとんどない。

現在では征服は国際法によって禁じられている。それでも時折使いすぎのジレンマを解決するためにそれを試みる国がある。一九九〇年のサダム・フセインによるクウェート侵略の重要な動機の一つは、両国にまたがって存在する巨大なルメイラ油田の単独支配権を得ることだった。[48]だれでも石油を最初に掘り出した者がそれを所有するというルールが、それぞれの国が競って穴を穿つための動機となった。のろまは何も得られないのだ。しかしあまりに多くの人が地に穴を開け、あまりに急いで石油を抽出すると、圧力が低下して石油のほとんどが地下に貯まったままになってしまう。油田と牡蠣床は共に同じくらい使いすぎの悲劇に対しては脆弱だ。イラクとクウェートの双方が、相手が掘りすぎていると思っていた。解決法の一つは一人の意思決定者が油田を支配することだ。征服によってそれは可能となるが、今日では少なくとも一つの国家内だと、もう少し暴力的ではないやりかたが考え出されている。

図7-7　300基あったというシグナルヒルの油田掘削装置のうちのいくつか。1923年

多くの国やアメリカの州では、油田に折り重なるように存在する土地所有者を自主的あるいは強制的に「ユニット化」することによって、競争のジレンマを阻止している。これは共有と私有のハイブリッド解決策である。[49]ユニット化をしない場合、それぞれの土地所有者はそれぞれ穴を掘ることができる。一九二三年ロサンゼルスのシグナルヒルで石油が発見されたとき、小規模の土地所有者はまさにそれをやった[50]（図7－7）[51]。あっというまに三〇〇の掘削孔がロサンゼルスの油田に掘られ、一九二〇年代の一時期には世界の原油産出量の四分の一を産出したという。油田がユニット化されると土地所有者は油田の収益から取り分を得られるようになったが、自分自身の油井を掘る権利を失った。原油産出を最適化するには、一人のプロの管理者が油井の配置と抽出率を決定すればよい。[52]ユニット化は（第5章で述べた利便性改善のための「商業改善地区」と同様に）あまりに細分化されすぎた資源向けに「改良され」、功を奏した共同運営による所有権制度の好例である。ユニット化はカリフォルニア州のように共同運営を強制できる統治権が一つだけ存在するときにはうまく機能するが、油田が二つの国に（あるいは牡蠣が二つの敵対する州に）またがっている場合にはそううまく機能しない。

征服にかわる現代の第二案は、「排他的経済圏」だ。かつて、各国は国際法の定める海岸から三海里の沿岸水域に法的権限を有していた。それはおおよそ岸から砲弾が届く範囲だ。そのような制度下では、岸から三海里より外の水産物などの沿岸資源はオープンアクセスで、すぐにとり尽くされてしまう可能性があった。それで各国は一二海里を自国水域として主張し、その後それはどんどん大きくなっていった。一九八二年、国連海洋法条約によって、いくつかの国が主張する二〇〇海里（大陸棚以下の資源に関してはさらに遠方まで）の「排他的経済水域」が承認された。海軍軍事力による占領のかわりに、沿岸諸国は自国に有利な権利を有効にする条約法を定めた。世界の大洋の大規模な領域がグローバルなコモンズからそのまま国の支配下に置かれるようになった。この「征服」の利点は、その領域内であれば一つの統治者によって使いすぎが軽減されることにあった。例えば、貴重な水産資源については、漁獲割当量の導入によって民営化が可能で、割当量は取引することもできれば、監視することもできるし、これにより漁獲量は制限され、商業漁業を保護することができる。海に対するオープンアクセス権はある程度大人しいものとなった。[53]

牡蠣とアンチコモンズ

グリッドロックの解決に役立つこととして、牡蠣から学べるものは何だろうか？　最初に述べたように、コモンズとアンチコモンズの悲劇は互いによく似ているので、一方の解決法がもう一方の解決に役立つことがある。

征服と取引は、グリッドロックの解決策にも対応するものがある。例えば複数の国によって構成される世界では、国際条約団体によって不十分な使用を緩和できる。主権が断片化する現象は、多くのアンチコモンズの悲劇が本質的に解決しづらいことを意味すると同時に、国際的なレベルのグリッドロックに警戒する必要があることも示唆している。この本の巻頭で紹介した泥棒男爵の話はそのような理論的枠組みを明示する好例である。アダム・スミスは『国富論』(一七七六年)でこの種の国境を超えたグリッドロックについて警告している。

ドナウ川の航行は、ババリア、オーストリア、ハンガリーなど別々の国によって川が管理されているため、もしもそれらのどれか一国が黒海に注ぐまでの流域をすべて保有していた場合と比較すれば、どの国にとってもほとんど有用性がない[54]。

グリッドロックの解決について考えると、世界の一員であることがいかに有益かがわかる。国際法や国際機関は、私たちにとって征服のかわりとなることが多い。第二次世界大戦が終わったとき、世界の指導者たちは世界規模の過大利用や過少利用を管理することで戦争を回避することを目的に、世界を統治する「三脚椅子」を作ることを決意した。脚の一つは世界規模の安全保障に対する対策の遅れを解決することを目的に作られた国際連合。二本目の脚は世界銀行と国際通貨基金(IMF)で、通貨切り下げ競争(コモンズの悲劇)を避け、世界の発展を促し、財政と金融の安定化を確保することを任務とする機関である。三本目の脚は、物資とサービスのグリッドロックの克服を目的としていたが、これには賛否両論があった。何十年かのあいだは、暫定的な協定（ＧＡＴＴと呼ばれていた）ですませた。一九九五年にやっと世界貿易機関（ＷＴＯ）が設立されたが、それまで五〇年かかったことになる。

ＷＴＯの功績を評価する一つの方法は、それを個々の経済同士が物資やサービスを流通させるための手段として見ることだ。関税はライン川の料金所と同じように機能する。自由貿易は経済的な機会を拡張し、市場を統合し、戦争を防ぐはずだ。ＷＴＯとそれに先行する各合意を通じて、参加国は一斉に、他国を阻止するのをやめることに同意した――ある程度までの話だが。世界の財は低くなった関税によって大幅に成長した。ＷＴＯは世界経済のグリッドロックを回避するための主要エンジンとなった。それでもまだ多くの課題が残されている。最低限の環境基準や労働基準はいまだに強制力を持たないし、隠れた「非関税障壁」がいまだに貿易を阻害しているし、いまだに交渉によって取り除くべき関税も存在する。ＷＴＯについては、世界規模の原油ユニット化、特許プール、あるいはＬＡＤ創造と考えればよい。それは征服にかわって、断片化した経済を一つに編成してグリッドロックを克服するための選択肢なのだ。

貿易に関しては確かに進歩が見られたが、地球が必要としていると思われるすべての国際制度ができたわけではない。京都議定書は地球温暖化に関する地球規模のグリッドロックを解決しようとした不完全な（そして失敗した）試みだった。どの国でも他国が環境保護によって利益を得るのを妨害できる。アメリカ人は、中国では石炭火力発電所がどんどん建てられているのに、なぜ自分たちが経済的コストを負担する必要があるのかと問う。中国人は当然、アメリカが今日における最大の公害原因であり、歴史的にも公害を出しながら最大の利益を得てきたにもかかわらず、なぜ自分たちが経済成長を制限する必要があるのかと問う。みんながみんなの邪魔をして、そのうちに私たちはこの地球を焼き尽くしてしまうかもしれない。地球環境のグリッドロックを解決する適切な国際制度創設は、この世代で解決すべき大きな課題の一だ。

慣習もまたグリッドロックを修正するための強力な手段だ。そこでは自己管理が鍵となる。みんながいつも自分の権利に固執していては、社会は身動きがとれなくなる。でもドライバーは、混雑した交差点は手前で停止するといった、道路におけるたくさんの法文化されていない規則に従っている。そうしないと、グリッドロックの原義である「渋滞」を招くことになるからだ。多くの場合、グリッドロックが回避できているのは、人々が自然に協調するよう社会化されているからである。無数の社会環境で、逸脱者はごくわずかだ。グリッドロックを解決するために常に規制、あるいは征服（あるいはその類いのもの）が必要だと決めつけてはいけない。たとえ法で行動を規制されなくても、人は創造的で巧妙な方法で折り合いをつけるようになっている。そういった協調の慣習を見つけよう。有効な法律は、既存の慣習や規範を基盤として、それらを補強する形で作られている。人々をすでに向かいたい方向に導くほうがずっと簡単だ。

慣習だけでは不足なら、コモンズの悲劇を解決する手段のなかから別の方法を当てはめて、グリッドロックを修正できる。例えば規制当局は使いすぎの解決のため、戦略的に独占状態を作れることがあるが、ときとしてグリッドロック克服のためにも同じ手が使える。独占は常に悪いものではなく、ある程度ならそれによっていきすぎた私有化を修正できる。

アメリカでは通常は、トラスト禁止法という専門の法律分野を通じて市場競争が保証されている。トラスト禁止法はたいていの場合、代替物を複数の供給者から得られるようにする。その意図は、ある単独の製品製造者が「トラスト」や「独占」を形成してその他すべてを支配し、高い価格を設定し、経済に害を与えることを避けることにある。それに応じて政府は、例えば一九八二年の裁判所命令によるAT&T社の解体や、二〇〇一年のマイクロソフト社に対する反トラスト訴訟の裁定のように、独占を断片化する場合もある。

トラストの解散は、代替物が少ない場合には意味があるが、断片化は補完財については必ずしも効果のあるやりかたとはいえない（第2章で触れた「代替財」と「補完財」の違いを思い起こして欲しい）。もしも資産の断片が補完的ならば、もしも所有権がアンチコモンズから始まっているなら、グリッドロックの危険があり、独占がその解決策となりうる。政府の政策は、これらの所有者をばらばらにするより、一つにまとめることに取り組むべきだ。

アンチコモンズにおける過少利用を修正するための正しい社会政策は、いわばトラスト推進でなければならない。トラスト推進もトラスト禁止と同様に、英語の語彙に加えるべきだ。特許プールや著作権団体はトラスト推進である。アメリカ司法省に反トラスト局があるなら、トラスト推進局も設けるべきだ。欧州連合におけるこの規制対象領域に対する包括的分野を利用していくには、トラスト推進政策と反トラスト法の施行の両方をもって国の「競争法」を構成すべきだ。

つまり、征服から独占にいたるまで、牡蠣の過大利用に対する各種の解決法は、どれも類似するアンチコモンズにも有効なのだ。

図7-8　フルトンマーケットの牡蠣屋台、ニューヨーク、1867年

＊

人はいつの時代も牡蠣が大好きだった（図7－8）[55]。あるメリーランドの解説者が一八七〇年に次のように書いている。「牡蠣に飽きる者はいない。生で、焼いて、茹でて、煮込んで、揚げて、蒸し焼きにして、パテにして、フリッターにして、スープにして、牡蠣はどこの食卓にもあがり、ときには毎食食べられることさえあるが、それでも牡蠣なしではお楽しみが完結しないのだ」[56]

牡蠣が「アメリカにおける最も安価な食材」から贅沢品へと変わったのは必然だったのか？　いや、そうではない。牡蠣は水同様にありふれたものになっていたかもしれないし、絶滅していたかもしれない。使いすぎについては決まった結末や魔法の解決策は存在しない。ヴァージニア州とメリーランド州の牡蠣を生業とする人々は、反目しながら姻戚関係を築いていった。それに逆らう甥たちは、夜中に略奪に繰り出した。あるいとこはもっと巻き上げ機（牡蠣を含む浚渫泥を引き上げるウインチ）を作り上げた。湾ではときに私有化が進んだり、オープンアクセスが進んだりした。そういった過程を経て、文化規範と暗黙の慣習が生まれ、部外者を阻止し、それが保護に役立った。共同体は、夜こっそり牡蠣を浚って盗み去るのを恥ずかしいことだとした。そういう者は監獄に入れられるかボートを沈められた。牡蠣床保護のための禁漁期の設定、最小収獲サイズ規定、総水揚げ量の最大値の制限、夏季の採集禁止などの法的メカニズムも存在した。人々は牡蠣床に砂利や貝殻を戻した。政府は牡蠣床をリースした。

牡蠣戦争はチェサピーク湾特有の出来事だが、デヴィッドソン大佐が採用した保護方法は、現代の牡蠣漁師だけでなく、大プリニウスやシェークスピアにもなじみ深いものだった。成功した社会では、どこでもその時代の資源、文化、テクノロジーに適した独自の解決方法を組み合わせている。これらの戦略がうまく複合して機能すれば、貴重な資源を――悲劇が回避しがたい――オープンアクセス状態から、人々が理性的に浪費を避ける状態に移行させることができる。何千年ものあいだ、人々は牡蠣が希少化するのを目にしてきたが、それでも今日まで牡蠣が絶えないように保護してきた。使いすぎの解決は何千年にも及ぶ試行錯誤を経ても、いまだに課題として残されている。

アンチコモンズの悲劇における過少利用の回避は、それよりも難しい。それがいかに蔓延しがちで、どれほど隠れたコストを持つかについては、最近になってやっとわかり始めたところだからだ。グリッドロックの修正について有利な点があるとすれば、牡蠣などから苦労して得た経験により、一歩先を進んでいるということだろう。

第8章

解決ツールキット

アンチコモンズの悲劇は特定が難しいため、その鏡像であるコモンズ（共有地）のジレンマに比べ克服しにくい。グリッドロックの修正には熟練を必要とする。この本で述べてきた各種の過少利用それぞれについて、私は解決法を提示してきた。この章ではそれらの解決法を包括的なキットにまとめて、その道具を単独または組み合わせて使えるようにする。グリッドロックが特定できるようになれば、一人の市民、消費者、有権者、支持者、そして起業家といった立場で、自信を持ってそれに取り組めるはずだ。

ステップ1：グリッドロックの特定と命名

グリッドロックを解決するための、最初の、重大で、決定的であり最も重要なステップは、それが存在するのを見て取ることだ。グリッドロックはどの社会においても大きな無駄と損失の原因の一つだが、過少利用は通常目につきにくい。生死を左右する薬がなくても、ため息をついて言い訳をするだけだ。医学上の発見は偶然の幸運。神の計らいは謎だらけ。無線が遅く、住居が高価で、アメリカ先住民の土地が荒れたままでも、十分に考えようとはしない。損失は抽象的で不可避であり、どこか遠くの出来事とさえ思える。

でもそうではないのだ。グリッドロックは人が作り出したものであり、不変の自然法則によるものではないのだ。経済や文化に内在するものでもない。過少利用はむしろ経済、法制度、社会機構の過ちや空白、欠陥の結果だ。所有権が歪んで生まれた人為的結果だ。

これまで大きなグリッドロック市場の例をいくつか述べてきた。それぞれについて、過少利用が根づいた経過と、その解決法を描いてきた。でもそれは、アンチコモンズの研究文献の表面をかすったにすぎない。新しい例が常に明らかにされている。ソフトウェアからショッピングモールまで、社会がグリッドロックを克服できるよう支援しつつ利益を上げるようなビジネスチャンスは、いたるところにころがっているのだ。

言葉が問題を浮き彫りにする

グリッドロックを特定するには、正しい言葉が必要だ。過大利用というおなじみの概念に「過少利用」を加えよう。日々の認識のなかに「アンチコモンズ」を加えよう。おとぎ話が好きならば、この本は所有権についての「ハンプティ・ダンプティ」問題と、所有権の最適な設計を探求する「三匹のクマと女の子」について述べた本だと思えばいい。格言好きならば、「料理人が多すぎるとスープをだめにしてしまう」ことについての話だと思えばよい。経済専門用語がお気に入りならば、クールノーの「補完財」を言い直したものだと思ってもらえばいい。お気に召すものを。アンチコモンズの悲劇における過少利用という概念は、もはや捉えどころのない問題ではないはずだ。

要するに、大きくまとまったら最適な利用ができるものを、人々が小分けにして所有したら何が起こるのか、ということを本書では示してきた。小分けにされたものは、ビッグインチのような空間的なものであったり、空っぽの店舗のように法律的なものであったり、遺伝子のかけらのように同時発生的だったり、またはライン川の料金所のように逐次的だったりする。グリッドロックはいろいろな形で生じる——資産が最初に作られたとき、あるいはその後、財産が行政によって規制されたとき、個人や企業によって運営されたときなど。所有権があまりに断片化されると、価値は無駄にされてしまうのだ。

最先端の探求

新しい市場が、生まれた瞬間に葬られてしまうこともある。行政によってはじめて所有権が規定されるとき、グリッドロックの大きなリスクが生じる。行政はそれを技術、文化、芸術、そして科学の最先端で行っている。規制当局は権利を正しく定めようという強い情熱を持っていない。彼らは競合する有権者たちみんなにいい顔をしたがる——みんなが何かをもらえるべきだと考える。私有化がいきすぎてしまう場合もあるという事実を認識できていない。残念なことに、新しい市場は潜在的に常に生まれ続ける。アンチコモンズの資産は目につきにくいため、だれも隠れた過少利用の力学に着目しない。

だれもそれについて声をあげない。でもあなたならそれができるはずだ。何もこれはワシントン、モスクワ、東京、ロンドン、パリといった遠いところで起こっている不可解な出来事ではない。どこにいても、そこにはグリッドロック経済が見つかりそうな所有権の最先端が存在する。

数年前、私は「貼り紙法の最先端」という論文を書いた。当時教えていたミシガン大学ロースクールで、ポスターを貼る学生たちについての論文だ。[1] クラスのある学生が、身近で現実に起きているグリッドロックを何でもいいからあげてみろと私に迫った。教室の入り口のすぐ外に答えはあった。そこには張り紙が貼られていて「今夜のビールパーティーはどこで？」と書かれていた。階段の壁は張り紙だらけだったのに、そのすぐそばにある掲示板は奇妙なことに過少利用されていた。張り紙のコモンズとアンチコモンズである。学生たちのあいだには、「重ね貼り禁止」原則や非常識なポスターに対しては徹底的に報復するといった暗黙のルールがたくさんある。無秩序な廊下をこころよく思わない副学部長の存在が法律の役目を果たしたので、そのような事態になっていた。「ここは高校ではありませんよ」と彼女は私に言ったものだ。私の冗談半分の論文の要点は、「張り紙法」は、たとえ明文化されていなくても、ちゃんと法律として機能し、学生から学生へと伝えられるということだ。日常生活においてさえ、所有権が多すぎたり、少なすぎたりすると、資源が無駄になってしまう。

なぜ隣の芝生は青いかを考えよう

親は子供に、向こうの芝生のほうが青いなどと思うな（「他人のものを欲しがるな」）と教える。でも多くの場合、よその芝生は本当にもっと青いのだ。よその人々は芝に水をやるが、あなたはやらない。グリッドロックを見つけるよい方法の一つは、こういった違いに注意することだ。例えば一八八〇年、英国のある調査官は次のことに気づいていた。

我々の牡蠣漁の惨状は、現在見られるように、近隣諸国と比較して興味深い教訓とすべき対照性を備えている。フランス、オランダ、スペイン、ポルトガル、ロシア、アメリカといった国々では牡蠣漁が豊富な収獲を上げている。もちろん、質という点からいえば、輸入品は国産のものとは比較にならない。（フランス産やその他の輸入品は）よく知られているように風味に乏しく、せいぜいイガイよりはましという程度だ。それでも（それらは安価なため需要が大きい）

（中略）

その成功の秘訣が、母体となる大きな資源の管理、禁漁期の保護策、人工繁殖にあることはよく知られている。一方、かつてはよく知られていた牡蠣床の荒廃は、我々がこれまでとってきた愚かな政策に起因する。その政策は我々が他国において有益な結果をもたらしているのを目の当たりにしているものとは、あらゆる点で逆だ。（中略）原因は明らかだ。改善策も簡単。だが、だからこそ、その達成はなおさら難しいのだ[2]。

一八八〇年の牡蠣から現代の携帯電話の話に飛ぼう。日本ではアメリカに比べ、高速ワイヤレスブロードバンドが日常生活の隅々まで浸透している[3]。日本文化にこのようなものが最初から備わっていたわけではない。日本が電波帯の権利を割り当てる際にグリッドロックを避け、電話通信の特許の藪を克服したからこそ、高速通信が可能になったのだ。

住居については逆だ。今日アメリカ人は日本人に比べてより恵まれた大きなスペースで暮らしている。これは日本人が狭いアパートが好きだからではない。それが日本の文化や歴史の一部というわけでもない。日本が島国であること、あるいは国土が狭いことが原因ではない。第二次世界大戦前までは、平均的な日本人はアメリカ人よりも大きな居住空間を持っていた。これが逆転したのは最近のことで、偶発的なものだ。その原因は意図せずグリッドロックを生み出してしまった政策にある。大戦後、占領政府はアメリカ都市計画モデルを日本の法律に移植した。これは善意の行為だったが、その移植は都市計画理論がきわめて低調な時期に行われた。アメリカは日本に、当時バークレーやニューヨークを住むにはお金のかかりすぎる場所にしてしまった、杓子定規なバナナリパブリック型の規制を輸出してしまったのだ。東京で何かを建てようとすればわかる[4]。

要は、違いに注目しようということだ。もしも隣の家、あるいは向こうの街、あるいはあちらの世界で、市場がもっとよく機能しているならば、それはたいていの場合、こちら側に隠れたグリッドロックがあるかもしれないというヒントなのだ。

古きよき時代に郷愁の念を抱け

古きよき時代は、実はさほどよくはなかったということが多い。それでも、昔のほうがうまく機能していたものもある。そういう事例に注意を払い、その理由を考えてみよう。アンチコモンズの悲劇はたいてい、昔は意味のあった所有権が、後に変な結果をもたらすことから生まれる。

著作権団体はラジオ放送に対する著作権料支払いが大きな懸案事項となったときに現れた。しかしながらこれらの団体は、メディア制作における価値形態の変化についていけなくなっている。いまの流行りは、総合マルチメディア、マッシュアップ、再発、再編、なんとかミックス、マルチなんとかだ。おそらくＡＳＣＡＰ（米国作曲家作詞家出版者協会）やＢＭＩ（放送音楽法人機構）などを見直す時期がきているのだ。黒人の農場とアメリカ先住民の土地も、独占的所有権下ではうまく機能する。土地法、文化、時間の何気ない交錯により、所有権の断片化、グリッドロック、無駄にされる資産が生まれるのだ。一部のドイツの州が行ったように法律に手を加えて、家族で土地を持ち続けたいと思う人にはそれを可能にして、売りたい人には公正な値段が支払われるようにしたらどうだろうか？

コモンズの悲劇を特定するのは簡単だ。私たちは汚染された空気にむせる。牡蠣の収獲量は減る。慣れれば、隠れたグリッドロックも見えるようになってくる。問題が見えるだけでは解決にならないが、不可欠な第一歩ではある。

ステップ2：グリッドをほぐす

グリッドロックを特定しても、簡単に解決できるとは限らない。数学的には、過少利用の悲劇と使いすぎの悲劇は対称性を持っているが、実感ではそうは感じられない。認知心理学者と実験経済学者によれば、人はコモンズの悲劇なら簡単に克服できても、それに対応するアンチコモンズのジレンマとなると、簡単に克服するコツをあまりわきまえていない。[5] ある程度は慣れと経験の問題だろう。脳の仕組みにも関係しているのかもしれない。いずれにせよ、大きな挑戦には大きな報酬がある。

本書ではずっと、解決法を構築する際にそれとなく医学的モデルを援用してきた。何はともあれまずは予防。グリッドロックを根づかせてはならない。次に治療。グリッドロックが生じてしまったら治療に気をくばる。そして最後に民間療法。慣習と規範のおかげで、コモンズの資産は維持されることが多い。同じことが多くのアンチコモンズ的状況でも可能だ。多くの場合、コモンズの悲劇の解決法から類推すればよい。そこにはグリッドロックを解決する有益なヒントがたくさん隠されている。牡蠣が新薬の発見やワイヤレスブロードバンドの高速化に役立つなどと、だれが考えただろう?

この章の以下の部分では、一〇の要素からなる解決法セットを示す。最初の三つは予防についてで、その後の四つが治療法、残りは民間療法だ。

モニタリング

定期検診で病気が見つかるのと同様に、事前の考慮と熱心なキャンペーンを使えば、そもそもグリッドロックが誕生するのを防げる。必ずとは言うまい。裏取引はありうる。悲劇を促進すると自分の利益になるので、それを進めたい人もいる。貪欲、人種差別、無関心、そしてごく普通の権力争いも障害となる。それでも、ときとして問題は単に情報が不足しているだけで、モニタリングとキャンペーンで解決できることもある。

「過少利用」が多くの辞書ではまだ用語として認知されていないことを思い出そう。立法者たちは自分たちが資源をグリッドロック経済に押し込もうとしていることを知らないことが多い。情報があれば(そして市民とメディアの圧力を受ければ)、もっと破壊的ではない改革を考慮するかもしれない。特許商標庁は遺伝子断片特許がイノベーションに与える危険性を認識して以降、特許性に関する基準を設けた。国立衛生研究所は、連邦政府の援助を受けた発見をライセンス供与すると非商業ベースの研究が妨害されることを認識して、ライセンス供与に関するガイドラインを修正した。国民の怒りによって、インディアン割当地の所有者や黒人の農場相続人の窮状に対する関心が遅ればせながら盛り上がるかもしれない。

予防接種

現在、政府はグリッドロックを生み出しても、自分がその結果に直接苦しむことはない。彼らには混乱、過失、連携不足を避ける理由がないのだ。バナナリパブリックな状況下では、民間デベロッパーは認可を待っているあいだに倒産してしまうが、規制当局には何の代償もない。規制当局は自分が平均でどれだけの遅れを引き起こしているか知らないし、自分たちの都市における許認可プロセスが他都市と比べてどうかも知らない。データ収集は、どの都市が新規開発の障害が多いかを知る第一歩だ。いくつかの不動産投資家はさらに先を行っている。ボルネード不動産信託は、バナナリパブリックを見つけてさや取りするのが業務だ。

次のステップは地方自治体に対する認可権を持ち管理する州が、「ワンストップ窓口」や「みなし承認」といった対症療法を地元自治体に義務づけることだ。こういった手続きの改革は、最悪の状況に対するワクチンとして機能する。たとえ市行政が環境や安全面でのハードルを加え続けても、ワクチンさえ効いていればバナナリパブリックに陥ることはない。

発生時の早期隔離

グリッドロックを迅速に隔離すれば、損害は軽減できるし、立法者たちにも別の対策を考える時間ができる。いったん進んでしまった所有権をもとに戻すのは難しいが、政府はそれ以上の資源がアンチコモンズ側に流れ込むのを止めることはできる。

まずは人々に法律の変化を報せ、これ以上の断片化が起きても、法で保護された「既得権」は生まれないと伝えることだ。例えば、モスクワの店舗所有者が殺される確率が急増して、人々が何かがおかしいと感じたときに、規制当局はすぐに最初の誤った民営化方式を凍結し、事態を収拾して、もっと賢明な手法の検証を始めることもできたはずだ。もう一つのやりかたは比較研究に基づく。時間と地理による違いに注意するのだ。なぜここよりもあそこの市場のほうがうまく機能しているのか調べる。市場をだめにしてしまう改革が広がらないように主張する。

既存の法律をチューンナップ

予防がいつもうまく機能するとは限らない。ときには治療よりも予防のほうがコストが高くつくこともある。ブロックパーティーやバナナリパブリックのような状況では、予防よりも治療のほうが特に重要となる。それでも用心するに越したことはない。これらの解決法は社会的に荒治療となる。副作用も深刻なものになりかねない。

グリッドロックにはまってしまった人々の行動を変える簡単な方法は、法律をチューンナップして、潜在的なマーケットメーカーが栄えるような妥当な機会を作ることだ。例えば、ドイツでは農地保護のためにちょっと法を変えたので、家族はすべてか無かというジレンマにはまらずにすむようになった。そういったチューンナップは多くのアフリカ系アメリカ人にとってはもう手遅れかもしれないが、そうした発想は今後増えるはずの、農場、別荘、その他の不動産を年老いた親から相続する人々の悩みを軽減できる。

バイオテクノロジーの特許政策をめぐる活発な活動のほとんどは、法律の調整に関するものだ。微調整はいつも簡単にいくわけではないが、アンチコモンズの視点を加えることで、議論は正しい方向へと導かれる。医薬品開発の場合、研究結果へのアクセスを容易にしつつ、イノベーションへの原動力を失わないような解決策が必要となる。このためには既存の市場参加者をしっかり取り込まなくてはならない。そうでなければ彼らによって改革は阻止され、私たちはグリッドロックから抜け出せなくなってしまう。彼らと取引しよう。

組み立てツールを作る

もしもグリッドロックを解きほぐして欲しいなら、権利をまとめやすくしよう。新たな組み立てツールでマーケットメーカーに権限を与えるのは、一見するほど難しいことではない。油田のユニット化はアングロサクソン系アメリカ人による法制度のイノベーションとして世界に広まりつつある。コンドミニアムについては逆に、ヨーロッパ民法がプエルトリコに導入され、そこからアメリカに輸入された。アメリカのコンドミニアム所有者は、一九六〇年代のゼロ人から五〇〇〇万人にまで増加した。最近ではタイがコンドミニアム方式を輸入して、デベロッパーたちが突然水平方向ではなく上へ上へと建築を始めた。カナダで一九七〇年代に商業改善地区（ＢＩＤ）が考案され、いまや何千というＢＩＤによってベンチ、造園、そして警備巡回などが提供されている。市中心部の店舗が郊外のショッピングモールと競合するまでになった。同じように、ＬＡＤによってブロックパーティーのジレンマも解決できるかもしれない。

既成の組み立てツールは、個々の所有者が困らないよう保護しつつ、起業精神に富んだ民間のマーケットメーカーに、グリッドロックの克服に必要な法律を提供する。万人が新しい法体制を発明する必要はないが、既存のものを推奨し、それらが役に立つ新たな領域を提案することならばできる。新方式のタイムシェアはどうだろう。別荘の分割所有。老朽化した住宅地に歩道を作ったり、街路樹を植えるためのＢＩＤに似た仕組み。住宅ローンのリスクを分割、再編して作る、もっと安全な金融商品など。

正しい命名

二五年前、医者たちは「核磁気共鳴（ＮＭＲ）」検査の際に、その検査が放射能とまったく関係ないにもかかわらず、患者たちが「核」というのを怖がることを知った。そこで、ＮＭＲを「磁気共鳴映像法（ＭＲＩ）」と名前を改めた。現在ではＭＲＩはごく普通の医療行為の一部となり、かわいげなＣＡＴスキャンという言葉と同じく、恐れられることもなくなった。

同じように、アメリカにおける合併、独占に対する規制は、これまで「反トラスト」政策と名づけられてきたが、この言葉は規制当局を誤った方向に導き、消費者に損害を与えた。断片化した所有権が問題の根底にある場合には、合併、独占によって社会福祉を改善できる。例えば、民間航空機が空を飛び、トランジスタが経済に革命を起こしたのは、ある部分では競争企業が「特許プール」への加盟を強制されたためだ。アメリカはヨーロッパ式の名前を採用して、「反トラスト」を「競争」政策と改名すべきだ。名前の変更という簡単なことで、規制の最終目標である健全な市場競争には反トラストと「親トラスト」という両方の取り組みが必要だということを、国会議員に理解してもらえるかもしれない。アンチコモンズの用語を知っていれば、お目にかかるグリッドロックの形態にも創意豊かな名前がつけられる。

積み木取り

人は可能な限り、共同体からの圧力なしに、自由に財産を使いたいはずだ。自由と自主性を守るなら、政府はまずこれまで述べてきたような、強制力の弱い予防法と治療という解決策や、後で述べる代替療法でグリッドロックを解決すべきだ。

でもこうした穏健な対策が失敗し、グリッドロックが資源の過少利用によって容認しえないコストを強いている場合には、国家には既存の権利を一掃し、一からやり直すことが許されている。不動産の場合、これは土地収用と呼ばれている。薬事特許の場合は、「強制執行権」(アメリカ特許の一部は、政府資金による研究に基づいているため)。共同所有地の場合は、分割だ。破産法にさえ「積み木取り」ルールがあって、破産管財人にはゼネコンが放棄した建築中の家屋などの「消耗資産」を、競合する抵当権に左右されることなく自由に売る権利が認められている。[6] 積み木取りツールは法のなかに広まっている。それらすべてはアンチコモンズの悲劇を克服するの最後の砦とみなせる。

この解決策は、グリッドロックによる不当な害が起きないようにするものだ。少数派による暴政、ある個人が利用に反対したときに全員が蒙るコストを回避できる。積み木取りを使えば、ロシアで起きているような事態、手榴弾と殺し屋で断片化した所有権をまとめなくてもすむ。解決困難なグリッドロックに直面したら、権利を接収し、正当な補償金を支払うだけで、資源を集め、もっと価値の高い利用状態へと移行できなくてはならない。

ゴシップ、恥、評判

解決策の最後の一群は、別口の非伝統的なやりかただ。これらの解決策は計測しにくいため、見過ごされることが多い。でもときには、特に法の微調整などを補うのに使うと、大いに効果を発揮する。グリッドロックを見つけたら、これらの試みがすでに使われているか確認してみよう。

メイン州のロブスター・ギャングのように、結束の固い共同体がうまく機能すると、国家による干渉を受けることなく対立を解決できる場合がある。国による民営化や濫用資源の規制がなくても、人々は隣人の活動について、お互いに話せる。ゴシップ、恥、評判は、潜在的なグリッドロックを抑えるための強力なテコとなり、直接的な法による制裁や市場刺激策よりもより強力なことも多い。これらの解決策は、人々が複合的な結びつきを持ち、繰り返し取引を行うために顔を合わせ、価値の低い利用を抑える結束の固い共同体で最もうまく機能する。逸脱者に恥をかかせるのは強力なツールになる。

現代経済学の「ゲーム理論」と呼ばれる分野では、そのような相互作用が研究されている。コモンズとアンチコモンズの悲劇は、個人の合理的な選択の総和が総体として悲惨な状態をもたらす「囚人のジレンマ」と、「チキンゲーム」の一形態とみなせる。ゲーム理論家は、人が同じ相手と繰り返しゲームを行うと協力を学ぶということに気づいた。法律がなくても、プレイヤーは「しっぺ返し」と呼ばれる遊び場の戦略を使って、裏切り者には罰則を科し、協力者には報酬を与える。評判はとても重要だ。ただし、ゴシップ、恥、評判は大きな多様性がある、あるいは匿名性の高い一時的な交流しかない集団ではあまりうまく機能しない。

自発的同意

ときには自発的同意でグリッドロックが克服できることがある。特許プールもそのような解決法の一つだ。初期のものは政府が強制したものだったが、DVDとデジタル画像のプールは自発的なものだ。著作権に関しては、ハリウッドとブロードウェイの作曲家たちがASCAPを、シンガーソングライターたちはBMIを結成して、著作権音楽の興行目的利用許諾をまかせている。これらの著作権団体は反トラスト規制当局からは例外措置を受けているが、こうした団体が扱う範囲は限られている。例えば、ASCAPはオムニバスDVDなどの新メディア制作問題は解決していない。「規格設定機構(SSO)」も同じような取り組みだ。例えば、どの製造業者もワイヤレスルーターには同じ技術規格を使っている。SSOによって、それぞれの企業は自分の投資が他社の製品によって補完されることを知るのだ。

ときとして近隣の人々が一致団結し、もっと高い価値を生む用途のために土地をまとめることもある。でもあまり多くはない。土地をまとめるときの問題は、自主的同意一般に共通することだが、数が多くなってくると、交渉や規制にかかるコストが高くなるということだ。ゴネ屋やただ乗り屋によって合意が打ち砕かれてしまう。同意による利益はみんなが求めているが、合意にいたるためのコストはだれも負担したがらない。知的財産の分野では、オープンソース運動とクリエイティブ・コモンズが、コンピュータ・ソフトウェアや関連する知的財産を自発的にまとめる際に役に立つのを見てきた。こうした制度は無政府状態ではない。それらは、分散した個人が政府の強制力をあてにせずにグリッドロックを克服するというシンプルな目標を持った、法律と制度の複合形態だ。

慈善活動

ますます多くの慈善活動団体やNPOがグリッドロックに取り組むようになっている。ゴールデンライス計画は、たくさんの競合する特許権保有者を呼び集めて、命を救う新しい食物を生み出した。同様にビル&メリンダ・ゲイツ財団は、マラリアのワクチン作りに一石を投じようと努めてきた。財団は競合するワクチン開発者の持つ特許権をまとめ、広く利用できるようにして、特許の藪とグリッドロックを打開した。予防に成功したワクチンを大量購入することを保証することで、ゲイツ財団は起業精神あふれるマーケットメーカーに発明への強い誘因を与えている。

最後の例として、環境保護主義者パトリック・ヌーナンはマッカーサー財団から授与された「特別賞」の賞金を使い、木材をめぐってブロックパーティーやバナナリパブリックに陥った企業と環境保護団体をまとめるような、非営利の環境保護基金を設立した。『フォーブス』誌は次のように述べる。

保護基金は、競合する権利所有者間の脆い関係の仲介者となった。これが成功すれば、木材に関する無数の投資で、新しい価値を大々的に解放できる。四〇億ドル相当の七〇〇万エーカーの森が、利用されないまま売りに出されている。（中略）しかし、土地、樹木、地下鉱物についての権利がクモの巣状に錯綜し、それを所有するのはどんなことについてもめったに合意しない別々の企業なので、それを単純に売却することはほとんど不可能だった。さらに、未開拓地の使用を差し止めようとする行政の担当官や環境運動家からの圧力もそれに拍車をかけていた。[7]

もうすでに、読者のみなさんはこの種のグリッドロックならおなじみだろう。民間の交渉が決裂すると、環境保護基金が介入する。最近このマーケットメーカーの慈善活動で利益を得たインターナショナル・ペーパー社の場合、テネシー州に七万五〇〇〇エーカーの豊かな森林を保有していたが、その森林は「山ほどある譲渡証書や買い戻し権、その他の証書」によって縛られていた。[8] どこかで聞いた話に似ていないだろうか？　インターナショナル・ペーパー社は土地と材木の権利を所有していたが、テネシー鉱業社が埋蔵された石炭、石油、天然ガスの権利を主張した。両者は互いに干渉せずに事を進める方法について、合意にいたることができなかった。

いずれ両者は、莫大な費用をつぎ込んで法的混乱を解決し、土地を使用できる状態に戻せたかもしれない。あるいは国と環境保護運動家が会社を倒産に追いやったかもしれない。無意味な開発の遅れと、全か無かという解決法のかわりに、ヌーナンの環境保護基金は関係する団体がそれぞれ要求するもののほとんどを得られるような協定を構築した。そして基金は経費分をカバーする手数料を得た。これはグリッドロックを克服するエレガントな方法だ。基金は「すっきりとした販売可能な層に権利を分配するために必要な書類作業の山を引き受けた。彼らは開発権の及ぶ範囲をはっきりさせて、土地の多くがレクリエーション用途に開放され、湿地帯や野生動物が保護されるよう規定した[9]」

基金の最高責任者であるローレンス・セルツァーによれば、「このプロジェクトによって、いまやアメリカにおける森林保護の大胆な新モデルが実現した[10]」。そしてそれは木材企業と石炭企業にとっても魅力的なモデルだ。結局のところ、グリッドロックの修正は収益性があり、環境にも有益だ——負け戦でしかないアンチコモンズのゲームにかわる、双方にメリットのある解決法なのだ。

＊

人はしょっちゅうグリッドロックを生み出すが、それが悲劇になる必要はない。一八一五年以降、ヨーロッパの大国がライン川から泥棒男爵を追い出したのと同じように、現在の経済における幻の料金所を取り除くことはできる。訓練を積めば、潜在的なアンチコモンズの悲劇を見つけて回避できる。所有権があまりに断片化されすぎたときにも、政治、法律、金融、そして地道な近隣との交流を創造的に活用することで、資源を再び組み立て直すことが可能だ。

グリッドロック経済の修正は価値のある崇高な目標だ。それによってイノベーションを促進し、何百万人もの命を救い、何兆ドルもの失われた生産性を解放することができるのだから。みんなでグリッドを解き放とう。

謝辞

この本を書くにあたってはあまりに多くの人々から多大な援助をいただいたので、ここでごく少数の人にだけ謝辞を述べるのはあまりに不十分な気がする。とはいえ、まずは共同執筆者のハノック・ドーガン、ベッキー・アイゼンバーグ、メリット・フォックス、リック・ヒルズ、ジム・クリアの名を真っ先にあげなくてはならない。我々が共同で執筆した論文は、この本の大黒柱となった。アンチコモンズを研究している、増え続ける学者一同にも感謝したい。彼らには多くのことを教わった。彼らなくしてはこの本は存在しなかった。ほか少数の名を敢えてあげるなら、ジェームズ・ブキャナン、ベン・ドプーター、リー・アン・フェンネル、フィオナ・マーレー、フランシスコ・パリシ、ノーバート・シュルツ、スコット・スターン、ヨン・ユーン、そしてローズマリー・ハム・ジドニスに感謝したい。また、私がこの本に着手したときに励ましてくれた故マンサー・オルソンにもここで感謝を捧げておく。

私はこれまで多くの学術討論の場で、グリッドロックのアイディアを紹介してきたので、本当に有用な意見をくれた人の名前をあげるだけでも何ページも必要となるが、ここではボブ・エリクソン、リチャード・エプスタイン、マーク・ケルマン、マーク・レムリー、ラリー・レッシグ、フランク・マイケルマン、リック・ピルドス、キャロル・ローズの名は記しておかなくてはならない。通信については、特にトム・ヘイズレット、リード・フンディット、ジョン・ソーンに感謝したい。それぞれが綿密に章をチェックして、もっと説得力のあるものにしてくれた。ポスト社会主義の変遷については、アライン・バータード、ボブ・バックリー、バートランド・ルノー、レイ・ストリューク、そして故スティーブ・メイヨに、土地整理区域（LAD）についてはヘンリー・ハンスマン、ルイ・キャプロウ、ミッチ・ポリンスキー、エリック・ポスナー、スティーブ・シャベルにそれぞれ感謝したい。

本書を書き始めたのはカリフォルニア州スタンフォードの先端研究センターで行動科学の特別研究員を務めた二〇〇四～二〇〇五年度のことだ。もしも国の宝に寄与したいならば、この研究所に大金を寄付して欲しい。本書『グリッドロック経済』が、同センターの荘厳かつ想像力を刺激するライブラリーに加えられるに相応しいことを願う。そのライブラリーに並ぶ本はすべて、同センターで着想されたか、あるいはそこで書かれたものだった。センターのスタッフであるシンシア・ブランドットとキャスリーン・マッチに感謝する。スーザン・シルクが、学界以外の読者向けに本を書いた研究員のグループをまとめてくれた。このグループによってこの本のプロジェクトが始まった。スーザン・アシー、ジョン・ベンドール、スティーブ・フェイアマン、ブラッド・インウッド、メアリー、ピーター・カゼンスタイン夫妻、ボブ、ナン・ケオハン夫妻、デヴィッド・コンスタン、ノーラン・マッカーシー、エリック・ミューグラー、エド・ミュール、ショス・オバー、サム・ポプキンス、ジュリオ・ロテンバーグ、そしてとりわけグレゴリー・ウォードをはじめとする多くの研究員が私の研究に関わってくれた。

コロンビア大学ロースクールはこの本を書く際の絶好の拠点となった。デヴィッド・スキズナー学長はこのプロジェクトを考えられる限りあらゆる面で支援してくれた。彼の恩は言葉では言い尽くせない。また、ジェフ・ゴードン、エイバリー・カッツ、クラリッサ・ロング、トム・メリル、エリザベス、スコット、そしてとりわけ貴重な意見をくれたスコット・ヘムフィルとティム・ウーをはじめとする素晴らしい同僚たちにも感謝する。助手を務めてくれたトリシア・フィリップは不屈のサポートをしてくれた。彼女はこの本についての著作権一切をクリアすることでグリッドロックを克服してくれた。法律図書館は素晴らしい研究支援を提供してくれた。ジェシカ・バーク、ジェス・ダンガン、キム・ジェームズ、リサ・サンドバル、そしてピーター・シュイングラーは原稿の引用のひとつひとつを専門的にチェックしてくれた。引用照合キャンペーンを運営し、この本のすべての行を編集し、たくさんの校正をこなしてくれた素晴らしい研究助手セス・デイビスに最大の感謝を捧げる。セスがまだ学生なのは私にはラッキーなことだが、すぐに彼も同僚となるだろう。

二〇〇六年から二〇〇七年は、UCLAロースクールで教鞭をとりながらこの本を執筆し、私にとっては素晴らしい年となった。素晴らしい意見と原稿の大半を書くのに必要な時間を私に与えてくれたマイク・スキル学長に感謝する。スチュアート・バナーは航空黎明期の興味深い実例を教えてくれた。UCLAのアン・カールソン、スーザン・フレンチ、ラッセル・コロブキン、ガイア・リー、ステファン・ミュンツアー、カル・ロースティアラ、シアナ・シフリン、ユージン・ヴォロクらはこの本をよりよいものにしてくれた。私の助手クリスチャン・チャンは様々な場面で私を助けてくれた。法律図書館は常に素晴らしい情報源となった。アリス・コーとケリ・リビングストンは素晴らしい研究アシスタントだ。USCロースクールとディーン・ボブ・ラスムッセン、そして特にグレゴリー・キーティング、ダン・クラーマン、ジョージ・レフコ、エド・マキャフリーには、二〇〇七年に招いてくれて、一週間ほどのあいだこの本について創造性に富んだ激しい討論を交わさせてもらったことを感謝する。私がかつて素晴らしい八年間を過ごし、学者となることを学び、この本に発展する多くのアイディアを紡いだミシガン大学ロースクールには絶えることない感謝の念を捧げる。最後になったが、コロンビア大学、ミシガン大学、ニューヨーク大学、UCLA、そしてイェール大学ロースクールの教え子たちにも感謝する。彼らは私の温めていたアイディアに片っ端から異議を申し立て、改良してくれた。アフリカ系アメリカ人の農場所有権の激減からポスター貼り法の物語にいたるまですべて彼らから得たものだ。

ベーシック・ブック社では、ジョン・シェラー、ミッシェル・ジェイコブ、サンドラ・ベリス、アネット・ウェンダ、ティム・ブライソン、アリックス・スレイト、そして特に私の担当編集者であるビル・フラッチといった一流の、熱気あふれるチームと仕事をする機会に恵まれた。ビルは最初にこの企画が彼の机に載せられた日から、すべての過程で常に支援し続けてくれた。この本のなかの一行一行が、彼の鋭い知性の恩恵を受けている。

ゴールドバーグ・マクダフィ・コミュニケーションズのアンジェラ・ヘイズとリン・ゴールドバーグは、宣伝面での相談に乗ることでこの本の創造的な支援者となってくれた。幅広い読者向けにこの本を広める手助けをしてくれたコロンビア大学ロースクールのエリン・ケリー、ジム・オニールにも感謝する。

最も深い感謝の意を私のエージェントであるティナ・ベネットに捧げる。彼女が私を引き受けてくれたことがいまだに信じられない。エージェントを探すときに、最も素晴らしいと思った本を次々と見ていくと、著者が彼女に賛辞を述べていた。偶然ではないのだ。ティナは重要なアイディアがあれば熱心な支援者となる。彼女は作家を最高の著作物へと導いてくれる。アイディアが要となる仕事を一緒にするときに彼女以外の選択肢は考えられない。

幾人かの友人や家族が何年にもわたってこのプロジェクトを支えてくれた。ソリー・エンジェルは私に本の書き方を教え、この本に着手するきっかけを与えてくれた。アダム・コーエン、アニー・マーフィー・ポール、そしてアリッサ・クォートは私を出版業界に漕ぎ出すのを助けてくれた。ダニエル・ローゼンバーグは本のすべてに目を通して、多くの改善を施してくれた。メアリー・ゴールデンソンは、本が実際に書かれることを確認してくれた。ピーターとポーラ・ノア、カレン・パーカー、タマール・シャピロ、ジョン・シュミット、ミキとブラッド・シェルトン、そしてジョシュ・シンガーが支えてくれたことに感謝する。いとこのアダム・シンレイは多くのこと、とりわけ著作権政策について多くのことを教示してくれた。素晴らしい、支えとなる家族を持ったことを幸せに思う。ダン、キャシーと姪のジョエル。ラファエル、マイケルと甥のエイタンとジラルド。ただ励ますだけでなく、校正までしてくれた私の両親であるジャックとナオミ。

長いあいだ、たいていほぼ毎日、私はあらゆることに関してヴァージニア・ラッターの助言に頼ってきた。彼女の持つ多くの才能のうちの一つに、学術的なアイディアをより広い読者に向けて翻訳する卓越した能力がある。私よりもずっと前から彼女はこの本の正当性を信じていたし、最も変わることなくこの本のチアリーダーを務めてきた。

この感謝の気持ちが満載されたテーブルの最上席につくのは、我が最愛のデボラとエリーだ。多くの執筆者が配偶者と子供に執筆の暗い年月のあいだの寛容さと支えに感謝する。確かにデボラは家族のことをいろいろ切り盛りしてくれたが、それは彼女のこの本に対する貢献の一番小さな部分にすぎない。私が知る限り彼女は最良の作家だ。この本の重要なポイントのすべてにおいて――例えば第一ページなど――私がさえない下書きをデボラに手渡し、部屋を出て戻ってくるとずーっとよい原稿がそこに出来上がっていた。この本は私のものであると同時に彼女の本でもある。

訳者解説

本書はMichael Heller, *Gridlock Economy*（2008）の全訳である。翻訳にあたっては著者・出版社からもらった原著ファイルとハードカバー版を元にしている。

本書の概略：細切れ所有権の位置づけ

本書の主張は単純明快。世の中には、所有権や使用権が様々な形で細切れになり、分散されすぎているが故に使われなくなっている／使えなくなっているリソースが極めて多い、ということだ。だが、これまでこの問題はあまり明示的には考慮されてこなかった。それを系統的かつ網羅的に見ることで、類型化とそれに対する解決策を考えよう、というものだ。

むろん所有権が分散されすぎているとか、関係者が多すぎて収拾つかないというだけであれば、だれしも現実生活でよくお目にかかる話ではある。共同所有のトラブルやら、相続で兄弟同士がもめて手がつけられなくなった物件の話やらは、この日本でもいくらでも見かけることだ。多くの所有者がいると、にらみ合い、ごね得、疑心暗鬼に三すくみ状態など、様々な要因で話が進まなくなる。これは世界共通の話だ。

本書が理論的におもしろいのは、それをもう少し大きな枠組みの中で体系づけ、既存の所有権の考え方を広げたことにある。従来の、所有権なし↔所有権あり、という二項対立的な図式に対して、所有権なし↔所有権あり↔所有権多すぎ、というグラデーションを打ち出したわけだ。

なぜこうしたグラデーションがこれまではあまり前に出てこなかったのか？　現在の主流経済学の主張は、かなり単純化するなら「とにかく所有権を設定すれば、あとは持ち主や利害関係者の市場取引ですべて最適な状態に落ち着く」というものだからだ。最初のところでだれがどういう形で所有権を持とうがどうでもいい、細切れになっていても、それを合理的にみんなが取引すれば万事解決というのが、経済学者の立場になっていた。

だが、このグラデーションの導入により、これが怪しいことがわかる。市場取引ですべてうまくいくとはとても言えない。細切れのものを取引するには、みんなが合理的にふるまう場合でさえ非現実的なほどの手間暇がかかってしまうことも多い。ましてそこにごね得その他「戦略的」な動きが発生すると、どうしようもなくなる。だったら所有権は、なんでもいいから明確にすればいいというものではない。どんな形で所有権を設定するかも重要になる。多すぎず、少なすぎもしない、ちょうどいい所有権のあり方を考えなければならないわけだ。それを説明したのが本書となる。

著者について

著者マイケル・ヘラーは、コロンビア大学ロースクールの、不動産法の教授だ。本書で述べられた、多すぎる所有権の問題——所有権がないために濫用されるコモンズとの対比で、所有権が多すぎるために使われなくなるこの問題はアンチコモンズと呼ばれる——を一貫して研究し続けてきている。こうした問題は、たとえば地権者が多すぎて開発が進まない状態や、区分所有者が多すぎて意見がまとまらず、まともな管理や修繕もできなくなっているマンションなど、不動産分野で多く見られ、問題になることが多い。不動産法を扱い、特に本書にも登場するロシアの市場経済移行を見る中で、著者はこのアンチコモンズの問題に気がつき、取り組み続けてきた。一般向けの単著は二〇一八年現在で本書だけであり、他の著書はこのアンチコモンズ問題や、移行経済での企業ガバナンスに関する論集の共著・共編となる。

本書の議論の歴史的背景

こうした本が登場した背景は、歴史的な大きな流れの中に位置づけると把握しやすいかもしれない。所有権さえ明確にすればOKで、あとは市場に任せれば大丈夫という、当時台頭してきたあまりに単純すぎる見方について、いくつか揺り戻しがあった。

もちろん一九八〇年代半ばからは、所有権の明確化と市場取引で万事解決、という見方は、サッチャリズムやレーガノミックスに見られた性急な民営化で大いに活用された。そして旧ソ連の荒廃は、まさにそうした所有権のない無責任体制のなれの果てとして、非常に効果的に活用された。「やっぱり所有権きっちり設定する資本主義最高!」というわけだ。そしてハーディン『共有地の悲劇』は、それを裏づける理論的な支えとして大きくクローズアップされた。

でも一九九〇年代半ばから、これがあまりに単純すぎる見方だということが、次第に明らかになってきた。まず共有地が悲劇になっていない例はいくらでもある。共同所有であっても、だれも面倒を見ないことにはならない。世の中そこまで近視眼的なバカばかりではないのだ。エリノア・オストロムらは、共有資産がうまく機能している例を大量に集め、所有権ないと絶対だめ、といった主張の浅はかさを指摘して、これが二〇〇九年の彼女のノーベル経済学賞受賞にもつながっている。

また「所有権さえ明確にすれば」という単細胞な主張で進められたロシア東欧の市場経済化が決

してうまくいっていないという反省も出てきた。その失敗の理由については本書にも詳しい。所有権は、その財の性質にも見合う実際に使用できる形でまとまって存在しないと、機能しようがないのだ。一方で、英サッチャー政権や米レーガン政権を筆頭に、オーストラリアや南米をはじめ各地で展開された民営化も、それを受けて開発援助業界でももてはやされた拙速な市場経済化も、死屍累々の惨状となり、そんなに万能ではないことがだんだん明らかになってきた。

同時に、インターネットが台頭してきて、あわせてリナックスを筆頭にフリーソフトウェアが急激に注目を集めたのも影響したはずだ。だれでも勝手に使え、改変できるソフトが、めちゃくちゃになることもなく、ある程度の秩序を保ちつつ発展を遂げている。それどころか、公共的にだれでも使える所有権のないリソースが確保されていることが、こうした自由な発展の基盤になっている！　これは知的財産の世界で著作権強化や特許権の強化拡大がやたらに支持されていた状況に対し、冷や水を浴びせる結果となった。

余談ながら、この著作権や知的財産権強化に対して疑問を投げかけ続けている法学者ローレンス・レッシグも、ヘラーと同じくロシアの市場経済移行のための法整備支援の中で、学問的示唆をいろいろ得ている。同じような刺激を受けた結果なのかもしれない。

本書がこうした、「所有権さえ明確ならいい」という単純な見方への様々な反発の重要な一部なのは明らかだろう。所有権には様々な側面があり、対象となる財の物理的な性質や、それが果たしているもっと広い役割、さらには使う人間の特性まで含めて、おおむね整合した形で設定しなくてはならない。所有権をはじめ財やサービスに関する各種の「権利」は、人々が具体的にそれを利用し取引する中で次第に固まっていったものだ。それをその具体性から乖離した形で、抽象的に切り刻んでみたり実態を考慮せずばらまいたりすることについては、慎重でなくてはならない――これはある意味で、リーマンショックの原因ともなった怪しげなデリバティブについても言えることではあるが、具体的な財についても程度の差はあれ同じ教訓が成り立つ。本書は、その教訓をまとめたものだ。

本書の評価について

さて、本書の問題提起については、広く賞賛された。訳者の目につく範囲で唯一あった批判は、これが問題であることは認めたうえで、それでも全体として見たとき、そんなにでかい問題と言えるのだろうか、というものだった。やっぱり所有権を明確にするのは何よりも重要で、著者の言うアンチコモンズ問題は、実在するとはいえ、相対的には小さな問題だ、という。これは定量的な判断の問題だし、また社会が進み、これまで曖昧だった所有権がだんだん明確化するにつれて、所有権不明確の問題はだんだん減り、アンチコモンズの問題は相対的に重要性を増すはずではある。さらに、だからといって本書で提起された各種の問題がどうでもいいということにはならないだろうとは思う。

ちなみに訳者は不動産開発と多少関連する業務をしているので、本書で挙げられたような地権者とりまとめの苦労やマンション管理組合での共用部分改修問題などはいろいろエグい実例も目の当たりにしている。また著作権関連の翻訳その他で、権利が分散してしまったり、だれが持っているかもはっきりしなかったりする作品が使われず朽ちていく例もいろいろ聞かされている。だから本書の各種問題提起には、大きくうなずいた一方で、最後のその解決策にはちょっと失望した面もある。何かそうしたアンチコモンズ／グリッドロック問題をスパッと解決する妙案でもあるのか、と期待していたら、出てきたのはかなり地道なものだ。

そもそもそうした状態を作り出さない、関係者を集めてきちんと話し合う、各種権利のとりまとめを行うような制度を構築する……うーん、確かにその通りではあるのだが、でもそのくらいならもう関係者も結構がんばってやっている。なんかそういう、チマチマした時間のかかるやり方を一気に省けるような方法がないんでしょうか……。

が、まあそれがないものねだりなのは、もともとわかっていたことではある。結局のところ、専制主義国でもない限り、多数の権利者の権利調整を簡単にすばやく行う方法は存在しない。なだめ、すかし、説得し、条件を細かく変え、時間をかけて意見をすりあわせ、でも最後の手段として私権を抑える方法もいる、というわけだ。

ちなみに本書の記述を元に考えるなら、日本の再開発組合制度や区画整理事業などは、このアンチコモンズ問題に対処するための極めて優れた先進的な取り組みということになる。うまく権利をまとめ、調整し、シャッフルして使いやすい形に整理しなおし、その利益を全員に分け与える仕組みが一応ある。

もちろんだからといって、日本の区画整理や再開発事業がすっきりスムーズに運ぶ、というわけでもない。インフラづくりも、少数の家が立ち退かない、地権者との調整がつかない云々といった理由で遅々として進まなかったり、プロジェクト自体が立ち消えてしまったりする。もっと強く私権を制限すべきだし、強制収容ももっと積極的にやるべきだ、と第三者的には思ってしまう。

一方、今後また新しい問題も起きてくる。マンションの共用部分補修や大規模修繕が、少数の住民の意固地な反対で進まずに、建物全体の寿命にすら関わる問題は次第に顕在化している。さらに都市部の廃屋問題などは、相続人がだれかわからない、そして／あるいは相続人が多すぎるという、コモンズ的な問題なのか、アンチコモンズ的な問題なのかもわからない状態から生まれる過少利用だ（もちろん権利者がわかったところで、その人々が何もしないという次の問題もあるが）。

こうした問題の一つの解決策としては、本書に登場するビッグインチ問題のように、税金未納を根拠に所有権を採りあげるとか、アメリカの住宅開発のように、一定水準以上の家屋敷地のメンテナンスを維持できないと没収とかいうやり方を導入する必要も出てくるだろう。そうした最終手段をバックにすることで、各種交渉もやりやすくなる面も出てくるかもしれない。本書は、そうした様々な問題に通じる、所有権者の多さ（場合によってはそれに伴う不明確さ）を共通的に理解する方法を与えてくれることで、実務的にも理論的にも示唆を与えてくれる。そこに本書の最大の価値があるのではないか。

おわりに

もともと本書は、別の版元から、原著発表（二〇〇八年）の直後に出る予定だった。翻訳も完成させ、あとはゲラがそろそろ上がってくるかな、というところでその版元の担当編集者が交替し……その後まったく進まなくなった。朝鮮語版、中国語版などはとっくに出ており、歯がゆい思いをしつつ何回か催促してみたが、結局はっきりした理由のないまま刊行中止になってしまった。このまま日の目を見ないのももったいないと思ってネット上で版元を募集したところ、捨てる神あれば拾う神あり、亜紀書房の目にとまって、八年遅れで刊行されることになったという次第。

八年の遅れで中身が古びたのでは、と最初は危惧したが、実際にはそんなことはまったくなかった。原著が書かれたのはリーマンショック直前で、サブプライムローンがちょっと問題になりはじめた話が実に軽く扱われているのは、今にして思えば微笑ましいと言うべきか。だが本書が指摘する中心的な問題は古びるどころか、ますます重要性を増していると訳者は考えているのは、さきほど述べた通りだ。

本書の翻訳は、前半は森本、後半を山形が担当し、最後に山形が通してチェックを行った。大きなまちがいはないとは思うが、もしお気づきの点などあればご一報いただければ幸いだ。まちがい、訂正その他は見つかり次第、サポートページ（https://cruel.org/books/gridlock/）で公開する。

路頭に迷っていた本書を救い、編集を担当してくれたのは、亜紀書房の小原央明氏であった。ありがとうございます。そして読者のみなさんにも。本書が現場の実務担当者に少しでもヒントを与えつつ、そうでない一般読者の多くにも、身の回りにあるこうしたアンチコモンズ型のグリッドロック状態に気がつくきっかけを与えてくれることを祈りたい。

平成最後の夏　深圳／東京にて

山形浩生（hiyori13@alum.mit.edu）

注釈

すべてのウェブアドレスは、原書刊行当時の2008 年5 月1 日に検証されものである。

最新の情報については下記アドレスの本書のウェブサイトを参照して欲しい。

http://www.gridlockeconomy.com.

第1章

1. IBM 上級副社長John E. Kellyの発言。Steve Lohr, “Sharing the Wealth at I.B.M.,” *New York Times*, April 11, 2005, Business section, 1, 4. Kellyはこれに続けて「会社が闇雲に特許を追求し、闇雲に特許の主張を追求する方向に、振り子が大きく振れすぎたように思えた(中略)いったいどこへと向かおうとしているのか私たちはよくわかっていなかった」と述べている。
2. セレラ・ジェノミクスの科学局長Dennis Gilbertの発言。Andrew Pollack, “Celera to Quit Selling Genome Information,” *New York Times*, April 27, 2005, Business section
3. ブリストル・マイヤーズスクイブ社の科学局長Peter Ringroseの発言。Andrew Pollack, “Bristol-Myers and Athersys Make a Deal on Gene Patents,” *New York Times*, January 8, 2001, Business section, 2.
4. “Breaking the Silence,” *New York Times*, March 18, 2008, Business section, 1, 5 での遺産相続専門弁護士Beth Kaufman の発言。
5. Hanoch Dagan and Michael A. Heller, “The Liberal Commons,” *Yale Law Journal* 110 (2001): 549-623, at 614. アメリカの財産法では「共同所有者が同意にいたらない場合は、法や公平性を盾にしてもその差を解決することはできないし、財産を如何にして利用し利益を享受するかを具体的に決めることもできない (A. James Casner, ed., *The American Law of Property* [Boston: Little, Brown, 1952], vol.2, sec. 6.18, p. 78). ヨーロッパの民法制度でもこれらに関しては結果は同じである。だれでも他人の邪魔をすることができる(Dagan and Heller, “The Liberal Commons,” 615n.254).
6. J. P. Chamberlain, *The Regime of the International Rivers: Danube and Rhine* (New York: Columbia University Press, 1923), 147-57.
7. Roy Gardner, Noel Gaston, and Robert T. Masson, “Tolling the Rhine in 1254: Complementary Monopoly Revisited” (未刊行原稿, August 2002, http://www.indiana.edu/390workshop/papers/gardner 102802.pdf) を参照。1780年にいたっても、マインツからコブレンツまでの80kmのあいだに9つの料金所があり、そこからオランダとの国境までにもさらに16の料金所があった (Frederic M. Scherer, “The Economics of Gene Patents,” pt. 2, *Academic Medicine* 77 [2002]: 1348-67, at 1363)。Schererによれば、「通行料の増大がその動脈を通るはずの交通の大部分を圧迫し――通行料さえなければ、道路状況が絶望的に

ひどい時代における最もコストのかからない旅の手段であったが——ドイツ経済の発達を遅らせた。1831年に、やっと条約が締結され、航行が基本的に無料化され、水路のもつ潜在能力の十分な発達が可能になった(同上)。

8. *Castles on the Rhine* (Chicago: Argonaut, 1967), title page のLudwig Schäfer-Grohe による地図を参照。
9. Anthony Ramirez, “Mapping Out the Wireless-Phone Future,” *New York Times*, November 12, 1992, National Desk, 1.
10. Dennis Roberson quoted in Scott Woolley, “Dead Air,” *Forbes*, November 25, 2002, 139-50, 141 (Roberson), 140 (Woolley).
11. トーマス・ヘイズレットは通信分野におけるアンチコモンズの悲劇を表すこの言葉を一般に広めた (“Tragedies of the Tele-commons,” FT.com, April 18, 2003, http://search.ft.com/nonFtArticle-id=030418005136). より早い使用例としてはJ. Gregory Sidak and Daniel F. Spulber, “The Tragedy of the Telecommons: Government Pricing of Unbundled Network Elements under the Telecommunications Act of 1996,” *Columbia Law Review* 97 (1997): 1081-1161.
12. Michael A. Heller and Rebecca S. Eisenberg, “Can Patents Deter Innovation? The Anticommons in Biomedical Research,” *Science* 280 (May 1, 1998): 698-701.
13. 「特許の藪」という言葉は、特許とイノベーションを専門とする優れた経済学者Carl Shapiroによって作られた。“Navigating the Patent Thicket: Cross Licenses, Patent Pools, and Standard-Setting,” *Innovation Policy and the Economy* 1 (2001): 119-50. 製薬会社の秘密主義についてはJohn S. James, “Medical Innovation and Patent Gridlock,” *AIDS Treatment News*, May 27, 2005, www.aidsnews.org/2005/06/patent-gridlock.html を参照。「この問題は、関係者は通常秘密を誓い、とにかくプロジェクトが前進するように不十分ながら何かを作り上げているため、どちらかというと目に見えないままのことが多い」(同上)。
14. Heller and Eisenberg, “Can Patents Deter Innovation?” 699-700(ライセンス積み上げと同時発生的な断片化を区別)。Francesco Parisi, Norbert Schulz, and Ben Depoorter, “Simultaneous and Sequential Anticommons,” *European Journal of Law and Economics* 17 (2004): 175-90, at 185.
15. ビッグインチに関する概論としてはMichael A. Heller “The Tragedy of the Anticommons: Property in the Transition from Marx to Markets,” *Harvard Law Review* 111 (1998): 621-88, at 682-84. ビッグインチ計画は多くの模倣を生み、詐欺事件も起こった。「中国の貧しい消費者たちが抱いている強い疑念がある。彼らのなかにはどんなに小さかろうがアメリカでほんの少しでも土地を持っていれば、アメリカ市民権、あるいは少なくともビザを得るチャンスが増すと信じている者がいるようだ」(Nina Munk, “A Cheap Ticket to the Promised Land”

Forbes, February 1, 1993, 90).

16. Quaker Oats Company の許諾を得て転載。
17. 私はそのようなルールが、人々が資産を役に立たない断片に分割する権利を制限する法律に埋め込まれた「境界線原則」の構成要素となっていることを主張した (Michael A. Heller, "The Boundaries of Private Property," *Yale Law Journal* 108 [1999]: 1163-1223, at 1173-74)。学者たちがこの論理を検証可能な仮説として再編成し、それに従って「司法と立法は、最適なルールの選択と最適な解決策の仕組みを考慮したとき、意識的であれ無意識であれ所有権断片化の非対称的な効果の責任を負う」(Parisi, Schulz, and Depoorter, "Simultaneous and Sequential Anticommons," 185).
18. Heller, "Tragedy of the Anticommons," 682.
19. 空港に関する偏狭性の物語として最も有名かつ悲劇的なのは、日本における成田空港である。1960 年代半ばより、小さな区画を持つ農民たちによって建設が阻まれ、日本経済に数十億ドルものダメージを与えてきた。"Narita Fiasco: Never Again," *Japan Times*, July 26, 2005, editorial, http://earch.japantimes.co.jp/cgi-bin/ed20050726a1.html. グリッドロックを回避するために、世界で最も高くついた、香港、大阪、名古屋、ソウルの4つの空港は沖合の埋立地に建設された。
20. グリッドロックはオヘア空港の拡張プロジェクトが最終的に実行に移されてもまだ続いた。シカゴ市はベンセンヴィルの549の住宅、商業用地を買い取った。そのうちの522区画があき家だったが、村はあき家が新滑走路建設のために取り壊されるのを避けるため、環境再調査を盾にプロジェクトを遅らせた(Sarah Schulte, "O'Hare Expansion Moves into New Phase," abc7chicago.com, February 25, 2008, http://abclocal.go.com/wls/story?section=news/localn&id=5979987)。Donald W. Tuegel, "Airport Expansions: The Need for a Greater Federal Role," *Washington University Journal of Urban and Contemporary Law* 54 (1998): 291-319, at 299-300（論争を整理); Dick Swauger, technology coordinator, Air Traffic Controllers Association, testimony before the House Committee on Transportation and Infrastructure, Subcommittee on Aviation, April 26, 2001, 24, http://commdocs.house.gov/committees/Trans/hpw107-14.000/hpw107-14 0.htm.
21. Michael Idov, "Gridlock at 30,000 Feet: What Went So Catastrophically Wrong," *New York Magazine*, November 5, 2007, http://www.nymag.com/news/features/2007/airports/40314/.
22. Alexandra Marks, "Gridlock over How to End Flight Gridlock," *Christian Science Monitor*, October 29, 2007, USA section, 3.
23. Marion S. Trikosko によるキング牧師の記者会見時の写真, March 26, 1964. Image courtesy of the Library of Congress, Prints and Photographs Division, U.S. News &World Report Magazine Photograph Collection, LC-

U9-11696-9A.

24. *Eyes on the Prize* の詳細については作品のサイトhttp://www.pbs.org/wgbh/amex/eyesontheprize で知ることができる。
25. Katie Dean, "Eyes on the Prize Hits P2P," *Wired*, January 27, 2005, http://www.wired.com/entertainment/music/news/2005/01/66410.
26. Katie Dean, "Cash Rescues Eyes on the Prize," *Wired*, August 30, 2005, http://www.wired.com/entertainment/music/news/2005/08/68664. 下記も参照。Nancy Ramsey, "The Hidden Cost of Documentaries," *New York Times*, October 16, 2005, Arts and Leisure section, 13, 23.
27. Marcia Biederman, "They Right the Songs," *New York Times*, March 14, 1999, New York and Region section, 4.
28. Rena Kosersky, quoted in Dean, "Eyes on the Prize Hits P2P."
29. James Surowiecki, "Righting Copywrongs," *New Yorker*, January 21, 2002, 27.
30. Katie Dean, "Bleary Days for Eyes on the Prize," *Wired*, December 22, 2002,http://www.wired.com/culture/lifestyle/news/2004/12/66106. 2004年版の研究論文は"Untold Stories: Creative Consequences of the Rights Clearance Culture for Documentary Filmmakers." というタイトル。
31. Dean, "Bleary Days for Eyes on the Prize."
32. Ramsey, "Hidden Cost of Documentaries," 13.
33. Amy Sewell, 同上での引用。
34. Barry Williams and Chris Kreski, *Growing Up Brady* (New York: HarperCollins, 1992), 142 を参照。このような調子で、ある連邦裁判所判事は、「パラマウントは、フローレンス・ヘンダーソンの肖像権を侵害してはいないかといった訴訟沙汰になりそうな問題を生じさせることなく、シェリー・ロングを映画版ブレイディー・バンチにキャスティングすることはできるのか?」と訊ねた(Wendt v. Host Int'l, Inc., 197 F.3d 1284, 1286 [9th Cir. 1999] [Kozinski, J., dissenting])。
35. 粗筋についてはHBO, "Curb Your Enthusiasm—Episode 6, Season 1," http://www.hbo.com/larrydavid/episode/season1/episode06.html.
36. Chris Andersonは次のように書いている。「権利は全体では1つの毛玉のようなものだ」。彼は続ける。『かっとび放送局WKRP』は「すべての人気テレビ番組のなかでも権利のクリアが最も難しいものの1つと考えられている。それはその他すべての権利クリアのための試みが検討される最も重要な基準となっている」(*The Long Tail: Why the Future of Business Is Selling Less of More* [New York: Hyperion, 2006], 196).
37. Katie Dean, "Copyrights Keep TV Shows Off DVD," *Wired*, March 1, 2005, http://www.wired.com/entertainment/music/news/2005/03/66696.
38. David Lambert, 前述 Dean の, "Cash Rescues Eyes on the Prize."

39. Bryan Reesman, "The Song Doesn't Remain the Same," *Hollywood Reporter,* November 15, 2005, S10, S55.
40. Public Enemy, "Caught, CanWe Get a Witness?" *It Takes a Nation of Millions to Hold Us Back* (歌詞はCD ライナーノーツより, Def Jam/PolyGram Records, 1988).
41. Kembrew McLeod, "How Copyright Law Changed Hip Hop," *StayFree Magazine*, Fall 2002, http://www.stayfreemagazine.org/archives/20/publicenemy.html. チャックD によれば「1つの曲に100 の小さな断片を入れるということは、100 人の人がそれに反応してくれるということを意味する。全部をコラージュして新しく作り上げるよりは、1つのグルーヴをサンプリングするほうがずっと簡単だ。すべてのコラージュの要素はもはや無用になる」(同上)。
42. Nicholas Reville, Downhill Battle(非営利音楽活動団体)共同創設者, Katie Dean, "Remixing to Protest Sample Ruling," *Wired*, September 22, 2004, http://www.wired.com/entertainment/music/news/2004/09/65037 での引用。
43. Kalefa Sanneh, "With Arrest of DJ Drama, the Law Takes Aim at Mixtapes," *New York Times*, January 18, 2007, Arts section, 1, 7.
44. 連邦控訴裁判所はヒップホップ・グループNWAが1.5秒、ほんの音符3つ分ほどファンカデリックの著作権を侵害したとみなした(Bridgeport Music, Inc. v. Dimension Films, 410 F.3d 792 [6th Cir. 2005]). "Columbia Law School and UCLA Law Copyright Infringement Project," http://cip.law.ucla.edu/caselist.html では、判決文を読み、裁判所が公的見解を出した音楽書作権侵害訴訟に関与した曲を聴くことができる。参考文献Dean "Remixing to Protest Sample Ruling."
45. Daniel Fisher, "Name That Note," *Forbes*, October 18, 2004, 54.
46. グリッドロックはフェアユースが縮小したときだけでなく、著作権問題が長引いたときにも増大する。ミッキーマウスの著作権が切れそうになるたびに、ウォルト・ディズニー社は連邦議会が過去の権利に遡って保護するようロビー活動をしてきた。ミッキーマウス保護法としてよく知られている1998年の著作権延長法は、ディズニー社(とその他の著作権保有企業)に20年の猶予を与えた——パブリックドメインから得たお金を企業が補助金として使うことでグリッドロックが固定化されている。
47. テクノロジーの進歩により、使用料徴収の際に著作権保有者にはコストがかからないようになってきているにもかかわらず、アンチコモンズ理論がフェアユース原則を正当化しているという議論については下記を参照。Ben Depoorter and Francesco Parisi, "Fair Use and Copyright Protection: A Price Theory Explanation," *International Review of Law and Economics* 21 (2002): 453-73. またNeil Weinstock Netanel, *Copyright's Paradox* (New York: Oxford University Press, 2008), 143 も参照。

48. 私が教鞭をとっていたニューヨークでは、商業コピーショップが教育過程で必要な読本をコピーして販売するのはいきすぎた行為だと判じたBasic Books, Inc. v. Kinko's Graphics Corp., 758 F. Supp. 1522 (S.D.N.Y. 1991) の判例が支配的だ。中西部の連邦控訴裁判所も似たような結論を出している。(Princeton University Press v. Michigan Document Services, Inc., 99 F.3d 1381 [6th Cir. 1996] [enbanc]).
49. Aristotle, *The Politics and The Constitution of Athens*, edited by Stephen Everson, 英訳Benjamin Jowett (Cambridge: Cambridge University Press, 1996), 33. アリストテレス以前では、トゥキュディデスが人は「公共物について考えることにはほんの少しの時間しか割かないで、時間の多くを自分が所有するものを使うことに充てる。その一方でそれぞれが軽視したことによって自分に損害が生じなければいいと思っていて、あれこれ気をくばるのは自分以外のだれかの役目であり、各々が勝手に同じようなことを考えているため、共通の利害はいつのまにか荒廃することになる」と言っている (*History of the Peloponnesian War*, Richard Crawley 英訳[New York: E. P. Dutton, 1910], bk. 1, sec. 141).
50. Jared Diamond, "Easter's End," *Discover*, August 1995, 62-69, at 68.
51. Garrett Hardin, "The Tragedy of the Commons," *Science* 162 (1968): 1243-48, at 1244.
52. "The Digital Library of the Commons," http://dlc.dlib.indiana.edu の例を参照。
53. 以下を参照。Heller, "Tragedy of the Anticommons," 624. これより以前のアンチコモンズの定義や改訂については同上, 667-69.
54. Lee Anne Fennell, "Common Interest Tragedies," *Northwestern University Law Review* 98 (2004): 907-90, at 936-37.
55. John Tagliabue, "A Debate in Europe over Air Traffic Control," *New York Times*, August 25, 2002, Travel section, 3.
56. Robert Gramlich, American Wind Energy Association 政策部長, Clifford Krauss, "Move Over, Oil, There's Money in Texas Wind," *New York Times*, February 23, 2008, Business section, 1 で引用。
57. シェアチョッパーのジレンマについては第5章で論じる。
58. Gardner, Gaston, and Masson, "Tolling the Rhine," 4-5を参照。ヨーロッパの権力がライン川のグリッドロックを克服したのとほぼ同じ頃、そのなかのフランスでは政治改革によって国内における灌漑用水路建設にまつわるグリッドロックが克服された。Jean-Laurent Rosenthal, "The Development of Irrigation in Provence, 1700-1860: The French Revolution and Economic Growth," *Journal of Economic History* 50 (1990): 615-38.
59. Chamberlain, *Regime of the International Rivers*, 148.
60. もしも特許取得があまりに簡単になると、イノベーションが抑制されてしまうのではな

いかという、高まりつつある大きな研究上の論争がある。例として以下を参照のこと。Adam B. Jaffe and Josh Lerner, *Innovation and Its Discontents: How Our Broken Patent System Is Endangering Innovation and Progress, and What to Do about It* (Princeton: Princeton University Press, 2004), 170-71. 併せて下記もJames Bessen and Michael J. Meurer, *Patent Failure: How Judges, Bureaucrats, and Lawyers Put Innovators at Risk* (Princeton: Princeton University Press, 2008), 39-42　また下記も。Lawrence Lessig, *The Future of Ideas: The Fate of the Commons in a Connected World* (New York: Random House, 2001).

61. James Buchanan and Yong J. Yoon, "Symmetric Tragedies: Commons and Anticommons," *Journal of Law and Economics* 43 (2000): 1-13, at 2. さらに他の者が正式な経済モデルとして発展させている。例としてはNorbert Schulz, Francesco Parisi, and Ben Depoorter, "Fragmentation in Property: Towards a General Model," *Journal of Institutional and Theoretical Economics* 158 (2002): 594-613; and Francesco Parisi, Norbert Schulz, and Ben Depoorter, "Duality in Property: Commons and Anticommons," *International Review of Law and Economics* 25 (2005): 578-91がある。
62. Sven Vanneste et al., "From 'Tragedy' to 'Disaster': Welfare Effects of Commons and Anticommons Dilemmas," *International Review of Law and Economics* 26 (2006): 104-22; Ben Depoorter and Sven Vanneste, "Putting Humpty Dumpty Back Together: Pricing in Anticommons Property Arrangements," *Journal of Law, Economics, and Policy* 3 (2006): 1-23.
63. 例えばビジネススクールで行われたアンチコモンズの研究例としては以下がある。Fiona Murray and Scott Stern, "Do Formal Intellectual Property Rights Hinder the Free Flow of Scientific Knowledge? An Empirical Test of the Anti-Commons Hypothesis," *Journal of Economic Behavior and Organization* 63 (2007): 648-87. さらに、Rosemarie Ham Ziedonis, "Don't Fence Me In: Fragmented Markets for Technology and the Patent Acquisition Strategies of Firms," *Management Science* 50 (2004): 804-20を参照。

第2章

1. マイクロソフト・ワードとコレル・ワード・パーフェクトは underuse をはじくが、奇妙なことにワード・パーフェクトの辞書ツールはこれを認める。ウェブスターは警告をしつこく繰り返し、オックスフォード英語辞典とアメリカン・ヘリテージ・ディクショナリーは承認する。気軽にスクラブルを楽しむ者にとって、2005年の第四版公式スクラブル辞典の出版によってunderuse は冒険的なはったりから公認の言葉に変わった (http://www.scrabble-assoc.com/boards/dictionary/ospd4-changes.

html). しかし、真剣なスクラブルプレイヤーにとって2006年3月のOWL (Official Tournament and Club Word List) 改訂版が採用されるまでは、underuse は怪しげな (squiggly) 言葉とされた (ちなみにsquiggly はこれらのどの出典でも言葉として認められている)。

2. http://www.iascp.org/.
3. 1999年反サイバースクワッティング消費者保護法によってドメイン名所有権に関する連邦法が改正された。現在では登録レースの勝者であっても、ある一定の条件下では負けることになる。この法律は人々が有名な名称で登録して、それを人質にするのを防ぐことを目的としている。例えばhttp://www.vw.com の最初の所有者は、「VW」の商標保有者であるフォルクスワーゲン社にこのサイト名を譲渡するよう強いられた (Virtual Works v. Volkswagen of America, 238 F.3d 264 [4th Cir. 2001]).
4. Harold Demsetz, "Toward a Theory of Property Rights," *American Economic Review* 57 (1967): 347-59, at 354-59を参照。哲学的基盤については、Jeremy Waldron, *The Right to Private Property* (New York: Oxford University Press, 1991); and Stephen R. Munzer, *A Theory of Property* (New York: Cambridge University Press, 1990) を参照のこと。
5. Elinor Ostrom, *Governing the Commons: The Evolution of Institutions for Collective Action* (Cambridge: Cambridge University Press, 1990); Ostrom, "Coping with Tragedies of the Commons," *Annual Review of Political Science* 2 (1999): 493-535 を参照。
6. 法律家たちはこの上から下までの所有権を「アドコラム (天空)」原則と呼ぶ。才気ある歴史的説明としてはStuart Banner, *Who Owns the Sky? The Struggle to Control Airspace from the Wright Brothers On* (Cambridge: Harvard University Press, forthcoming, 2008) がある。Thomas W. Merrill and Henry E. Smith, *Property: Principles and Policies* (New York: Foundation Press, 2007), 13-15. も参照のこと。
7. 下記より転載許諾済み。Curtis Brown Group Ltd., London, on behalf of the Estate of William Empson. Copyright © William Empson 1928. Quoted in John Haffenden, William Empson: Among the Mandarins (Oxford: Oxford University Press, 2005), 1:47.
8. いくつかの都市は上空権の活発な市場を持っている。下記を参照。William Neuman, "Selling the Air Above," *New York Times*, March 5, 2006, Real Estate section, 1, 8. ニューマンによればニューヨークでは上空権を地価の50〜60 %の価格で販売でき、いくつかのケースではその価格が1フィート四方あたり400ドル以上にもなるという。
9. 一連の妥当な法的解決策については下記を参照。Merrill and Smith, *Property*, 14-15.

10. Victor Appleton, *Tom Swift and His Airship* (New York: Grosset and Dunlap, 1910), http://www.books.google.com/books-id=8GsCAAAAYAAJ.
11. Victor Appleton, *Tom Swift and His Great Searchlight* (New York: Grosset and Dunlap, 1912), 127, http://www.gutenberg.org/etext/4635, chap. 14.
12. Hinman v. Pacific Air Transport, 84 F.2d 755, 758 (9th Cir. 1936) (Haney, J.).
13. United States v. Causby, 328 U.S. 256, 261 (1946). 余談になるが上空通過によってその農夫の土地は居住不可能となり、(文字通り〔訳注:chicken とは臆病者の意もある〕)恐れをなした鶏たちは小屋の壁に激突して死んだため、農夫はそういった実態に基づいて訴訟に勝った。戦闘機は彼の農場の上空僅か25 メートルという、連邦議会が定めた「航行可能空域」を下まわる高度を飛んでいた (263-64).
14. Lawrence Lessig, *Free Culture: The Nature and Future of Creativity* (New York: Penguin Press, 2004), 1-3.
15. "Authors Guild Sues Google, Citing 'Massive Copyright Infringement,"' Authors Guild press release, September 20, 2005, http://www.authorsguild.org/news/sues google citing.htm.
16. Lawrence Lessig, http://www.lessig.org/blog/archives/003202.shtml. および http://www.lessig.org/blog/2005/09/google sued.html. また Lessig, "Let a Thousand Googles Bloom," *Los Angeles Times, January* 12, 2005, Metro section, 11 も参照。論争のまとめとしては Merrill and Smith, Property, 15 を参照。
17. U.S. Patent 821,393, issued to the Wright brothers in May 1906, http://www.google.com/patents-vid=USPAT821393n&id=h5NWAAAAEBAJn&dq=821,393 より転載。
18. Manufacturers Aircraft Association v. United States, 77 Ct. Cl. 481, 483-84 (1933).
19. 下記参照。George Bittlingmayer, "Property Rights, Progress, and the Aircraft Patent Agreement," *Journal of Law and Economics* 31 (1988): 227-48, at 230-32; Herbert A. Johnson, "The Wright Patent Wars and Early American Aviation," *Journal of Air Law and Commerce* 69 (2004): 21-63, at 57.
20. Bittlingmayer, "Property Rights," 234.
21. コンピュータメモリーの初期開発時の特許提供については Charles J. Bashe et al., *IBM's Early Computers* (Cambridge: MIT Press, 1986), 267-71 を。
22. Oxford English Dictionary, "overuse, v.," http://ed2.oed.com/cgi/entry/00168291.
23. これは Oxford English Dictionary 1989年第二版における overuse の名詞としての最も早い使用例 (http://ed2.oed.com/cgi/entry/00168290). 2004年の

改訂案ではより早い使用例が示されている (http://dictionary.oed.com/cgi/entry/00338190).

24. 所有権三部作については、Michael A. Heller "The Dynamic Analytics of Property Law," *Theoretical Inquiries in Law* 2 (2001): 79-95, at 82-92 を参考に。ほとんどの所有権形態はこれらの基本カテゴリーをミックスしたものと考えるとうまく説明できる。参考文献としては、例えば下記。Henry E. Smith, "Semicommon Property Rights and Scattering in the Open Fields," *Journal of Legal Studies* 29 (2000): 131-69.
25. William Blackstone, *Commentaries on the Laws of England: In Four Books*, bk. 2, *2.
26. 資源のオープンアクセスとグループアクセスについてはThráinn Eggertsson, "Open Access versus Common Property," in *Property Rights: Cooperation, Conflict, and Law*, edited by Terry Anderson and Fred McChesney (Princeton: Princeton University Press, 2003), 74-85 を参照。同様にCarol M. Rose, "Left Brain, Right Brain, and History in the New Law and Economics of Property," *Oregon Law Review* 79 (2000): 479-92, at 479-88. 私はリベラル・コモンズという用語を法的に認可されたグループ所有権の多くの形態を表すために使う立場を支持する。下記を参照のこと。Dagan and Heller, "The Liberal Commons" (see chap. 1, n. 5).
27. Yoram Barzel, *Economic Analysis of Property Rights* (Cambridge: Cambridge University Press, 1989), 71.
28. Oxford English Dictionary, "under-use, n.," http://dictionary.oed.com/cgi/entry/50265168.
29. 同上,"under-use, v."
30. 下記参照。Allan Gaw, "The Care Gap: Underuse of Statin Therapy in the Elderly," *International Journal of Clinical Practice* 58 (2004): 777-85.
31. 下記参照。James Acheson, *Lobster Gangs of Maine* (Hanover, N.H.: University Press of New England, 1988).
32. John Tierney, "A Tale of Two Fisheries," *New York Times*, August 27, 2000, Magazine section, 40.
33. Acheson, *The Lobster Gangs of Maine*, 75, 48-52. また以下も参照。Robert C. Ellickson, Carol M. Rose, and Bruce A. Ackerman, eds., *Perspectives on Property Law*, 3d ed. (New York: Aspen Law and Business, 2002), 134-35.
34. Robert C. Ellickson, *Order without Law: How Neighbors Settle Disputes* (Cambridge: Harvard University Press, 1991).
35. 下記の引用より。Jim Rutenberg, "Grand Central Terminal, in the Curl," *New York Times*, August 14, 2005, Week in Review section, 4.
36. Tierney, "Tale of Two Fisheries," 41-42.

37. 同上, 42-43.

38. Carol M. Rose, "Expanding the Choices for the Global Commons: Comparing Newfangled Tradable Allowance Schemes to Old-Fashioned Common Property Regimes," *Duke Environmental Law and Policy Forum* 10 (1999): 45-72, at 47-52. ニュージーランで新たに試みられているオーストラリアとよく似た漁獲量割当制度については、以下を参照のこと。Richard G. Newell, James N. Sanchirico, and Suzi Kerr,"Fishing Quota Markets," *Journal of Environmental Economics and Management* 49 (2005): 437-62.

39. 例えばDepoorter and Vanneste, "Putting Humpty Dumpty Back Together"(第1章62 ページ参照)など。使用許可取得済み。

40. Dagan and Heller, "The Liberal Commons," 552-54. See also Hanoch Dagan and Carolyn J. Frantz, "Properties of Marriage," *Columbia Law Review* 104 (2004): 75-133.

41. 私は、Heller, "Boundaries of Private Property," 1194-98 (see chap. 1, n. 17). におけるこの分布図の初期のバージョンを発展させた。

42. Buchanan and Yoon, "Symmetric Tragedies," 8, fig. (see chap. 1, n. 61). 使用許可取得済み。

43. 同上, 12.

44. 学者のあるグループは「断片化した資産を再び集めるよりも、断片化するほうが容易だ。適合しない資産整理の領域では、これは法的権利譲渡の際に一方通行の粘性を生じさせる」と述べている (Parisi, Schulz, and Depoorter, "Simultaneous and Sequential Anticommons," 186 [see chap. 1, n. 14]). また Parisi, Schulz, and Depoorter, "Duality in Property," 578-91 (see chap. 1, n. 62) も参照。経済学の一派を成すゲーム理論もまた、囚人のジレンマやチキンゲームといった華やかな用語を使用することで、アンチコモンズのダイナミクスの分析に有効である。例として下記を参照のこと。Lee Anne Fennell, "Common Interest Tragedies," *Northwestern University Law Review* 98 (2004): 907-90.

45. クールノーの考察の現代的な意義については下記を参照。Hal R. Varian, "In Europe, G.E. and Honeywell Ran Afoul of 19th-Century Thinking," *New York Times*, June 28, 2001, Business section, 2. クールノーは、真鍮を作るには銅と亜鉛の両方が必要なことを知っていた。彼はもしもそれぞれの原料にそれぞれ1つの供給者がいる場合は、銅と亜鉛の供給者が1つの独占供給者に併合されたときに比べて、真鍮の供給は減り値段も高くなるということを示した。この例では2つの要素は「相互補完的」である(同上)。1839年、チャールズ・エレット・ジュニアはまったく独自にクールノーと同じ考えに達したと思われる。エレットは鉄道の部分的な分断された所有権により、鉄道会社の収益は下がり、消費者はより高い運賃を支払うことになると示した (*An Essay on the Laws of Trade in Reference*

to the Works of Internal Improvement in the United States [Richmond: P. D. Bernard, 1839]). 下記も参照のこと。Yossi Feinberg and Morton I. Kamien, "Highway Robbery: Complementary Monopoly and the Hold-Up Problem," *International Journal of Industrial Organization*, 19 (2001): 1603-21. 今日、「クールノー相補性」は通常、多品種問題の説明に使われる。1つの生産者と下流の製造業者の両者が市場で力を持っている場合、経済学者はそれを「倍周縁化」と呼ぶ。どちらの場合においても吸収合併と垂直統合がこれらに対する標準的解決策である。

46. 情報経済における相互補完問題については下記を参照のこと。Hal R. Varian, Carl Shapiro, and Joseph V. Farrell, *The Economics of Information Technology: An Introduction* (Cambridge: Cambridge University Press, 2004), 43-45. アンチコモンズ的状況における代替と相互補完の相互作用については、Giuseppe Dari-Mattiacci and Francesco Parisi, "Substituting Complements," *Journal of Competition Law and Economics* 2 (2006): 333-47を参照されたし。
47. Carl Shapiro, "Navigating the Patent Thicket" (see chap. 1, n. 13).
48. Vanneste et al., "From 'Tragedy' to 'Disaster,'" 116-17 (see chap. 1, n. 62). アンチコモンズ的構造における交渉は、なぜ失敗に終わるのかという問題を考察した追跡研究。彼らは断片化した所有者の相補性と数が増すと、それに伴って交渉の失敗も多くなることを見出している。また不確実性が増すにつれ、損失もより明白になってくる (Depoorter and Vanneste, "Putting Humpty Dumpty Back Together," 21-23).
49. Steven Stewart and David J. Bjornstad, "An Experimental Investigation of Predictions and Symmetries in the Tragedies of the Commons and Anticommons," *Joint Institute for Energy and Environment Report*, No. JIEE 2002-07 (August 2002), 17.
50. 石油産業における「過度の無秩序状態」による損失については下記を参考に。Gary D. Libecap and James L. Smith, "The Economic Evolution of Petroleum Property Rights in the United States," *Journal of Legal Studies* 31 (2002): S589-S608. 同じような悲劇が地下水の過度の汲み上げにも影響を及ぼしている。下記を参照。Barton H. Thompson Jr., "Tragically Difficult: The Obstacles to Governing the Commons," *Environmental Lawyer* 30 (2000): 241-78, at 250.
51. Gary D. Libecap and Steven N. Wiggins, "Contractual Responses to the Common Pool: Prorationing of Crude Oil Production," *American Economic Review* 74 (1984): 87-98, at 89-90.
52. Depoorter and Vanneste, "Putting Humpty Dumpty Back Together," 20-23.

53. これらの論点はHeller, "Tragedy of the Anticommons," 676 (see chap. 1, n. 15) で発展させたもの。
54. アンチコモンズが理論上は使いすぎを引き起こすのと同様に、コモンズを不十分な利用と結びつけることも可能だ。同前を参考。現実世界における例については下記を参照されたし。William W. Buzbee, "The Regulatory Fragmentation Continuum, Westway, and the Challenges of Regional Growth," *Journal of Law and Politics* 21 (2005): 323-63. 同様に、コモンズとアンチコモンズ、使いすぎと不十分な使用が1つの内在する悲劇の異なった面の表出にすぎないという論拠についてはFennell, "Common Interest Tragedies," 934-37 を参照。
55. Carol Rose, "The Comedy of the Commons: Custom, Commerce, and Inherently Public Property," *University of Chicago Law Review* 53 (1986): 711-81. 同様に、Robert C. Ellickson, "Property in Land," Yale Law Journal 102 (1993): 1315-1400, at 1336-38 も参照。
56. アンチコモンズをセントラルパークを守るために利用する可能性についてはAbraham Bell and Gideon Parchomovsky, "Of Property and Antiproperty," *Michigan Law Review* 102 (2003): 1-70, at 3-4, 31-36, 60-61 を参考に。
57. Julia D. Mahoney, "Perpetual Restrictions on Land and the Problem of the Future," *Virginia Law Review* 88 (2002): 739-87, at 785を参照。
58. 政治的安定性を生み出す際の多重拒否権の役割についてはJosephine T. Andrews and Gabriella R. Montinola, "Veto Players and the Rule of Law in Emerging Democracies," *Comparative Political Studies* 37 (2004): 55-87 とGeorge Tsebelis and Eric C. C. Chang, "Veto Players and the Structure of Budgets in Advanced Industrialized Countries," *European Journal of Political Research* 43 (2004): 449-76 を参考に。
59. Alexandra Twin によるJohn Davidson の引用から。"Gearing Up for Gridlock," *CNNMoney.com*, November 2, 2006, http://money.cnn.com/2006/11/01/markets/markets election/index.htm-postversion=2006110210. 下記も参照のこと。Associated Press, "Stocks Rise on Election Results," *FOXNews.com*, November 8, 2006, http://www.foxnews.com/story/0,2933,228159,00.html.

第3章

1. 2007年9月7日、合衆国下院は2007年特許法改正法案を可決した。この法案による改革のなかでも特筆すべき点は、特許権を侵害された保有者に対する救済策を制限したことだ (H.R. 1908 [2007]: http://frwebgate.access.gpo.gov/cgibin/getdoc.cgi-dbname=110 cong bills&docid=f:h1908eh.txt.pdf). また、Genomic Research と議会に持ち込まれた2007年のアクセシビリティ法案によって新たな遺伝子特許の許諾が禁じられたことにも留意して欲しい (H.R. 977 [2007]: http://www.govtrack.us/congress/bill.xpd-bill=h110-977). この章のエピグラ

フの著者であるMichael Crichton はそのような方策を支持している ("Patenting Life," *New York Times*, February 13, 2007, Op-ed section, 23; and "This Essay Breaks the Law," *New York Times*, March 19, 2006, Op-ed section, 13). Crichton の意見には賛否両論あるが、彼がうまい言い方を心得ているのはまちがいない。

2. BIO(biotechnology industry association)はアンチコモンズの脅威が誇張されすぎていると主張する。下記を参照。Ted Buckley, "The Myth of the Anticommons," *Report for BIO*, May 31, 2007, 12-13, http://www.bio.org/ip/domestic/TheMythoftheAnticommons.pdf. また 179 Ann Mills and Patti Tereskerz, "Proposed Patent Reform Legislation: Limitations of Empirical Data Used to Inform the Public Policy Debate," *Consultants' Report for BIO*, January 28, 2008, 19-20, http://www.bio.org/ip/domestic/UVA Limitations of Empirical Data.pdf も参照。バイオテクノロジーに関わるほとんどの企業は比較的小規模である。例えばBIOは1473のメンバーから組織されており、そのうちの314社がせいぜい従業員50人以下の株式会社である。以下を参考に。Ann Mills and Patti Tereskerz, "'Junk' Patents and Biotechnology: An Illusion or a Real Threat to Innovation?" *Biotechnology Law Report* 26 (2007): 226-30, at 226.
3. この問題に関する無党派的な考慮については下記参照。Wendy H. Schacht, "Gene Patents: A Brief Overview of Intellectual Property Issues," Congressional Research Service Report RS22516, October 3, 2006, 2-6, http://www.ipmall.info/hosted resources/crs/RS22516 061003.pdf.
4. "Inventing a New System," *Los Angeles Times*, March 23, 2006, editorial, 10.
5. Heller and Eisenberg, "Can Patents Deter Innovation?" 698 (see chap. 1, n. 12).
6. Kyle Jensen and Fiona Murray, "Intellectual Property Landscape of the Human Genome," Science 310 (2005): 239-40, at 239, fig よりhttp://www.sciencemag.org/cgi/content/full/310/5746/239/F1.AAAS の許諾により転載。
7. Lori Pressman et al., "The Licensing of DNA Patents by U.S. Academic Institutions: An Empirical Survey," *Nature Biotechnology* 24 (2006): 31-39, at 33, 35. またTimothy Caulfield et al., "Evidence and Anecdotes: An Analysis of Human Gene Patenting Controversies," *Nature Biotechnology* 24 (2006): 1091-94, at 1092 も参照。
8. Stephen M. Maurer は、1999年から2001年にかけて行われた、ヒト遺伝子変異関連の発見を集めた独自データベースを作るための試みが失敗に終わったことについて詳述している ("Inside the Anticommons: Academic Scientists Struggle to Build a Commercially Self-Supporting Human Mutations Database, 1999-

2001," *Research Policy* 35 [2006]: 839-53, at 848-50).

9. 下記全般を参照のこと。David E. Adelman and Kathryn L. DeAngelis, "Patent Metrics: The Mismeasure of Innovation in the Biotech Patent Debate," *Texas Law Review* 85 (2007): 1677-1744, at 1692-93.
10. From W. Wayt Gibbs, "Patently Inefficient: A New Industry Is Thrashed by Waves of Litigation," *Scientific American*, February 2001, 34. Copyright ©2001 by Scientific American, Inc. All rights reserved.
11. Gibbs, "Patently Inefficient," 34.
12. National Academy of Sciences, *Committee on Intellectual Property Rights in the Knowledge-Based Economy, A Patent System for the 21st Century* (Washington, D.C.: National Academies Press, 2004), 48-59, http://www.nap.edu/catalog.php-record id=10976. 反対の見解としてはMills and Tereskerz, "Proposed Patent Reform Legislation," 12-14 を参照.
13. Mark A. Lemley and Carl Shapiro, "Probabilistic Patents," *Journal of Economic Perspectives* 19 (2005): 75-98, at 95.
14. Mark A. Lemley and Carl Shapiro, "Patent Holdup and Royalty Stacking," Texas Law Review 85 (2007): 1991-2049, at 2019 and n. 71. 訴訟対象となった特許は一部の特殊な例である。とても強固なもの、脆弱なもの、あるいは商業的価値のない特許はあまり訴訟対象にならない。特許全体に対するPTOのエラーレートはせいぜい数パーセントだ (National Academy of Sciences, *Patent System for the 21st Century*, 49). イノベーターにとっての問題は、訴訟を起こされるまで、どの特許がまずいのかがわからないということだ。PTOは、よくない出願を排除してグリッドロックを修正することに最初からより多くの力を注ぐと、優れた特許の出願まで抑制してしまうといった他の新たなコストを生み出すことになるのではないかと懸念しているのかもしれない。
15. National Research Council, *Intellectual Property Rights and Research Tools in Molecular Biology: Summary of a Workshop Held at the National Academy of Sciences*, February 15-16, 1996 (Washington, D.C.: National Academies Press, 1997), 48-49, http://www.nap.edu/catalog/5758.html.
16. SARS と特許については下記全般を参照されたし。Matthew Rimmer, "The Race to Patent the SARS Virus: The TRIPS Agreement and Access to Essential Medicines," *Melbourne Journal of International Law* 5 (2004): 335-74. Peter K. Yu, "SARS and the Patent Race: What Can We Learn from the HIV/AIDS Crisis?" *FindLaw*, May 29, 2003, http://writ.news.findlaw.com/commentary/20030529 yu.html.
17. James H. M. Simon et al., "Managing Severe Acute Respiratory Syndrome (SARS) Intellectual Property Rights: The Possible Role of Patent Pooling," *Bulletin of the World Health Organization* 83 (2005): 707-10, at 708, http://

www.who.int/bulletin/volumes/83/9/707.pdf.

18. World Health Organization, *Patent Applications for SARS Virus and Genes* (2003), http://www.who.int/ethics/topics/sars patents/en.
19. Rimmer, "Race to Patent," 374 and n. 233.
20. 下記参照。Pete Moore, *The New Killer Germs: What You Need to Know about Deadly Diseases in the Twenty-First Century* (London: Carlton Press, 2006).
21. 下記参照。World Health Organization, "Micronutrient Deficiencies," http://www.who.int/nutrition/topics/vad/en/. またGolden Rice Humanitarian Board, "Golden Rice-FAQ," http://www.goldenrice.org/Content3-Why/why3 FAQ.html も参照。
22. 下記文献の引用部分を参照のこと。David E. Adelman, "A Fallacy of the Commons in Biotech Patent Policy," *Berkeley Technology Law Journal* 20 (2005): 985-1030, at 997 and nn. 65-67. 下記も。Sara Boettiger and Alan B. Bennett, "Bayh-Dole: If We Knew Then What We Know Now," *Nature Biotechnology* 24 (2006): 320-23, at 322.
23. Andrew Pollack, "The Green Revolution Yields to the Bottom Line," *New York Times*, May 15, 2001, Science section, 1, 2.
24. Ingo Potrykus, "The Golden Rice 'Tale,"' *In Vitro Cellular and Developmental Biology Plant* 37 (2001): 93-100, 97; and http://www.goldenrice.org/PDFs/The GR Tale.pdf. 「物質移転合意」は、だれかが研究目的で物質の利用を計画したときに、実体のある物質の2つの組織間での移動を規定する規約である。MTA(物質移転合意)についての論考としては、"A Quick Guide to Material Transfer Agreements at U.C. Berkeley," http://www.spo.berkeley.edu/guide/mtaquick.html.
25. Golden Rice Humanitarian Board, "Golden Rice-FAQ."
26. 土地払い下げ(ランドグラント)制度については、例えば下記などを参照。Cornell University, College of Agriculture and Life Sciences, "The Land-Grant Colleges," http://www.cals.cornell.edu/cals/about/overview/land-grant.cfm.
27. Pollack, "Green Revolution Yields," 1-2.
28. 同上。
29. Gregory Graff and David Zilberman, "An Intellectual Property Clearinghouse for Agricultural Biotechnology," *Nature Biotechnology* 19 (2001): 1179-80, at 1179.
30. Arti Kaur Rai, "Regulating Scientific Research: Intellectual Property Rights and the Norms of Science," *Northwestern University Law Review* 94 (1999): 77-152, at 94.

31. Ziedonis, "Don't Fence Me In," 804 (see chap. 1, n. 63).
32. National Research Council, *Intellectual Property Rights*, 49.
33. MAD 戦略が機能する論拠としては、John R. Allison et al., "Valuable Patents," *Georgetown Law Journal* 92 (2004): 435-79, at 474 があるが、そこでは半導体特許が訴訟対象となるのは他の特許に比べて三分の一の確率であることが指摘され、競合者の均衡がとれているかどうかによってその違いがわかる、と論じられている。防御的特許の増加については、マイクロソフト社のソフトウェア「ワード」担当部長Chris Pratley のブログの記述を検討してみよう。「マイクロソフトでは、我々は特許に関してほとんど留意していなかった。ただ新しいものを作って、それでおしまい。そして心配になってきた。他の競合企業（当時は私たちに比べてとても大きかった）は何年にもわたって自分たちの発明を特許化していて、それが私たちを弱体化させていた。これら大企業は自分たちの特許ポートフォリオを掘り下げて、私たちのやっていることに似たことを見つけて、訴訟を起こし、私たちは防御に手を尽くすことになり、場合によっては負けてしまう。それでマイクロソフトも多くの大企業がやっていることをすることにした。それが『防御』特許ポートフォリオと呼ばれるものの始まりだ。もしも大企業が私たちを訴えようとしたら、自分たちのポートフォリオから彼らが絡んでいる何かを見つけて反訴するのだ。冷戦の時代には、この戦略は『相互確証破壊』と呼ばれ、それは関係者すべてにとって耐えがたいものだったため、結果として『デタント』、あるいは『スタンドオフ』と呼ばれる状態にいたった。これは現在多くの産業のほとんどの分野でみられる状態だ」(OneNote Blog, May 1, 2004, http://blogs.msdn.com/Chris Pratley/archive/2004/05/01/124586.aspx).
34. この用語は2001 年当時インテルの弁護士を務めていたPeter Detkin によって、「実践していないし実践するつもりもなく、多くの場合一度も実践されていない特許によってお金を儲けようとする」企業を指す言葉として作られた (Alan Murray, "War on 'Patent Trolls' May Be Wrong Battle," *Wall Street Journal*, March 22, 2006, A2). 現在Detkin はIntellectual Ventures というライセンスと膨大な数の特許を買い占めている会社と仕事をしている。Detkin はトロールだろうか？ 下記を参照。Sarah Lai Stirland, "Will Congress Stop High-Tech Trolls?" *National Journal*, February 26, 2005, http://www.nationaljournal.com/about/njweekly/stories/2005/0225nj2.htm. では、自分たちの発明を実践しない大学についてはどうだろうか？ 下記に詳しい。Mark A. Lemley, "Are Universities Patent Trolls?" *Stanford Public Law Working Paper* No. 980776 (2007), 8. Lemley の答えは「ノー」だが、これは複雑な話だ。大製薬会社はどうだろう。彼らは、自分の特許を使ってジェネリック薬のメーカーを抑えようとしたらトロールになるのか? Jeremiah S. Helm, "Why Pharmaceutical Firms Support Patent Trolls: The Disparate Impact of eBay v. MercExchange on Innovation," *Michigan Telecommunications and Technology Law Review*

13 (2006): 331-43, at 338, http://www.mttlr.org/volthirteen/helm.pdf を参照。

35. Lemley and Shapiro, "Patent Holdup," 2009-10. Lemley は言う「トロール問題を、トロールを見つけて排除することではなく、不可逆な投資による不均等な配分の特許保有者の争奪を促進する多くの法的基準を見つけ出して排除することで解決できる」("Are Universities Patent Trolls?" 19).
36. Iain M. Cockburn, "The Changing Structure of the Pharmaceutical Industry," *Health Affairs* 23 (2004): 10-22, at 10.
37. From Cockburn, "Changing Structure," 11. Copyright © 2004 by Project Hope/Health Affairs Journal. Reproduced with permission of Project Hope/Health Affairs Journal.
38. 下記も参照。James, "Medical Innovation and Patent Gridlock" (see chap. 1, n. 13).「約50年前の医薬開発の『黄金期』は、グリッドロックが入りこんでくる前の環境が残した遺産だったのかもしれない。それは、もしも特許権と訴訟が繁茂する次の黄金期によって妨げられることさえなければ、現代科学によって可能となっていたはずのものの恩恵にほんの少し浴したにすぎない」(同上)。反対意見については下記を。Buckley, "Myth of the Anticommons," 2, これは現在の特許制度下で医薬発見は減少ではなく増加していることをデータが示している、と主張している。
39. 下記参照。Heller and Eisenberg, "Can Patents Deter Innovation?" 700-701, これは同時発生的な断片化とライセンス積み重ねを区別している。またParisi, Schulz, and Depoorter, "Simultaneous and Sequential Anticommons," 185 (see chap. 1, n. 14) も参照。
40. このセクションはHeller and Eisenberg, "Can Patents Deter Innovation?" 698-99 をより詳しく述べたものである。
41. Gary Stix, "Owning the Stuff of Life," *Scientific American*, February 2006, 76-83, at 81.
42. Robert P. Merges, "A New Dynamism in the Public Domain," *University of Chicago Law Review* 71 (2004): 183-203, at 188-89.
43. U.S. Patent and Trademark Office, "Utility Examination Guidelines," *Federal Register* 66 (January 5, 2001): 1092-99. 下記も参照。Michael M. Hopkins et al., "DNA Patenting: The End of an Era?" *Nature Biotechnology* 25 (2007): 185-87, at 186.
44. In re Fisher, 421 F.3d 1365 (Fed. Cir. 2005); Hopkins et al., "DNA Patenting,"
45. ある評価によれば「数えきれないくらいの特許出願があるにもかかわらず、専門家はこれらの特許出願のほとんどは認められることがないと信じている。Merck、Institute for Genomic Research、そしてHuman Genome Project などの遺伝子データベースは、遺伝子情報をパブリックドメインとすることで、より一層遺伝子

特許の数を減らしていくだろうと」(Bradley J. Levang, "Evaluating the Use of Patent Pools for Biotechnology: A Refutation to the USPTO White Paper Concerning Biotechnology Patent Pools," *Santa Clara Computer and High Technology Law Journal* 19 [2002]: 229-51, at 241).

46. このセクションはHeller and Eisenberg, "Can Patents Deter Innovation?" 699-700からの引用。使用料の積み重なりの例を分析、提供している Lemley and Shapiro, "Patent Holdup," 2025-29 も参照されたし。
47. Organization for Economic Co-operation and Development, *Genetic Inventions, Intellectual Property Rights, and Licensing Practices: Evidence and Policies* (Paris: Organization for Economic Co-operation and Development, 2002), 62 では、積み重なった使用料が最終的な販売価格に占める割合があまりに高くなってしまうと、提案された薬の商品化が実現不可能になってしまうことに言及している。
48. National Institutes of Health, "Principles and Guidelines for Recipients of NIH Research Grants and Contracts on Obtaining and Disseminating Biomedical Research Resources," *Federal Register* 64 (December 23, 1999): 72090-96, at 72091. これらのガイドラインに対する論考については下記を。Pressman et al., "Licensing of DNA Patents," 32; and Boettiger and Bennett, "Bayh-Dole," 321.
49. Boettiger and Bennett, "Bayh-Dole," 321.
50. Organization for Economic Co-operation and Development, *Genetic Inventions*, 62.
51. National Research Council, *Intellectual Property Rights*, 48.
52. 下記を参照。Heller and Eisenberg, "Can Patents Deter Innovation?" 700-701.
53. Pressman et al., "Licensing of DNA Patents," 35.
54. 関連研究についての調査分析を概観してうまくまとめたものとしては下記がある。Charles R. McManis and Sucheol Noh, "The Impact of the Bayh-Dole Act on Genetic Research and Development: Evaluating the Arguments and Empirical Evidence to Date," in *Perspectives on Commercializing Innovation*, F. Scott Kieff and Troy A. Paredes, eds. (New York: Cambridge University Press, forthcoming, 2009) and http://law.wustl.edu/CRIE/publications/mcmaniscommercializinginnovationpaper.pdf.
55. 例えば懸案となっている2007年の特許法改正法案を参照。
56. John Markoff, "Two Views of Innovation, Colliding in Washington," *New York Times*, January 13, 2008, Business section, 3. 下記も参照のこと。Ephraim Schwartz, "Patent Reform Favors High Tech over Biotech," *Infoworld*, September 7, 2007, http://weblog.infoworld.com/realitycheck/

archives/2007/09/patent reform f.html; と"Patent Reform Acts Ugly," *Nature Biotechnology* 25 (2007): 1187(特許改正法案はバイオテクノロジー企業のイノベーションへのインセンティブを損なうものだと反対する論説)

57. 下記を参照。Federal Trade Commission, *To Promote Innovation: The Proper Balance of Competition and Patent Law and Policy* (2003), http://www.ftc.gov/os/2003/10/innovationrpt.pdf; National Academy of Sciences, Committee on Intellectual Property Rights in the Knowledge-Based Economy, *Patent System for the 21st Century*, http://www.nap.edu/catalog.php-record id=10976; and National Research Council of the National Academy of Sciences, Committee on Intellectual Property Rights in Genomic and Protein Research and Innovation, *Reaping the Benefits of Genomic and Proteomic Research: Intellectual Property Rights, Innovation, and Public Health* (Washington, D.C.: National Academies Press, 2006), http://www.nap.edu/catalog.php-record id=11487. ライセンス取得の難しさと遅れによって研究者のあいだで「フラストレーションが増大」していることを指摘したNIH(アメリカ国立衛生研究所)による古い調査報告 ("Report of the National Institutes of Health [NIH] Working Group on Research Tools" [presented to the Advisory Committee to the Director, June 4, 1998], http://www.nih.gov/news/researchtools/index.htm) も参照されたし。
58. バイオテクノロジー産業の展望に関する3つの報告書の概要として下記を参照。Mills and Tereskerz, "Proposed Patent Reform Legislation," 4.
59. Federal Trade Commission, *To Promote Innovation*, chap. 6, 29 (quote), 18-20.
60. 特許の質については下記を。National Academy of Sciences, *Patent System for the 21st Century*, 47-59. 結論は81-83 を参照。
61. 自明性に関する水準の引き上げについては下記を参照。KSR International Co. v. Teleflex, Inc., 127 S.Ct. 1727 (2007). 特許侵害に対する差し止め命令の自動的な承認に対する制限については、下記を参照。eBay, Inc. v. MercExchange, LLC, 547 U.S. 388 (2006). また、下記全般も参照。Steve Seidenberg, "Reinventing Patent Law: The Pendulum Is Swinging for a System that Has Long Favored the Rights of Patent Holders," *ABA Journal* (February 2008), 58-63.
62. John P. Walsh, Ashish Arora, そして、Wesley M. Cohen, "Effects of Research Tool Patents and Licensing on Biomedical Innovation," in *Patents in the Knowledge-Based Economy*, edited by Wesley M. Cohen and Stephen A. Merrill (Washington, D.C.: National Academies Press, 2003), 285-340, at 324, http://www.nap.edu/catalog.php-record id=10770. See also Caulfield et al., "Evidence and Anecdotes," 1092-93(秘密を増やさないこと).

63. Walsh, Arora, and Cohen, "Effects of Research Tool Patents," 324-25.
64. アイオワ州の研究については下記を参照。Boettiger and Bennett, "Bayh-Dole," 321.
65. Kara Moorcroft, "Scofflaw Science: Avoiding the Anticommons through Ignorance," *Tulane Journal of Technology and Intellectual Property* 7 (2005): 71-93, at 80-85.
66. 特許に起因する出版の遅延については下記を参照。Fiona Murray and Scott Stern, "Do Formal Intellectual Property Rights Hinder the Free Flow of Scientific Knowledge?" 683 (see chap. 1, n. 63).
67. National Research Council, *Reaping the Benefits*, 2.
68. John P. Walsh, Charlene Cho, and Wesley M. Cohen, "View from the Bench: Patents and Material Transfers," *Science* 309 (2005): 2002-03, at 2003.
69. Walsh, Arora, and Cohen, "Effects of Research Tool Patents," 289.
70. Caulfield et al., "Evidence and Anecdotes," 1093.
71. Paul David, "The Economic Logic of 'Open Science' and the Balance between Private Property Rights and the Public Domain in Scientific Data and Information: A Primer," in *The Role of Scientific and Technical Data and Information in the Public Domain: Proceedings of a Symposium*, edited by Julie M. Esanu and Paul F. Uhlir (Washington, D.C.: National Academies Press, 2003), 19-34, at 31-32. またMichael S. Mireles, "An Examination of Patents, Licensing, Research Tools, and the Tragedy of the Anticommons in Biotechnology Innovation," *University of Michigan Journal of Law Reform* 38 (2004): 141-235, at 188nn.355-59も参照。
72. David, "Economic Logic," 31-32.
73. この点に関しては議論がなされている。研究目標なら豊富にあるのだから、アンチコモンズの脅威などほとんどないという論拠については下記を。Adelman, "Fallacy of the Commons."
74. Madey v. Duke University, 307 F.3d 1371 (Fed. Cir. 2002).
75. National Research Council, *Reaping the Benefits*, 3.
76. Stix, "Owning the Stuff of Life," 82.
77. 下記参照。Marilyn Chase, "Gates Won't Fund AIDs Researchers Unless They Pool Data," *Wall Street Journal*, July 21, 2006, B1; Boettiger and Bennett, "Bayh-Dole," 322.
78. 後続する改善を妨げることを目的に特許を使用することについては下記を。Robert P. Merges and Richard R. Nelson, "On the Complex Economics of Patent Scope," *Columbia Law Review* 90 (1990): 839-916, at 865. トロールについてはnotes 34 and 35 を参照。また、Tim Wu, "Weapons of Business

Destruction," *Slate.com*, February 6, 2006, http://www.slate.com/id/2135559 も参照.

79. Richard A. Epstein とBruce N. Kuhlik はこのような調子で書いている。「私たちはHeller とEisenberg が理論的レベルと経験的レベルの両方で特許権保護に対する問題を誇張しすぎていると考える。ここ数年全般的に特許出願数は急激に増加した。個々の特許権所有者の唯一の主要な目的が他者によるイノベーションの妨害にあると信じなければならない理由は見あたらない」("Is There a Biomedical Anticommons?" Regulation 27 [2004]: 54-58, at 54). 医薬のイノベーションと法についてのさらなる議論は下記を参照。Richard A. Epstein, *Overdose: How Excessive Government Regulation Stifles Pharmaceutical Innovation* (New Haven: Yale University Press, 2006).
80. 例としては下記を。Anatole Krattiger et al., "Intellectual Property Management Strategies to Accelerate the Development and Access of Vaccines and Diagnostics: Case Studies of Pandemic Influenza, Malaria, and SARS," *Innovation Strategy Today* 2 (2006): 67-134, at 67, http://www.biodevelopments. org/innovation/ist5.pdf.
81. Lemley はイノベーションを促進する使用許諾の実践、そして扱いにくい大学によりよい行動を促す有用な提案をしている ("Are Universities Patent Trolls?" 14-17).
82. Merges, "New Dynamism," 185-86.
83. 同上, 189-92.
84. Adelman, "Fallacy of the Commons," 1001 and n. 87; Walsh, Arora, and Cohen, "Effects of Research Tool Patents," 329.
85. Hopkins et al., "DNA Patenting," 187.
86. 特許プールの文脈における使用料の積み重なりの経験主義的分析については下記を。Lemley and Shapiro, "Patent Holdup," 2025-29.
87. Patrick Gaulé, "Towards Patent Pools in Biotechnology?" *Innovation Strategy Today* 2 (2006): 123-34, at 128, http://www.biodevelopments.org/innovation/ist5.pdf.
88. Rochelle Seide, Michelle LeCointe, and Alex Granovsky, "Patent Pooling in the Biotechnology Industry," *Licensing Journal* 27 (October 2001): 28-29.
89. Gaulé, "Towards Patent Pools in Biotechnology?" 124-25. 特許プールの役割と基準設定機関については、Hajime Yamada, "Patent Exploitation in the Information and Communication Sector: Using Licensing to Lead the Market," *Quarterly Review* (Japan) 19 (April 2006): 11-21, at 13-16.
90. Joshua A. Newberg, "Antitrust, Patent Pools, and the Management of Uncertainty," *Atlantic Law Journal* 3 (2000): 1-30, at 24-29.
91. Gavin Clarkson, "Objective Identification of Patent Thickets: A Network

Analytic Approach for Measuring the Density of Patent Space" (Ph.D. thesis, Harvard University, 2004).

92. Federal Trade Commission, *To Promote Innovation*, chap. 3, 28n174.
93. 同調する見解としては下記を参照。Organization for Economic Co-operation and Development, *Genetic Inventions*, 67.
94. 下記全般を参照。Gavin Clarkson and David DeKorte, "The Problem of Patent Thickets in Convergent Technologies," *Annals of the New York Academy of Sciences* 1093 (2006): 180-200, at 191.
95. Iain M. Cockburn, "Blurred Boundaries: Tensions between Open Scientific Resources and Commercial Exploitation of Knowledge in Biomedical Research," in *Advancing Knowledge and the Knowledge Economy*, edited by Brian Kahin and Dominque Foray (Cambridge: MIT Press, 2006), 351-68.
96. ピアプロダクションについては、Yochai Benkler, *The Wealth of Networks: How Social Production Transforms Markets and Freedom* (New Haven: Yale University Press, 2006), 59-90. クリエイティブ・コモンズについてはhttp://www.creativecommons.orgを参照。クリエイティブ・コモンズはLawrence Lessig によって、共有できる創造的素材の総量を増やすことを目的に設立された非営利組織。この組織は作者が知的財産権のいくつかをコモンズに寄付することを簡単にする新しいタイプの著作権許諾を提供している。
97. 下記参照。http://www.pipra.org.
98. 下記参照。http://www.bios.net とBoettiger and Bennett, "Bayh-Dole," 322.
99. Organization for Economic Co-operation and Development, *Genetic Inventions*, 31.
100. Rochelle Cooper Dreyfuss, "Varying the Course in Patenting Genetic Material: A Counter-proposal to Richard Epstein's Steady Course," *Advances in Genetics* 50 (2003): 195-208, at 204-8; Richard R. Nelson, "The Market Economy and the Scientific Commons," *Research Policy* 33 (2004): 455-71, at 465-67.
101. DNA特許状況の「1つの時代の終わり」に関する最近の研究としては下記を参照。「判例法の発達に伴って国内と国際的なガイドラインと先行技術が特許性の水準を上げてきた(中略)特許局は批判の声に対して、出願者に多くの人が不当な利益とみなすようなものを期待して、空論に近い範囲の広い特許請求をすることが割に合わないと思わせるようにハードルを高くすることで対応してきた」(Hopkins et al., "DNA Patenting," 187).
102. そのようなルールは「実証有用性(産業適用性)、新規性、非自明性(進歩性)、書面による全説明(充足性)、そして発明の単一性(すなわち、記載されている発明の部分部分が本質的に関連しているということ)」(同上、186)をカバーしてい

る。下記も参照。Dan L. Burk and Mark A. Lemley, "Policy Levers in Patent Law," *Virginia Law Review* 89 (2003): 1575-1696, at 1578-79, 1676-83.

103. 強制執行権に関しては、下記に法文化されている。35 U.S.C. Sec. 203 (2002). また、いかなる発明も、たとえそれらが政府の資金援助を受けていない場合でも、政府が金銭的損害を払いさえすれば政府の権利として利用できる。これについては土地収用によく似た政府の権利として下記に法文化されている。28 U.S.C. sec. 1498(a) (2002). 医薬意外の文脈では、特許許諾を強制する細かい法律条項がたくさん存在する。下記を参照。Jerome H. Reichman and Catherine Hasenzahl, "Non-voluntary Licensing of Patented Inventions: Historical Perspective, Legal Framework under TRIPS, and an Overview of the Practice in Canada and the USA" (UNCTAD/ICTSD Capacity Building Project on Intellectual Property Rights and Sustainable Development, Issue Paper No. 5, 2003), 21.

104. 例としては下記を。David Malakoff, "NIH Declines to March in on Pricing AIDS Drug," *Science* 305 (2004): 926.

105. 下記参照。Arti K. Rai and Rebecca S. Eisenberg, "Bayh-Dole Reform and the Progress of Biomedicine," *Law and Contemporary Problems* 66 (2003): 289-314, at 310-13. 同様に下記も。Arti K. Rai, "Engaging Facts and Policy: A Multi institutional Approach to Patent System Reform," *Columbia Law Review* 103 (2003): 1035-1135, at 1041.

106. 下記参照。Caulfield et al., "Evidence and Anecdotes," 1091. ミリアド社によるライセンス供与実施に伴って、所有者によって積極的に運用されているその他いくつかの知名度の高い特許についても警戒する声が出てきた。遺伝子性の先天性神経疾患であるカナバン病に苦しむ患者の家族たちは、組織化して治療法の究明に乗り出した。彼らは重要な生体物質に寄付し、研究資金の多くを供給したが、結果として得られた遺伝子検査が特許化されたときに愕然とした。この遺伝子検査の特許保有者であるMiami Children's Hospitalが検査サービスを患者家族に販売し始めたときには激怒の声があがった。下記参照。Arthur Allen, "Who Owns Your DNA?" Salon.com, March 7, 2000, http://archive.salon.com/health/feature/2000/03/07/genetic test/index.html; とDebra L. Greenfield, "Greenberg v. Miami Children's Hospital: Unjust Enrichment and the Patenting of Human Genetic Material," *Annals of Health Law* 15 2006): 213-49. 加えて、人々はAthena社によるアルツハイマーのApoE検査の高コストと限られたアクセスを懸念してきた (Organization for Economic Co-operation and Development, *Genetic Inventions*, 16-17).

107. Stix, "Owning the Stuff of Life," 83.

108. Organization for Economic Co-operation and Development, *Genetic Inventions*, 17. カナダでは多くの州で乳がんの遺伝子検査のミリアド社による提

供停止命令が無視された。イギリスでは影響力の強い、ナフィールド生命倫理学審議会が「研究免除」の強化と「強制ライセンス供与」の増加を推奨している(Caulfield et al., "Evidence and Anecdotes," 1091). 欧州各国ではミリアド社による特許のほとんどが却下され、アシュケナージのユダヤ系女性にみられる突然変異に関する特許を除いては、検査は無料となっている。だがヨーロッパでミリアド社の商業利益を守るために「法律によって、医者は女性患者に、アシュケナージのユダヤ系かどうか尋ねることが義務づけられている」——その質問は倫理学者のあいだに、当然と言っていい困惑を引き起こしている (Stix, "Owning the Stuff of Life," 83).

第4章

1. アインシュタインの猫の引用は下記で述べられている。Steve Mirsky, "Einstein's Hot Time," *Scientific American*, September 2002, 102. しかしながら、おそらくこれは作り話だろう。この引用はインターネット中にあふれかえっているが、私が見つけることできたアインシュタインの引用を集めた印刷物にはどこにも書かれていなかった。
2. Thomas Bleha, "Down to the Wire," *Foreign Affairs*, May-June 2005, 1, http://www.foreignaffairs.org/20050501faessay84311/thomas-bleha/down-to-the-wire.html. Bleha の見解には異論——アメリカはモバイルブロードバンドの契約者数、実際に提供されている商用と住居用サービスでは健闘している——があることに留意してほしい。下記も参照してほしい。John Markoff, "Study Gives High Marks to U.S. Internet," *New York Times*, April 9, 2008, Technology section, 9.
3. Spectrum Policy Task Force, Federal Communications Commission, Technology Advisory Council Briefing (presentation, December 2002), slide 9, http://www.fcc.gov/oet/tac/TAC December 2002.ppt, Thomas W. Hazlett, "Spectrum Tragedies," *Yale Journal on Regulation* 22 (2005): 242-74, at 248 での引用, fig.1, n. 28. 水平軸は極超短波(UHF)帯域の300MHzから3GHz を表している。ヘルツは一秒間に電波が振幅する回数を表し、その数は電波を拾うために受信機を合わせるべき数であると同時に、その電波が伝えることのできる情報量も表している。この図では垂直軸が記録された放出量、あるいは「大きさ」を標準デシベル単位(dBm) で計測したものを表している。「重要」帯域は、帯域をより集中的に利用できるような技術の出現によって、拡大していくことが可能だ。使いすぎと不十分な使用に関する参考図については下記を。Woolley, "Dead Air," 140-41, fig. "Gasping for Airwaves" (see chap. 1, n. 10).
4. これらの問題に関する古典的説明としては下記を参照。Arthur S. De Vany et al., "A Property System for Market Allocation of the Electromagnetic Spectrum: A Legal-Economic-Engineering Study," *Stanford Law Review*

21 (1969): 1499-1561, at 1504-12. 下記も同様に。Reed E. Hundt and Gregory L. Rosston, "Communications Policy for 2006 and Beyond," *Federal Communications Law Journal* 58 (2006): 1-35, at 12.

5. Yochai Benkler, "Overcoming Agoraphobia: Building the Commons of the Digitally Networked Environment," *Harvard Journal of Law and Technology* 11 (1998): 287-400, at 359-60.
6. Dale Hatfield and Phil Weiser, "Toward Property Rights in Spectrum: The Difficult Policy Choices Ahead" (*Cato Institute Policy Analysis* No. 575, August 17, 2006), 1, http://www.ssrn.com/abstract=975679.
7. 周波数帯が不十分にしか利用されていないと結論づける前に、他の周波数帯の使用レベルに関する情報だけでなく、既存の技術構築にかかったコストに関する情報と「帯域が確保できたことによって得られた恩恵ともしも他の利用法をとったときに生じたであろう利益の比較」に関する情報も必要になってくる (Hundt and Rosston, "Communication Policy," 12). Hazlett によれば「(放射電力による)頻繁な利用は電波利用から得られる経済価値と同義ではないが、無線の広範な変動に伴う傾向はとても示唆的である」("Spectrum Tragedies," 248). 周波数帯利用の技術的側面についての解説としては下記を。De Vany et al., "Property System," 1501-5.
8. Hundt and Rosston, "Communication Policy," 3.
9. Bleha, "Down to the Wire," 5(経済学者Charles Ferguson による計算に言及).
10. Hazlett, "Tragedy of the Telecommons" (see chap. 1, n. 11).
11. Bleha, "Down to the Wire," 5.
12. Woolley, "Dead Air," 140. 通話の途切れの原因はグリッドロックだけではなく、モバイルワイヤレスの技術的限界に起因することにも留意する必要がある。ワイヤレス設計にはサービスの質(QoS)と機動性のあいだでいくつかの妥協点を探る必要がある。手頃な機動性を得ることができるなら、通信線で結ばれたネットワークよりも低いQoS を文句を言わずに受け入れられる。とは言うものの、Woolleyが明らかにした規制に関するミスが、根本的な技術的課題の解決をより難しいものにしているのも確かだ。
13. 上記引用より。141.
14. 同上
15. 私の図はJohn R. Williams, Office of Plans and Policy, Federal Communications Commission, "U.S. Spectrum Allocations 300-3000 MHz: A Vertical Bar Chart with Frequency Bands Shown Approximately to Scale," November 2002, 15, chart, http://www.fcc.gov/Bureaus/OPP/working papers/oppwp38chart.pdf の100の認可済みの周波数帯域を、圧縮して4つに分類したものだ。周波数空間に加えて、周波数帯域は時間、地理、方角、出力レベルとい

った他の多くの要因をもとに割り振ることもできる。FCCはこれらの類似した使用（あるいは不十分な使用）要因の図表を発行しているが、それらは私たちの「猫がいるかいないか」といった分析レベルをはるかに超えている。

16. Williams, "U.S. Spectrum Allocations," 15. 下記も参照されたし。Hazlett, "Spectrum Tragedies," 248.
17. Woolley, "Dead Air," 144.
18. "Airwaves Auction Sets Record, but Public Safety Network in Jeopardy," New York Times, March 18, 2008, Business section, 6; Richard Martin, "Public Safety Gets Lost in 700-MHz Bidding," *Information Week*, February 15, 2008, http://www.informationweek.com/shared/printableArticle.jhtml-articleID=206504491.
19. Quoted in Woolley, "Dead Air," 149.
20. Jerry Brito, "The Spectrum Commons in Theory and Practice," *Stanford Technology Law Review* (2007), para. 8, http://http://stlr.stanford.edu/pdf/brito-commons.pdf.
21. 例えば、1990年代初頭に割り当てられた「U-PCS」周波数の30MHzに対する制限は、この免許不要の周波数帯が10年間にわたって事実上何の経済活動も生み出さなかったことを意味する（それに対して隣接するPCS ライセンスに割り当てられた120MHz帯は、2億4000万人のアメリカ国内の携帯電話契約者のうちの半数をかかえている）。下記を参照。Thomas W. Hazlett, "Optimal Abolition of FCC Spectrum Allocation," *Journal of Economic Perspectives* 22 (2008): 103-28, at 114, 121. 加えて、最近免許不要帯域として「WiMax」に割り振られた3650〜3700MHz帯は、非排他的権利が、不可欠なインフラへの投資に必要な動機を生み出しにくいという意味で問題となるだろう (Brito, "Spectrum Commons").
22. Lessig, *Future of Ideas*, 77-78 (see chap. 1, n. 60).
23. Hazlett, "Optimal Abolition," 121-22.
24. 携帯電話のハンドオーバーについては下記を。Stephanie E. Niehaus, "Bridging the (Significant) Gap: To What Extent Does the Telecommunications Act of 1996 Contemplate Seamless Service," *Notre Dame Law Review* 77 (2002): 641-72, at 651.
25. 下記全般を参照。Lessig, *Future of Ideas*; Yochai Benkler, "Some Economics of Wireless Communications," *Harvard Journal of Law and Technology* 16 (2002): 1-59; and Brito, "Spectrum Commons," para. 10 and n. 13 (collecting sources).
26. 1930年代から現代にいたるFCC の周波数管理についての概要をまとめた本としては下記を。Philip J. Weiser and Dale N. Hatfield, "Policing the Spectrum Commons," *Fordham Law Review* 74 (2005): 663-94, at 668-69; and Thomas

Hazlett, "The Rationality of U.S. Regulation of the Broadcast Spectrum," *Journal of Law and Economics* 33 (1990): 133-75. またBenkler, "Some Economics," 3-4 も参照。

27. Lessig, Future of Ideas, 76, 84, 219. またBrito, "Spectrum Commons," paras. 10-15(コモンズ擁護者の論拠を集め、出典もまとめてある)も参照。これには土地所有権との類似点がある。ときとして私有者は、私有財産維持にかかるコストがそこからの利益を超えた場合に、土地をコモンズに戻すことを主張する。下記参照。Barry Field, "The Evolution of Property Rights," *Kyklos* 42 (1989): 319-45, at 320-21.
28. Benkler, "Some Economics," 10.
29. 下記参照。Hazlett, "Optimal Abolition," 122.(コモンズ支持者が主張する技術のいくつかによって、有効な周波数帯を増やすことも可能だと指摘)
30. J. H. Snider, "Spectrum Policy Wonderland: A Critique of Conventional Property Rights and Commons Theory in a World of Low Power Wireless Devices" (Telecommunications Policy Research Conference, George Mason University School of Law, September 30, 2006), 22, fig. 7 より。J. H. Snider の了承を得て転載。Snider はKenneth R. Carter, Ahmed Lahjouji, and Neal McNeil, "Unlicensed and Unshackled: A Joint OSP-OET White Paper on Unlicensed Devices and Their Regulatory Issues" (OSP Working Paper Series No.39, Federal Communications Commission, May 2003) で報告されたデータを編集、更新している。http://hraunfoss.fcc.gov/edocs public/attachmatch/DOC-234741A1.pdf. Carterその他による報告には、免許不要の周波数帯域を論じる際に有用な技術用語集が含まれている (53-60).
31. Hazlett, "Spectrum Tragedies," 249.
32. この小史は下記より。Thomas W. Hazlett, "Is Federal Preemption Efficient in Cellular Phone Regulation?" *Federal Communications Law Journal* 56 (2003): 153-237, at 160-69.
33. Jerry A. Hausman et al., "Valuing the Effect of Regulation on New Services in Telecommunications," *Brookings Papers on Economic Activity: Microeconomics* (1997): 1-54, at 23. またKenneth Arrow et al., Nobelists' Report for Verizon, 10-11, 23(未刊行原稿November 18, 2003)も参照(「新製品の導入のちょっとした遅れでさえ、消費者の福利に重大な悪影響を与える」ことを指摘している)。
34. McCaw Communications はベル社以外ではじめて国内に携帯電話網を築き、後に AT&T によって買収された (Jeffrey S. Young, "Craig McCaw?The Wireless Wizard of Oz," *Forbes*, June 22, 1998, http://www.forbes.com/1998/06/22/feat.html).
35. Hazlett, "Spectrum Tragedies," 250. また、以下も参照。"Nextel History," at

http://nextelonline.nextel.com/en/about/corporateinfo/company history5.shtml.

36. Hazlett, "Spectrum Tragedies," 249. これらの算出法は複雑で異論も多いが、いくらうまくやってみても、生産者と消費者のあいだには多くの余剰が生じる。
37. 同上, 260. (1200億ドルという数の内訳は、880億ドルの携帯電話とデータサービスによる収益、130億ドルの機器収入、そして210億ドルのネットーワークへの設備投資からなる)
38. John Markoff and Matt Richtel, "F.C.C. Hands Google a Partial Victory," *New York Times*, August 1, 2007, Business section, 1. この時期には小さな周波数帯域のオークションもたくさん行われた。2008年の700MHz帯のオークションは「オークション73」と呼ばれている。
39. Federal Communications Commission, "In the Matter of Additional Spectrum for Unlicensed Devices below 900 MHz and in the 3 GHz Band," ET Docket No. 02-380 (released December 20, 2002), 17 F.C.C.R. 25,632 at 25,634 paras. 6-7, http://gullfoss2.fcc.gov/prod/ecfs/retrieve.cgi-native or pdf=pdfn&id document=6513404215.
40. 例として下記を参照。Corey Boles, "Bid for Broadband Access Short-circuits in Testing," *Wall Street Journal*, February 13, 2008, B6. (テレビのチャンネル間の緩衝帯域を利用する免許不要のワイヤレスブロードバンドの失敗について説明されている) "Google Plan Would Open TV Band for Wireless Use," *New York Times*, March 25, 2008, Business section, 9. 下記も参照。Hazlett, "Optimal Abolition," 112. (余白の免許不要利用が、無駄の多い電波割り当てをさらに滞らせ、所有権者を寸断し、その後の再編成のコストを増やしてしまうと主張している)
41. Kelly Hill, "T-Mobile USA, Leap Move Closer to AWS Launches," *RCR Wireless News*, October 20, 2007, http://www.rcrnews.com/apps/pbcs. dll/article-AID=/20071020/SUB/71019011/0/.cms.
42. 例えば、下記を参照されたし。Carey Goldberg, "It's a Control Thing: Vermont vs. Cell Phone Towers," *New York Times*, March 11, 1998, National Desk, 12; and Timothy Tryniecki, "Cellular Tower Siting Jurisprudence under the Telecommunications Act of 1996: The First Five Years," *Real Property, Probate, and Trust Journal* 37 (2002): 271-86, at 272.
43. 下記を参考に。Om Malik, "700 MHz Explained in 10 Steps," March 14, 2007, http://www.gigaom.com/2007/03/14/700mhz-explained.
44. 下記参照。Malik, "700 MHz Explained." (Aloha Partners からの数字を引用しつつ)
45. McCaw Wireless (AT&T が買収) とVoiceStream (T-Mobile に併合された) の功績については下記を。Dan Meyer, "Stanton Parlayed Early McCaw

Success to Wins with Western Wireless, DT," *RCR Wireless News*, May 10, 2004, http://www.rcrnews.com/apps/pbcs.dll/article-AID=/20040510/SUB/405100704.

46. Brad Smith, "For Sale: Wireless' Beachfront Property," *Wireless Week*, September 1, 2007, http://www.wirelessweek.com/Article-Wireless-Beach-Front-Property. aspx.
47. Hazlett, "Optimal Abolition," 115-16.
48. Hundt and Rosston, "Communication Policy," 12. 彼らが指摘するように、解決法には「第二の使用」を許可する——つまり無免許の使用者にも本来免許の必要な周波数帯域の一時的な使用を認める——ことも含まれる。しかし、第二の使用を導入したとしてもさらなる解決策が必要となってくる。
49. Lessig, *Future of Ideas*, 84.
50. 例としては、私の同僚であるTim Wuが提唱した論壇を二分した論議、「ネットワーク中立性」がある。下記参照。Tim Wu, "Why You Should Care about Network Neutrality: The Future of the Internet Depends on It!" *Slate.com*, May 1, 2006, http://www.slate.com/id/2140850. 学術的論考についてはTim Wu, "Network Neutrality, Broadband Discrimination," *Journal of Telecommunications and High Technology Law* 2 (2003): 141-79, http://www.ssrn.com/abstract=388863.
51. 下記参照。Hazlett, "Optimal Abolition," 109-11.
52. 同上, 113. アメリカ中にまだ数億台のアナログテレビが存在すること(本書執筆当時)にも留意する必要がある。これらの受信機の実用性を無視することは、政府のとるべき対応として重要性が低いとは言えない。議会はアナログテレビをデジタル放送受信可能なものに切り替える費用を賄うサービス券の費用として15億ドルを確保している。
53. Hazlett, "Spectrum Tragedies," 251-53.
54. 下記参照。Woolley, "Dead Air," 144.
55. William Safire, "Spectrum Squatters," *New York Times*, October 9, 2000, op-ed, 21 (FCC 長官William Kennard がこの言葉を使ったのに言及); Office of U.S. Senator John McCain, "McCain Calls for Free TV Time from Broadcasters," press release, June 19, 2002, http://mccain.senate.gov/public/index.cfm-FuseAction=PressOffice.PressReleases&ContentRecord id=51d6157c-45f5-4657-8049-319dc7a3865a&Region id=&Issue id=.
56. Hazlett, "Optimal Abolition," 119.
57. 下記より引用。Cellular Telecommunications and Internet Association, "Background on the CTIA's Semi-Annual Wireless Industry Survey" (2004), http://files.ctia.org/pdf/CTIA Semiannual Survey YE2003.pdf, fig. 6. 下記の了承を得て使用。CTIA-The Wireless Association-.

58. Hazlett, "Spectrum Tragedies," 257, 256.
59. John Hambidge, senior director of marketing, IP Wireless, 以下に引用。Annie Lindstrom, "Carrying the MDS/ITFS Torch: Smaller Operators Are the Current Front-Runners Utilizing the MDS/ITFS Band, and Big Mobile Carriers Might Join the Race as Well," *Broadband Wireless Business* 40 (September-October 2003): 12-15, 29, at 12.
60. Hazlett, "Spectrum Tragedies," 258. このグリッドロック化した制度を許している理由が議論されている。一部では、議会とFCC によるオークションに出された周波数帯の買い手をこれらの帯域における争いから保護する動きも関係していたかもしれない。
61. Wireless Communications Association International, National ITFS Association, and Catholic Television Network, "A Proposal for Revising the MDS and ITFS Regulatory Regime" (White Paper Submitted to the FCC on October 7, 2002), 10, http://www.lbagroup.com/WCA-NIA-CTN%20White%20Paper%20 final complete.pdf.
62. Hazlett, "Spectrum Tragedies," 258.
63. Woolley, "Dead Air," 144, 149.
64. より大きな利害関係については下記を。Tim Wu, "Weapons of Business Destruction: How a Tiny Little 'Patent Troll' Got BlackBerry in a Headlock," *Slate.com*, February 6, 2006, http://www.slate.com/id/2135559. 6億1250万ドルの和解金がBlackberry.com には提示された。"Research in Motion and NTP Sign Definitive Settlement Agreement to End Litigation," http://www.blackberry.com/news/press/2006/pr-03 03 2006-01.shtml.
65. "Direct Testimony of Richard Lynch on Behalf of Intervenor Verizon Wireless," In re Certain Baseband Processor Chips and Chipsets, Inv., No. 337-TA-543 (U.S. International Trade Commission, June 2006).
66. Lynchによれば、最初に彼が3Gに関わったときには、アメリカには「我々のワイヤレス・ブロードバンドネットワークを、アプリケーションやコンテンツ、そしてインフラによってサポートできるような供給メーカーによる顕著な生態系など存在しなかった」という(同上)。Verizon Wireless の投資によって「正のフィードバックループが作り上げられ、より多くの帯域が得られることで、人々はインターネットを通じてより大きなファイルをアップロード、ダウンロードできるようになった(中略)ワイヤレス・ブロードバンドはワイヤレスのキャリアにとって『あればよいもの』から『なくてはならないもの』となった」(同上, 13).
67. eBay v. MercExchange, LLC, 547 U.S. 388, 396-97 (2006) (Kennedy, J., concurring).
68. Matt Richtel, "Patent Ruling Strikes a Blow at Qualcomm," *New York Times*, June 8, 2007, Business section, 1.

69. George Gilder, "The WirelessWars," *Wall Street Journal*, April 13, 2007, Opinion section, 13.
70. "Smoot-Hawley's Revenge," *Wall Street Journal*, August 23, 2006, http://online.wsj.com/article/SB115629065211742815.html.
71. Lynch, "Direct Testimony of Richard Lynch," 22.
72. 同上, 24-26.
73. "VZW Inks Broadcom Deal, Won't Fight ITC Ban," *Fierce Wireless*, July 20, 2007,http://www.fiercewireless.com/story/vzw-inks-broadcom-deal-wont-fight-itc-ban/2007-07-20.
74. Sue Marek, "Does Qualcomm's Workaround Work?" *Fierce Wireless*, August 10, 2007, http://www.fiercewireless.com/story/does-qualcomms-workaround-work/2007-08-10 に引用されたLynch の言葉。
75. Lynnette Luna, "Nokia's Timing Couldn't Be Worse for Qualcomm," *Fierce Wireless*, August 20, 2007, http://www.fiercewireless.com/story/nokias-timing-couldnt-be-worse-qualcomm/2007-08-20.
76. W. David Gardner, "U.S. Falls Further Behind in Global Broadband Penetration," *Information Week*, April 24, 2007, http://www.informationweek.com/hardware/showArticle.jhtml-articleID=199201042; またRoger O. Crockett, "How to Get U.S. Broadband Up to Speed: Providers and the Feds Must Work Together to Stop the U.S. from Falling Further Behind," *Business Week*, September 8, 2003, 92-96 も参照。下記も参照されたし。George Gilder, "Stop the Broadbandits," Wall Street Journal, March 4, 2004, A16. Gilder はこう書いている。「従来の基準では、アメリカはブロードバンドの浸透に関して諸国のなかで現在第11位につけているが、アジアで採用されている基準に準拠すると、アメリカの家庭にはブロードバンドサービスが皆無ということになってしまう。韓国と日本では、私たちの家庭における最速の接続スピードの10〜50倍速い接続が謳歌されている」(同上)
77. この項は下記をもとに。Michael A. Heller, "The UNE Anticommons: Why the 1996 Telecom Reforms Blocked Innovation and Investment," *Yale Journal on Regulation* 22 (2005): 275-87. FCCのアンバンドリング指示はTelecommunications Act of 1996, Pub. L. No. 104-104, 251(d)(2), 110 Stat. 56, 143; 47 C.F.R.51.319(a)-(g). 1996年の法令施行をめぐるいくつかの議論の手引きとしては下記の1章および2章を。Peter W. Huber et al., *Federal Communications Law*, 2d ed. (New York: Aspen Publishers, supp. 2004). またJohn Steele Gordon, "The Death of a Monopoly," *American Heritage* (April 1997): 16-18 も参照。
78. United States Telecom Ass'n v. FCC, 290 F.3d 415, 427 (D.C. Cir. 2002).
79. "Letter from Twenty-two Economists to the President of the United

States" (March 25, 2004)（著者と共に記録）, 2. またHuber et al., Federal Communications Law, 13, 15, 118-22（UNE 価格表について）, 90-91（1996年の法令に従って再検討するため、6000以上の相互接続契約が既存と新しいプロバイダーのあいだで結ばれ、国の規制委員会に提出されたことに言及している）も参照。

80. Shapiro, "Navigating the Patent Thicket," 1:121 (see chap. 1, n. 13). 半導体産業における潜在的アンチコモンズの力学については下記を。Bronwyn H. Hall and Rosemarie Ham Ziedonis, "The Patent Paradox Revisited: An Empirical Study of Patenting in the U.S. Semiconductor Industry, 1979-1995," *RAND Journal of Economics* 32 (2001): 101-28.
81. ソフトウェアの潜在的アンチコモンズについては下記を。James Bessen, "Patent Thickets: Strategic Patenting of Complex Technologies" (working paper, Research on Innovation, March 2003), http://www.researchoninnovation.org/thicket.pdf; James Bessen and Eric Maskin, "Sequential Innovation, Patents, and Imitation" (unpublished manuscript, revised March 2006), http://www.sss.ias.edu/publications/papers/econpaper25.pdf. 併せて下記も参照のこと。Mark A. Schankerman and Michael D. Noel, "Strategic Patenting and Software Innovation" (Center for Economic Policy Research Discussion Paper No. 5701 [June 2006], 下記より入手可能。http://www.nber.org/358confer/2006/si2006/prl/schankerman.pdf). 批判的意見としてはRonald J. Mann, "Do Patents Facilitate Financing in the Software Industry?" *Texas Law Review* 83 (2005): 961-1030.
82. ナノテクにおけるアンチコモンズについては下記を。Clarkson and DeKorte, "Problem of Patent Thickets," 180-200 (see chap. 3, n. 94); とTerry K. Tullis, "Application of the Government License Defense to Federally Funded Nanotechnology Research: The Case for a Limited Patent Compulsory Licensing Regime," *UCLA Law Review* 53 (2005): 279-313. 下記も参照。Mark A. Lemley, "Patenting Nanotechnology," *Stanford Law Review* 58 (2005): 601-30.

第5章

1. Paul Moses, "The Paper of Wreckage: The 'Times' Bulldozes Its Way to a Sweetheart Land Deal You Will Pay For," *Village Voice*, June 17, 2002, 39.
2. 下記参照。Dagan and Heller, "The Liberal Commons," 549-623, at 551, 603-9 (see chap. 1, n. 5).
3. Hodel v. Irving, 481 U.S. 704, 712 (1987). 次も参照。Heller, "Tragedy of the Anticommons," 686 (see chap. 1, n. 15).
4. 使用例については、J. Matthew Phipps, "BANANA Republic," *Seattle Times*,

August 23, 2003, editorial, http://seattletimes/nwsource.com.archive/-date=20030823n&slug=satrdr23.

5. この項は下記をさらに詳しく述べたものだ。Michael Heller and Rick Hills, "Land Assembly Districts," *Harvard Law Review* 121 (2008): 1465-1527.
6. Mike Wallace, "Eminent Domain: Being Abused?" *60 Minutes*, CBS, July 4, 2004, http://www.cbsnews.com/stories/2003/09/26/60minutes/main575343.shtml.
7. Moses, "Paper of Wreckage," 39. タイムズ社に与えられた補助金の算出は、取引には何千万ドルもの複雑な減税が含まれているため難しい(同上 36-39)。
8. Photos copyright © Stefan Hester, 2002. 使用許可取得済み。
9. Moses, "Paper of Wreckage," 36-39.
10. Wallace, "Eminent Domain: Being Abused?"
11. 負けた土地所有者の挑戦が下記で報告されている。In re W. 41st St. Realty v. N.Y. State Urban Dev. Corp., 744 N.Y.S.2d 121 (N.Y. App. Div. 2002).
12. この建物にはAnnie Liebowitz による写真のポートフォリオを含む独自のウェブサイト(http://www.newyorktimesbuilding.com) があるが、追放された土地所有者のことには触れられていない。
13. Elena Cabral, "A Home on the Range: In Texas Colonias, a Community Emerges One Deed at a Time" (Ford Foundation Report, Fall 2004), http://www.fordfound.org/pdfs/impact/ford reports fall 2004.pdf. See pp.26-29. テキサス州のコロニアにおける生活の説明としては下記がある。Lynn Brezosky, "Shantytowns Transform Themselves," *USA Today*, July 11, 2007, http://www.usatoday.com/news/nation/2007-07-11-2822289773 x.htm. 州側の見解としてはhttp://www.sos.state.tx.us/border/colonias/faqs.shtmlを参照。
14. 悪法と貧困の関連性についての実直な分析としては、下記を参照されたし。Hernando de Soto, *The Mystery of Capital: Why Capitalism Triumphs in the West and Fails Everywhere Else* (New York: Basic Books, 2000) と *The Other Path: The Economic Answer to Terrorism* (New York: Basic Books, 1989).
15. 下記参照。Peter Hellman, "How They Assembled the Most Expensive Block in New York's History," *New York*, February 25, 1974, 31. 併せて次も。Andrew Alpern and Seymour Durst, *Holdouts!* (New York: McGraw-Hill, 1984), 112-17.
16. ときとしてニュースとなるような例外も生じる。ノースカロライナ州のある区画では自分たちで土地を整理した (Michelle Crouch, "A Neighborhood in North Carolina Is Put Up for Sale," *New York Times*, August 14, 2005, Real Estate section, 8). 同様にマンハッタンでも、ばらばらで売る場合よりもより高い

売却価格を目指して、近隣の共同住宅の区画所有者が協力した例がある。(Vivian Marino, "Good Neighbors Make Good Profits," *New York Times*, February 27, 2005, Real Estate section, 1, 9). 以下にはこの他にも例が集められている。Robert C. Ellickson and Vicki L. Been, *Land Use Controls New York* (Aspen Publishers, 2005), 853-54.

17. Copyright © Robert Saiget/AFP/Getty Images 2007. 使用許可取得済み。これについての議論は下記を。Howard W. French, "Homeowner Stares Down Wreckers, at Least for a While," *New York Times*, March 27, 2007, *Foreign Desk*, 4. 通常、中国では土地所有者は再開発に抵抗する手だてをほとんど持たない。重慶にあるこの島の所有者 Wu Ping は珍しい例外で、この快挙は中国のブログで最も有名な話題の1つとなったが、政府が彼女の抵抗には政治的含意があったかもしれないということを発表した後に議論は終息に向かった(同上)。
18. 論説"A Weak Court Ruling," *Brooklyn Paper, January* 18, 2008, http://www.brooklynpaper.com/stories/31/3/31 03editorial.html.
19. プロジェクトの公式ウェブサイト:http://www.atlanticyards.com. 反対派によるウェブサイト: http://www.developdontdestroy.org. 多くの不動産プロジェクト同様に、アトランティック・ヤードは金利と全体的な市場状況にとても敏感である。開発の遅れは日常的だが、コストも生じる。下記参照Charles V. Bagli, "Slow Economy Likely to Stall Atlantic Yards," *New York Times*, March 21, 2008, New York and Region section, 1.
20. Daphne Eviatar, "The Manhattanville Project: Can Columbia's Other Campus Find a Home?" *New York Times*, May 21, 2006, Magazine section, 34-35.
21. Nicole Stelle Garnett, "The Neglected Political Economy of Eminent Domain," *Michigan Law Review* 105 (2006): 101-50, at 109-10.
22. Testimony of Susette Kelo before the Senate Judiciary Committee of the U.S. Congress, review of Kelo v. City of New London court case on eminent domain, September 20, 2005.
23. Isaac Reese 撮影, 2004. Copyright © Institute for Justice. 使用許可取得済み。
24. Kelo v. City of New London, 545 U.S. 469, 489 (2005).
25. 下記引用より。Terry Pristin, "Developers Can't Imagine a World without Eminent Domain," *New York Times*, January 18, 2006, Business section, 5.
26. William Yardley, "Anger Drives Support for Property Rights Measures," *New York Times*, October 8, 2006, 26.
27. これに先駆ける例としては下記がある。Hawaii Housing Authority v. Midkiff, 467 U.S. 229 (1984) and Berman v. Parker, 348 U.S. 26 (1954).

28. 下記全般を参照。Robert H. Nelson, *Private Neighborhoods and the Transformation of Local Government* (Washington, D.C.: Urban Institute Press, 2005); と Robert H. Nelson, "Welcome to the New—and Private—Neighborhood: Local Government in a World of Postmodern Pluralism," *Reason*, April 2006, 36.
29. 下記参照。Community Associations Institute, Industry Data: National Statistics, http://www.caionline.org/about/facts.cfm.
30. 下記参照。Richard Briffault, "A Government for Our Time- Business Improvement Districts and Urban Governance," *Columbia Law Review* 99 (1999): 365-477, at 367.
31. 下記参照。Heller and Hills, "Land Assembly Districts."
32. 同上, 1515. 一般的に土地再開発の際に、政府は都市周辺の断片下した農業用区画を管理下において道路や下水を整備して土地を再分割する。土地所有者は提供した土地よりも狭いが、土地はより整備され建物を建てることも可能になったことで、より価値のある区画を手に入れ、政府は土地の一部を公共用に残し、一部をインフラの整備にかかった費用捻出のために売却する(同上, 1516-17)。
33. この項は下記をさらに詳述したもの。Dagan and Heller, "The Liberal Commons," 603-8.
34. 黒人の土地喪失物語を記録した感動的なドキュメンタリーフィルム、Charlene Gilbert, *Homecoming ... Sometimes I Am Haunted by Memories of Red Dirt and Clay* (2000) がある。土地喪失問題についての情報源の詳しいリストはこの映画のウエブサイト、"Homecoming, Resources," http://www.pbs.org/itvs/homecoming/resources.html で入手可能。
35. Dagan and Heller, "The Liberal Commons," 551.
36. 同上, 604-5.
37. Ward Sinclair, "Black Farmers: A Dying Minority," *Washington Post*, February 18, 1986, 1.
38. Emergency Land Fund, *The Impact of Heir Property on Black Rural Land Tenure in the Southeastern Region of the United States* (Emergency Land Fund, 1980), 282.
39. 同上, 75, 282.
40. Joseph Brooks, "The Emergency Land Fund: A Rural Land Retention and Development Model," in *The Black Rural Landowner: Endangered Species, edited by Leo McGee and Robert Boone* (Westport, Conn.: Greenwood Press, 1979), 117-34, at 121.
41. Robert S. Browne, *Only Six Million Acres: The Decline of Black Owned Land in the Rural South* (New York: Black Economic Research Center, 1973), 53.

42. Lisa Groger, "Tied to Each Other through Ties to the Land: Informal Support of Black Elders in a Southern U.S. Community," *Journal of Cross-Cultural Gerontology* 7 (1992): 205-20, at 205, 210, 217. 土地を持たない年配者が非公式の援助を集める能力の多様な水準についての議論は下記を。Lisa A. Kelly, "Race and Place: Geographic and Transcendent Community in the Post-Shaw Era," *Vanderbilt Law Review* 49 (1996): 227-308, at 243n56.
43. Dahleen Glanton, "Ex-Slave's Land Heirs Feel Island Shift," *Chicago Tribune*, July 11, 2006, Domestic News section, 5. 優先拒否権の有効な期限についてはS.C. Ann. § 15-61-25 (2007) で述べられている。下記も参照。Federation of Southern Cooperatives/Land Assistance Fund, *Fighting to Save Black-Owned Land from 1967 to 2007*, http://www.federationsoutherncoop.com.
44. Glanton, "Ex-Slave's Land Heirs," 5.
45. Heller, "Tragedy of the Anticommons," 686.
46. 地図提供:Office of Water Resources, Rosebud Sioux Tribe, Rosebud, South Dakota. またThomas Biolsi, "Imagined Geographies: Sovereignty, Indigenous Space, and American Indian Struggle," *American Ethnologist* 32 (2005): 239-59, at 244 も参照。
47. 混在居住化と住み分けに関する有用な概説は下記より得ることが可能。Indian Land Tenure Foundation, *Indian Land Tenure Issues Resulting from Allotment*, http://www.indianlandtenure.org/ILTFallotment/introduction/issues.htm. このウェブサイトでは、割り当ての簡潔な歴史、リンク、情報源も提供されている。
48. 同上,http://www.indianlandtenure.org/ILTFallotment/introduction/checkerboarding.htm.
49. この項は下記より引用。Heller, "Tragedy of the Anticommons," 685-87.
50. Hearings on H.R. 11113 before the Subcommittee on Indian Affairs of the House Committee on Interior and Insular Affairs, 89th Cong., 2d sess., 10 (1966) (Rep.Aspinal). これらの論評は下記に引用されている。Hodel v. Irving, 481 U.S. 704, 707-8 (1987).
51. 78 Cong. Rec., 11,728 (June 15, 1934) (Rep. Howard), cited in Hodel, 481 U.S. at 708.
52. この改革はインディアン土地整理法として具現化し、25 U.S.C. sec. 2206 (1984) として改正されたものが成文化されたが、最高裁のBabbitt v. Youpee, 519 U.S. 234, 243 (1997) で却下された(「議会が作った限定的な改正案は(中略)この法廷が公表しIrving で説明したものとは異なる解決を保証したものではない」)。
53. Hodel, 481 U.S. 713.
54. 私はHeller, "Boundaries of Private Property," 1213-17 (see chap. 1, n. 17) で

なぜ裁判所がいきすぎた判断を下したのかを説明した。

55. アメリカ先住民の信託問題についての資料、年表、ニュース記事の総合的アーカイブは下記で入手可能。Indian Trust, Cobell v. Kempthorne, http://www.indiantrust.com. アメリカ司法省がこの件について集めた法律関係書類のアーカイブについては下記を。U.S. Department of Justice, Civil Division, Cobell v. Kempthorne et al., http://www.usdoj.gov/civil/cases/cobell.

56. 下記参照。Indian Trust, "Cobell v. Norton: An Overview," http://www.indiantrust.com. 法廷侮辱罪の言い渡しについては下記で問題にされている。February 22, 1999; "無責任" 発言は、December 21, 1999付の法廷意見書にある。どちらの書類も下記のアーカイブで入手可能。http://www.indiantrust.com.

57. "The Verdict: It's Broken," *New York Times*, February 1, 2008, editorial, 24.

58. 土地断片化とジャガイモ飢饉の関係については下記を。William L. Langer, "American Foods and Europe's Population Growth," *Journal of Social History* 8 (1975): 51-66, at 56-57.

59. Terry Pristin, "Large REITs Are Paring Their Noncore Holdings," *New York Times*, December 17, 2003, Business section, 6. マンハッタン、ローワーイーストサイドのアバロンベイのデベロッパーはバナナリパブリックに陥った土地の開発を専門に行っている。「(彼らは調査の対象を)デベロッパーにとって、厳しい建築規制や地元住民の反対といった建築の障害となるものが多く、『参入が難しい』地域に限定した。そのようなプロジェクトは会社を長期停滞、高額の弁護料、共同体の激しい反対にさらすが、それは他のデベロッパーとの競争が少ないことも意味する」(Nadine Brozan, "Rental Developer's Manhattan Debut: Lower East Side," *New York Times*, January 4, 2004, Real Estate section, 1, 6). アメリカの主要都市のなかで唯一包括的な土地使用規制を持たないヒューストンでは別のリスクが生じる。ある投資家が言うように「参入に何の障壁もない。供給は大量で、その市場では非常に注意深く投資する必要がある」(Terry Pristin, "Amid an Apartment Glut, Building Prices Move Up," *New York Times*, June 23, 2004, Business section, 7).

60. 下記全般を参照。William A. Fischel, *The Homevoter Hypothesis: How Home Values Influence Local Government Taxation, School Finance, and Land-Use Policies* (Cambridge: Harvard University Press, 2001).

61. Richard Epstein, "Tragedy Pure and Simple," *Financial Times*, April 18, 2003, http://search.ft.com/ftArticle-queryText=epstein+tragedyn&aje=truen&id=030418005137#lessig, para. 2.

62. Greg J. Protasel and Lee Huskey, "Governing the Anticommons: Shallow Natural Gas Leasing in Alaska" (未刊行原稿, 2005), 1, http://www.

pmranet.org/conferences/USC2005/USC2005papers/pmra.protasel.huskey.2005.pdf.

63. Copyright © The New Yorker Collection 1991 Robert Weber from cartoonbank.com. 無断転載禁止。

64. Protasel and Huskey, "Governing the Anticommons," 11-12.

65. 下記に引用。Chris Whittington-Evans, "Alaskans Deserve Better CBM Rules," *Anchorage Daily News, January* 9, 2005, http://www.gasdrillingmatsu.org/cweadncompass.html. 下記も併せて。Protasel and Huskey, "Governing the Anticommons," 14.

66. Copyright © Chester Higgins, Jr./*The New York Times*/Redux, 1991, 使用許可承諾済み。

67. Sarah Bartlett, "A New York Trade Thrives on Red Tape," *New York Times*, September 13, 1991, 1. 続報記事でBarlett は次のように書いている。「今週はまるで、促進人自身に促進人が必要ではないかというような状態だった。市議会を通過した新法に対応するために、彼らは建築課に登録する必要があった。しかし多くの人にとって、課が作った障害物コースはあまりに複雑すぎて、一時的にせよ仕事をすることはできないという見通しに直面することになった」("The Day the Expediters Needed Some Expediters," *New York Times*, New York and Region section, 5).

68. Vernon Loeb, "Delay in Issuing Building Permits Expedites a Career," *Washington Post*, May 18, 1995, District Weekly, 1.

69. Rick Orlov, "Permit Reforms Ordered: Council Panel to Review Changes," *Los Angeles Daily News*, May 7, 1995, N4.

70. Daniel P. Garcia et al., *The Development Reform Committee: Permit Streamlining and Bureaucratic Reform in the City of Los Angeles: Report and Recommendations* (February 7, 1995)（速記録がLos Angeles Public Library で閲覧可能）, 5.

71. Kristin Hood, "Charter Reform and the Land Use Entitlement Process in the City of Los Angeles" (unpublished manuscript, Fall 2006), 37 and n. 126.

72. Stewart Sterk は次のように書いている。「判例法は、政策決定者が環境再調査を利用して、環境面の目標とはまったく無関係な目的のために、開発プロジェクトを遅らせ、変更し、あるいは打ち切るという事実を十分に捉えているわけではない」("Environmental Review in the Land Use Process: New York's Experience with SEQRA," *Cardozo Law Review* 13 (1992): 2041-96, at 2055). EIRの長所と短所をめぐる文献の簡単なレビューとしてはEllickson and Been, *Land Use Controls*, 391-93 を参照。

73. Peter Applebome, "Epic Battle over Plans for Fancy Mall," *New York*

Times, May 13, 2007, 24.

74. Buchanan and Yoon, "Symmetric Tragedies," 11 (see chap. 1, n. 61).
75. Jathon Sapsford, "Quake-Hobbled Kobe Shows How Land Law Can Paralyze Japan," *Wall Street Journal*, December 12, 1996, 1. 私は日本の状況について下記で簡単に述べている。Heller, "Tragedy of the Anticommons," 684-85. もっと掘り下げた研究としてはMark D. West and Emily M. Morris, "The Tragedy of the Condominiums: Legal Responses to Collective Action Problems after the Kobe Earthquake," *American Journal of Comparative Law* 51 (2003): 903-40.
76. Sapsford, "Quake-Hobbled Kobe," 1.
77. Tsuneo Kajiura, *Shinseiki no Manshon Kyoju*（新世紀のマンション居住）(2001): 74-76, 下記の引用より。West and Morris, "Tragedy of the Condominiums," 908n.16.
78. Sapsford, "Quake-Hobbled Kobe," 1.
79. John Gertner, "Home Economics," *New York Times*, March 5, 2006, Magazine section, 94-99, at 94.
80. 合理化にむけた国による改革については、Ellickson and Been, *Land Use Controls*, 507-8, 786-87.
81. BANANA、NIMBY、そしてNIMTOOは、幾多のLULUな頭文字略語のごくわずかな例である(LULUとはa locally undesirable land use 地域限定のあまりお勧めできない土地利用法)。この他にもGUMBY（gotta use many back yards たくさんの裏庭が必要)、NIABY(not in anyone's back yard だれの裏庭も使わない)、NIMBL（not in my bottom line 私持ちではなく)、NIRPBY（not in rich people's back 金持ちの裏庭じゃないところで)、NIYBY（not in your back yard あなたの裏庭ではないところで)、そしてNOPE（nowhere on planet earth 地球上のどこにもない)などがある (Jesse Dukeminier et al., *Property* [New York: Aspen Law and Business, 2006], 917n.32).

第6章

1. World Bank, *Russia, Housing Reform, and Privatization: Strategy and Transition Issues*, edited by Bertrand Renaud (Washington, D.C.: World Bank Press, 1995).
2. ロシアにおける住宅供給改革については下記を。Bertrand Renaud, "The Housing System of the Former Soviet Union: Why Do the Soviets Need Housing Markets?" *Housing Policy Debate* 3 (1992): 877-99; とAlain Bertaud and Bertrand Renaud, "Socialist Cities without Land Markets," *Journal of Urban Economics* 41 (1997): 137-51, at 146-48. 下記も併せて参照。Alain Bertaud, "The Spatial Organization of Cities: Deliberate Outcome or

Unforeseen Consequence" (Institute of Urban and Regional Development, Working Paper WP-2004-01, July 1, 2004), http://repositories.cdlib.org/iurd/wps/WP-2004-01.

3. 下記参照。Shlomo Angel, *Housing Policy Matters: A Global Analysis* (New York: Oxford University Press, 2000), 260.
4. 下記参照:World Bank, Russia, 82-90. また以下も参照:Stephen B. Butler and Sheila O'Leary, *The Legal Basis for Land Allocation in the Russian Federation* (Washington, D.C.: Urban Institute Press, 1994), 102-30.
5. 住宅供給の経済効用は見過ごされているが、その重要性は企業民営化に匹敵する。下記参照:World Bank, Russia, 15-22, 27-34. 下記も併せて。Merritt B. Fox and Michael A. Heller, "What Is Good Corporate Governance?" in *Corporate Governance Lessons from Transition Economy Reforms*, edited by Fox and Heller (Princeton: Princeton University Press, 2006), 3-34.
6. Heller, "Tragedy of the Anticommons," 624 (see chap. 1, n. 14).
7. この項は同上から大幅に引用している。633-47.
8. イギリスにおける「買取請求権」制度については、下記を。Raymond J. Struyk, "The Long Road to the Market," in *Economic Restructuring of the Former Soviet Bloc*, edited by Raymond J. Struyk (Washington, D.C.: Urban Institute Press, 1996), 1-69, at 23.
9. この政変への試みについては、Peter Galuszka, "Eyewitness to a Coup That Failed," *Business Week*, October 13, 1993, 28.
10. Heller, "Tragedy of the Anticommons," 623.
11. 同上, 671.
12. 同上, 642-47.
13. Copyright © The New Yorker Collection 1993 Al Ross from cartoonbank.com. 転載禁止。
14. Fox and Heller, "What Is Good Corporate Governance?"
15. Heller, "Tragedy of the Anticommons," 647-48.
16. 同上, 627-33.
17. 下記参照。Cheryl W. Gray, Rebecca J. Hanson, and Michael Heller, "Hungarian Legal Reform for the Private Sector," *George Washington Journal of International Law and Economics* 26 (1992): 293-353, at 303-6. ソビエトの法制度と社会主義下における所有権法については、George M. Armstrong Jr., The Soviet Law of Property (London: Butterworths, 1983), 6; and F. J. M. Feldbrugge, *Russian Law: The End of the Soviet System and the Role of Law* (Boston: M. Nijhoff, 1993), 229-46.
18. 不動産という言葉がソビエト以後のロシア法のなかに現れたのは、下記が最初。"Law of the Russian Federation on Basic Principles of the Federal Housing

Policy" (December 24, 1992). 下記も併せて参照。William G. Frenkel, "Private Land Ownership in Russia: An Overview of Legal Developments to Date," *Parker School Journal of Eastern European Law* 3 (1996): 257-304, at 287.

19. この項は下記より引用。Heller, "Tragedy of the Anticommons," 630-33.
20. Heller, "Tragedy of the Anticommons," 632.
21. 同上, 633-42 も参照。
22. Heller, "Tragedy of the Anticommons," 638.
23. 下記参照。Susan Rose-Ackerman, *Corruption: A Study in Political Economy* (New York: Academic Press, 1978), 106-07; Andrei Shleifer and Robert W. Vishny, "Corruption," *Quarterly Journal of Economics* 108 (1993): 599-617, at 615.
24. 屋台については、Heller, "Tragedy of the Anticommons," 642-47.
25. Sergei Khrushchev, "Stands of Dirty Capitalism," *Asia, Inc.*, March 1994, 86.
26. Margaret Shapiro, "Perils of Kiosk Capitalism: Russia's New Entrepreneurs Pay for Permits and Protection," *Washington Post*, August 28, 1993, 15, 18.
27. James P. Gallagher, "Russia's Kiosk Capitalists Keep Wary Eye on Hard-Line Premier," *Chicago Tribune, January* 5, 1993, 10.
28. 下記参照。de Soto, *Other Path*, 60-62 (see chap. 5, n. 14).
29. 同上, 72, 152, 173-77.
30. 同上, 161-63（不動産登記）, 163-71（長期契約）, 177-78（特許）.
31. Ellen Barry, "Kiosk Crackdown Yields Sidewalk Space, Bitterness," *Moscow Times*, February 14, 1995.
32. モスクワのアパートについては, Heller, "Tragedy of the Anticommons," 647-50 を参照。
33. Struyk, "Long Road," 22-28.
34. 下記などを参照されたし。Duncan Kennedy, "Neither the Market nor the State: Housing Privatization Issues," in *A Fourth Way- Privatization, Property, and the Emergence of New Market Economies*, edited by Gregory S. Alexander and Grazyna Skapska (New York: Routledge, 1994), 253-66, at 263-64; とDuncan Kennedy and Leopold Specht, "Limited Equity Cooperatives as a Mode of Privatization," in ibid., 267-85, at 268.
35. 共同住宅については下記を。Heller, "Tragedy of the Anticommons," 650-54.
36. Lyudmila Ivanova, "You and Me, He and She, Together a Communal Family," *Argumenty i Fakty* 26 (1995), 6, 下記に翻訳要約されている。*Current Digest of the Post-Soviet Press*, August 9, 1995, 10.
37. Andrew E. Kramer, "A Price Run-Up for Run-Down Communes: Office Rents Are Out of Sight in Russia, and Old Buildings Are New Real Estate

Frontier," *New York Times*, December 22, 2006, Business section, 1, 4.

38. Mikhail Zoshchenko, "Nervous People," in *Nervous People, and Other Satires*, edited by Hugh McLean, translated by Maria Gordon and Hugh McLean (New York: Pantheon Books, 1963), 124-26, at 124.
39. Kramer, "Price Run-Up," 4.
40. 例えば下記などを参照のこと。Celestine Bohlen, "Moscow Privatization Yields Privacy and Problems: Comes the Revolution in Apt. 26," *New York Times*, February 28, 1993, 1; MarcusWarren, "Door Shuts on a Russian Phenomenon," *Sunday Telegraph* (London), January 10, 1993, 14.
41. Malcolm Gray, "Capitalist Crimes: Swindlers Prey on Elderly Tenants of Prized Apartments," *Macleans, January* 10, 1994, 17. Grayはモスクワの行方不明者担当部署の副指揮官の以下のような言葉を引用している。「アパートの私有化は 1991年10月に始まったが、すぐに新しい問題に突き当たった。自宅所有者たちが、その多くは老人だったが、消え始めた」。この風潮については下記も参照。Victoria Clark, "Dying to Get a Home of One's Own," *The Observer* (London), November 28, 1993, 28; and Fred Hiatt, "The Dark Side of Privatization: To Moscow Con Men, Scant Housing Is Worth Killing For," *Washington Post*, November 13, 1993, 1.
42. Kramer, "Price Run-Up," 4.
43. 同上
44. 5つの要因については下記を。Heller, "Tragedy of the Anticommons," 654-56.
45. 下記全般を。Merritt B. Fox and Michael A. Heller, "The Unexplored Role of Initial Conditions," in *Corporate Governance Lessons*, edited by Fox and Heller, 367-404.

第7章

1. この章は下記を基にしている。Michael A. Heller, "The Rose Theorem?" *Yale Journal of Law and the Humanities* 18 (2006): 29-48, この本はさらにJohn R. Wennersten, *The Oyster Wars of Chesapeake Bay* (Centreville, Md.: Tidewater Publishers, 1981) を典拠としている。
2. 牡蠣に関する主なポイントについては、Wennersten, *Oyster Wars*, 3-5; Robert Hedeen, *The Oyster: The Life and Lore of the Celebrated Bivalve* (Centreville, Md.: Tidewater Publishers, 1986), 191-92; and Joseph Conlin, "Consider the Oyster," *American Heritage* 31 (1980): 72-73.
3. Wennersten はOyster Wars, 6. In 1701でヴァージニアを訪れたときのことを述べている「牡蠣の豊富さはとてつもない。山のように積み重なっていて、船はそれを避ける必要がある。私たちを陸まで運ぶはずのスループ型帆船は、牡蠣床に座礁したため、2時間も潮を待つことになった」(Hedeen, Oyster, 6).

4. Prints and Photographs Division, Library of Congress 提供, LC-USZC4-2466.
5. M. J. Burns, "Working the Beds Off Annapolis," *Harper's Weekly*, January 11, 1890, 20. Courtesy of the Prints and Photographs Division, Library of Congress, LC-USZ62-103700.
6. Wennersten, Oyster Wars, 13-14（「略奪にやってきたヤンキードレッジャー」による大量浚渫の導入と、それに対応するかたちで世紀半ばに制定された、「外国人による」、すなわち地域住民以外の、牡蠣漁を禁じるメリーランド州の法律について言及されている）, 28-32（2種類のボートとそれを操る男たちについて描写されている）。下記も参照。Hedeen, Oyster, 158-83（トング漁と浚渫漁のやりかたや道具を詳説）。
7. 人種に関する牡蠣経済については、Wennersten, *Oyster Wars*, 33-35.
8. Schell and Hogan, "Oyster Pirates Dredging at Night," *Harper's Weekly*, March 1, 1884, 136. Courtesy of the Prints and Photographs Division, Library of Congress, LC-USZ62-76144.
9. 牡蠣戦争に関する最良の著作物はWennersten, *Oyster Wars* で、この項では多くをこれから引用している。
10. 下記を。Hedeen, Oyster, 9. 併せて下記も。Wennersten, *Oyster Wars*, 46-47.
11. Wennersten, *Oyster Wars*, 47.
12. David O. Stewart, *The Summer of 1787: The Men Who Invented the Constitution* (New York: Simon and Schuster, 2007), 1-10.
13. ニュージャージー側の物語（そして牡蠣漁と法律や社会史と結びつけた最良の学術的成果だ）は下記を参照。Bonnie J. McCay, *Oyster Wars and the Public Trust: Property, Law, and Ecology in New Jersey History* (Tucson: University of Arizona Press, 1998). ニューヨーク州に焦点を絞った牡蠣漁の歴史については、Mark Kurlansky, *The Big Oyster: History on the Half Shell* (New York: Ballantine Books, 2006). 余談だが、ニュージャージー州、ニューヨーク州間の軟体動物戦争は今日でも続いている。下記に詳しい。Andy Newman, "In Raritan Bay Border War Flares Anew over Littlenecks and Cherrystones," *New York Times*, July 5, 2007, New York and Region section, 1.
14. William Brooks, *The Oyster: A Popular Summary of a Scientific Study* (Baltimore: John Hopkins University Press, 1905), 76.
15. 同上, 19（「1820年以来、30以上の法案が議会を通過してきた」ことに言及している）
16. *Oxford English Dictionary*, "over-use, n." (citing an 1862 book that referred to oystering practices in the Channel Islands).
17. 下記からの引用。Conlin, "Consider the Oyster," 73.

18. Hunter Davidson, *Report upon the Oyster Resources of Maryland to the General Assembly* (Annapolis: Wm. Thompson, 1870), 11.
19. Wennersten, *Oyster Wars*, 48.
20. 同上, 76 (quote), 42-46 (Rice's tale).
21. Schell and Hogan, *Harper's Weekly*, March 1, 1884, 136. Courtesy of the Prints and Photographs Division, Library of Congress, LC-USZ62-76142.
22. 同上, LC-USZ62-76143.
23. 下記からの引用。Wennersten, *Oyster Wars*, 80.
24. Wennersten, *Oyster Wars*, 83.
25. 同上引用より。84.
26. 下記参照。Davidson, *Report upon the Oyster Resources*, 3.
27. Brooks, *Oyster*, 3, 76-77.
28. 同上, 132-33, 137, 139, 149.
29. Wharton v. Wise, 153 U.S. 155 (1894)（Pocomoke Soundを、メリーランド人が牡蠣を採るために入る権利を持たない独立した水域と規定した）
30. Wennersten, Oyster Wars, 95. 牡蠣文化のあらゆる面で紛争が起きている。大きな問題である縄張り争いと並行して、牡蠣の殻、採苗用の貝殻をめぐる法廷闘争も行われた。例えばアメリカ最高裁は、各州が牡蠣漁師に採集した牡蠣の10%の牡蠣殻を牡蠣床として湾に戻すことを義務づけることを認めた。同時に、州による新しい課税、保護手段、反対の場などを認めた(Leonard and Leonard v. Earle, 279 U.S. 392, 396-98 [1929]). See also Eduardo Pe-alver, "Regulatory Taxings," Columbia Law Review 104 (2004): 2182-54, at 2210-11 (discussing cultch as a form of tax).
31. 下記に引用。Conlin, "Consider the Oyster," 72.
32. Brooks, *Oyster*, 77.
33. Encyclopedia Britannica (1911 ed.), http://www.1911encyclopedia.org/Oyster で閲覧可能.
34. H. M. Wilder, *Harper's Weekly*, May 28, 1887, 389. Courtesy of the Prints and Photographs Division, Library of Congress, LC-USZ62-128026.
35. 下記からの引用。J. Rydon, *Oysters with Love*, title page (London: Peter Owen, 1968); and Hedeen, Oyster, 3.
36. 下記参照。Conlin, "Consider the Oyster," 70. 現在の記録は1970年代に作られたもので、Vernon Bassが588個の牡蠣を7分32秒で飲み込んだ（同上）。
37. Pliny the Elder, *The Natural History of Pliny*, edited by John Bostock and H. T. Riley (London: H. G. Bohn, 1855), bk. 9, chap. 79, sec. 54, "The First Person That Formed Artificial Oyster-Beds."
38. Merry Wives of Windsor, 2.2.2-3.
39. 下記参照。Arthur Koestler, *The Sleepwalkers: A History of Man's*

Changing Vision of the Universe (London: Penguin, 1959), 19-25.

40. 下記からの引用。J. P. Hore and Edward Jex, *The Deterioration of Oyster and Trawl Fisheries of England: Its Causes and Remedy* (London: E. Stock, 1880), 6.
41. Anthony Hamilton, *The Memoirs of Count Grammont, Complete*, edited by Sir Walter Scott (1713; reprint, London: Bickers and Son, 1906).
42. *the Memoirs of Count Grammont* の完全版はオンライン下記で入手可。http://www.gutenberg.org/files/5416/5416.txt.
43. Charles Dickens, *The Pickwick Papers* (1837; reprint, London: Collins, 1982), 300.
44. Davidson, *Report upon the Oyster Resources*, 4.
45. 1599年に書かれたもののなかでHenry Buttes は次のように言及している。「月の名に「r」が含まれない月に牡蠣を食べるのは季節外れで体にもよくない」(*Dyet's Dry Dinner* [London: Tho. Creede, 1599]). 併せて下記も。Hedeen, Oyster, 6 (この健康上の理由だという「迷信には事実の裏づけがない」という指摘も). Bonnie McCay はニュージャージー州植民地会議が制定した5月10日から9月1日までのあいだ牡蠣の採取を禁じた1719年の法案を明らかにしている。これはアメリカ国内で最も早く制定された牡蠣に関する法律のうちの1つである (Oyster Wars and the Public Trust, 8).
46. T. C. Eyton は19世紀初頭に英国とフランスのあいだで結ばれた牡蠣の収獲方法や時期を制限する条約について詳述している (*A History of the Oyster and the Oyster Fisheries* [London: J. Van Voorst, 1858], 10-11).
47. フェイバーシャムのチャーター船については、Patricia Hyde and Duncan W. Harrington, *Faversham Oyster Fishery: Through Eleven Centuries* (Kent, England: Arden Enterprises, 2002).
48. Thomas C. Hayes, "Confrontation in the Gulf: The Oilfield Lying below the Iraq-Kuwait Dispute," *New York Times*, September 3, 1990, 7.
49. 下記参照。Gary D. Libecap, "Unitization," in *The New Palgrave Dictionary of Economics and the Law*, edited by Peter Newman (London: Macmillan, 1998), 3: 641-44.
50. 下記参照。Charles Lockwood, "In the Los Angeles Oil Boom, Derricks Sprouted Like Trees," *Smithsonian*, October 1980, 187-206; Kenny A. Franks and Paul F. Lambert, *Early California Oil: A Photographic History, 1865-1940* (College Station: Texas A&M University Press, 1985), 103-8.
51. Aerograph Co., Signal Hill, circa 1923. Courtesy of the Prints and Photographs Division, Library of Congress, Control #2007660408. Signal Hill についてさらに詳しいことは、http://www.consrv.ca.gov/dog/photo gallery/historic mom/photo 01.htm とhttp://www.priweb.org/ed/pgws/

history/signal hill/signal hill 1932.html.

52. 下記参照。Gary D. Libecap and James L. Smith, "The Self-Enforcing Provisions of Oil and Gas Unit Operating Agreements: Theory and Evidence," *Journal of Law, Economics, and Organization* 15 (1999): 526-48, at 526.
53. 排他的経済水域についての歴史的展望については下記を。"The United Nations Convention on the Law of the Sea: A Historical Perspective," http://www.un.org/Depts/los/convention agreements/conventionhistorical perspective.htm#Exclusive%20Economic%20Zone.
54. Adam Smith, *An Inquiry into the Nature and Causes of the Wealth of Nations*, edited by Edwin Cannan, 5th ed. (1776; reprint, London: Methuen, 1904), bk. 1, chap. 3, para. 8.
55. *Frank Leslie's Illustrated Newspaper*, May 18, 1867, 136. the Prints and Photographs Division, Library of Congress 提供。LC-USZ62-128743. 玄関からランチルームのあいだにある版画には「牡蠣をあらゆるスタイルで」と書かれている。
56. 下記からの引用。Wennersten, *Oyster Wars*, 28.

第8章

1. Michael A. Heller, "The Cutting Edge of Poster Law," *Journal of Legal Education* 49 (1999): 467-79.
2. J. P. Hore and Edward Jex, *The Deterioration of Oyster and Trawl Fisheries of England: Its Cause and Remedy* (London: Elliot Stock, 1880), 1-2.
3. 日本では携帯電話で書かれた新しいジャンルの小説がベストセラーになっている (Norimitsu Onishi, "Thumbs Race as Japan's Best Sellers Go Cellular," *New York Times*, January 20, 2008, *Foreign Desk*, 1).
4. 下記参照。"Narita Fiasco: Never Again" (see chap. 1, n. 19).
5. 例えば下記など。Depoorter and Vanneste, "Putting Humpty Dumpty Back Together" (see chap. 1, n. 62).
6. 破産法の適用については、U.S.C. Section 363(f). アンチコモンズの悲劇の解決法としては、Edward Janger, "Private Property, Information Costs, and the Anticommons," *Hastings Law Journal* 54 (2003): 899-930, at 924-28を。
7. Tomas Kellner, "Chop Job," *Forbes*, November 1, 2004, 83-84.
8. 同上, 84.
9. 同上
10. 同上, 86.

マイケル・ヘラー　Michael Heller
コロンビア大学ロースクールのローレンス・A・ウィーン不動産法担当教授であり、同校の知的生活担当副学長も務めた。アメリカの財産問題に関する主導的な権威の一人。ヘラーが本書『グリッドロック経済』執筆を開始したのは、スタンフォード大学行動科学先進研究センターのフェロー時代である。ニューヨークとロサンゼルスで生活。

山形浩生（やまがた・ひろお）
1964年東京生まれ。東京大学大学院工学系研究科都市工学科およびマサチューセッツ工科大学不動産センター修士課程修了。開発援助関連調査に従事するかたわら、科学、文化、経済からコンピュータまで広範な分野での翻訳、執筆活動を行う。著書に『新教養主義宣言』『要するに』ほか、訳書にピケティ『21世紀の資本』（共訳）、ジェイコブズ『アメリカ大都市の死と生』、アカロフ／シラー『不道徳な見えざる手』、クルーグマンほか『国際経済学』（共訳）、オーウェル『動物農場』、伊藤／ハウ『9プリンシプルズ』など多数。

森本正史（もりもと・まさふみ）
翻訳家。訳書にピケティ『21世紀の資本』、ラウスティアラ／スプリグマン『パクリ経済　コピーはイノベーションを刺激する』、アトキンソン『21世紀の不平等』、シーブライト『殺人ザルはいかにして経済に目覚めたか？』、ブルュックネール『お金の叡智』（いずれも共訳）などがある。

グリッドロック経済

多すぎる所有権が市場をつぶす

著　者　**マイケル・ヘラー**
訳　者　**山形浩生・森本正史**
発　行　2018年10月11日　第1版第1刷発行

発行者　**株式会社 亜紀書房**
東京都千代田区神田神保町1-32
TEL　03-5280-0261（代表）
03-5280-0269（編集）
振替　00100-9-144037

装　丁　水戸部 功
印刷・製本　株式会社 トライ
http://www.try.sky.com

ISBN978-4-7505-1563-2 C0030

好評既刊

そろそろ左派は〈経済〉を語ろう——レフト3・0の政治経済学

ブレイディみかこ・松尾 匡・北田暁大 著

日本のリベラル・左派の躓きの石は、「経済」という下部構造の忘却にあった？ いまこそ「経済にデモクラシーを」求め、バージョンアップせよ。これが左派の最新型だ！

「「誰もがきちんと経済について語ることができるようにするということは、善き社会の必須条件であり、真のデモクラシーの前提条件だ」欧州の左派がいまこの前提条件を確立するために動いているのは、経世済民という政治のベーシックに戻り、豊かだったはずの時代の分け前に預かれなかった人々と共に立つことが、トランプや極右政党台頭の時代に対する左派からのたった一つの有効なアンサーであると確信するからだ。ならば経済のデモクラシー度が欧州国と比べても非常に低い日本には、こうした左派の「気づき」がより切実に必要なはずだ」（ブレイディみかこ／本書より）

真実について

ハリー・G・フランクファート 著
山形浩生 訳

そもそも、なぜ「真実」は大切なの?――よろしい。わたしが教えてしんぜよう!世にあふれる屁理屈、その場しのぎの言説が持つ「真実」への軽視を痛烈に批判した、『ウンコな議論』の著者による「真実」の復権とその「使いみち」について。「ポスト真実」の時代に、立ち止まってきちんと考えてみよう。

「ぼくたちは改めて、事実とか真実を重視しなくてはならない理由を、きちんと考えねばならないのだ」(山形浩生/本書より)